中公新書 2829

榎村寛之著

女たちの平安後期

――紫式部から源平までの200年

中央公論新社刊

はじめに

日本史といえば、武士政権が初めてできた源平合戦《げんぺいかっせん》から鎌倉時代のはじまりの時期と、群雄割拠する戦国時代、幕末を中心とした江戸時代などの人気が高い一方で、たとえば本書で取り上げる平安時代は、人気のあるなし以前に四〇〇年も続いたことさえ知る人は少ないでしょう。

これからご紹介する平安時代後期は『源氏物語《げんじものがたり》』の書かれた時代以降から源平合戦までの約二〇〇年のことです。

中世の始まりと武士の時代のさきがけというイメージで、鎌倉時代前史と理解されることが多い時代ですが、じつは武士も貴族も民衆も入り混じって、それぞれに歴史がありじつに面白いことを知っていただきたいのです。

藤原道長《ふじわらのみちなが》が活躍した平安時代中期は、支配層が「オール藤原」といえる摂関政治《せっかんせいじ》の全盛期でした。これが、平安時代後半になると、藤原氏だけでなく、源氏《げんじ》・平氏《へいし》、そして皇族《こうぞく》などいろいろな人たちが出てきます。というより、平安前期や紫式部《むらさきしきぶ》の時代には忘れられていた傍流《ぼうりゅう》の藤原氏や、貴族にとどまれず武士になってしまった源氏・平氏がリベンジをかけてきます。そして彼らを引き上げたのが、「院《いん》」（上皇《じょうこう》）と呼ばれる皇族ですが、この存在がまたわかりにくく、しかも面白いのです。古代国家のトップだった天皇を卒業した彼らは、有能で個性豊かな人々を、生まれ育ちさえ超えて近臣に引き上げました。なかでも「治天《ちてん》の君」と呼ばれた上皇たちは古代国家を潰しにかかるように暴れまくるのです。

そうした古代から中世へと激しく動く時代の中で、女性たちはどのように生きていたのでしょうか。平安中期の女性は、すでに本名が公文書や日記にさえあがることの少ない、地味な存在になっていましたが、その一方で新たな形や場所で大きな役割を果たしていました。

紫式部や清少納言《せいしょうなごん》の後継者にあたる、サロンに仕える貴族女性たち、またそのサロンの主人の、定子《さだこ》皇后《こうごう》や彰子《あきこ》中宮《ちゅうぐう》の後継者にあたる妃《きさき》たち、そして斎王《さいおう》のような皇族女性たちのことは、これまで歴史的にはほとんど取り上げられることはありませんでした。なかでも「女院《にょいん》」つまり女性の上皇と呼ばれた人たちは、院とともにこの時代の重要なワイルドカード（トランプで、いろいろなカードの代行ができる特殊な切り札）になっていましたが、その実態はほとんど明らかになっていないのです。

あまり知られていないこの時代の女性たちの足跡から、平安時代後期や社会を考え、戦国時代や幕末のように議論や話題にしていただけたらと楽しみにしております。本当に面白いですから。

＊次のページから1～50の年表を載せました。まず、だいたいの時代の流れをご理解ください。
＊なお、本書では各章ごとに主な登場人物を中心としたテーマ系図や図表を、説明つきで該当の

ページに載せています。面白くも複雑な人間関係をひもといてください。新たな歴史の一面が見えてくるはずです。

また、人名や地名などの漢字にはできるだけフリガナをふっています。スマートフォンなどで検索し、興味を持たれたことを深めていただければと思います。

本書の年月日は原則として旧暦ですが、生没年や西暦のみの表記は一部新暦にしている箇所もあります。

平安時代後期二〇〇年の年表

年表からわかること

最初に、藤原道長の権力の確立から約二〇〇年の間に何が起こったのか、次のような後期二〇〇年の年表を作ってみた。ざっと見ていただきたいのだが、この時期は「平安」が崩れはじめ、いろいろな権力が乱立する、一括《ひとくく》りにはできない時代だというイメージがつかめていただければと思う。

長徳の変から西暦一一〇〇年くらいまでのできごと

① 996 長徳《ちょうとく》の変：内大臣藤原伊周《ふじわらのこれちか》が花山《かざん》上皇とのトラブルから失脚し、妹の中《ちゅう》宮《ぐう》定子《さだこ》は抗議の出家。中関白家《なかのかんぱくけ》は没落し、藤原道長《みちなが》が権力を掌握。

② 999 道長の長女、藤原彰子《あきこ》が一条《いちじょう》天皇に入内《じゅだい》。定子、敦康《あつやす》親王を出産

③ 1000 彰子中宮、定子皇后《こうごう》に。翌年、定子死去

④ 1005 このころ、紫式部《むらさきしきぶ》が彰子中宮に出仕

⑤ 1008 中宮彰子、敦成《あつひら》親王を出産：その記録がある『紫式部日記』には『源氏物《げんじもの》語《がたり》』の存在をうかがわせる記述が見られる。翌年、敦良《あつなが》親王を出産。

⑥ 1011 一条天皇亡くなり、三条《さんじょう》天皇即位して、天皇の血統が交替：中宮彰子は皇《こう》太后《たいごう》になる。長女の当子《まさこ》内親王が約45年ぶりに天皇親政《しんせい》の象徴である皇女の伊勢斎王《いせさいおう》になる。皇太子は一条の第二皇子敦成親王（後一条《ごいちじょう》天皇）となり、第一皇子敦康親王を推薦していた藤原彰子は道長に不満を持つ。

⑦ 1013 三条天皇と中宮妍子《きよこ》（藤原道長の娘）の間に禎子《さだこ》内親王が産まれる

⑧ 1016 三条天皇退位して後一条天皇即位、道長摂政《せっしょう》になる：皇太子敦明《あつあきら》親王（三条天皇第一皇子、翌年辞退、敦良親王に交替）

⑨ 1017 道長太政大臣《だいじょうだいじん》になり（翌年辞任）、摂政は長男頼通《よりみち》が継承

⑩ 1018 藤原道長、孫の後一条天皇に娘の藤原威子《たけこ》を入内させ、中宮・皇太后（妍子）、太皇太后《たいこうたいごう》（彰子）の父となった祝宴で「この世をば」の歌を詠む

⑪ 1019 藤原道長出家、自邸を法成寺《ほうじょうじ》に改装し、多数の受領《ずりょう》が奉仕する：法成寺は「御堂《みどう》」と呼ばれ、御堂関白《みどうかんぱく》の名はここから来ている。
このころに紫式部亡くなったか？

⑫ 1019 異民族の刀伊《とい》が九州に攻め寄せる：藤原隆家《たかいえ》（伊周・定子の弟）が地元勢力や、大蔵種材《おおくらのたねき》、平致行《たいらのむねゆき》（致光《むねみつ》）、源知《みなもとのさとる》ら京から土着した有力者たちを率

いて撃退する。

⑬ 1026 太皇太后彰子落飾：上東門院《じょうとうもんいん》の女院号《にょいんごう》を受ける（一条天皇の母、道長の姉の詮子についで2人目）。

⑭ 1027 道長死去：長男頼通が関白になる。

⑮ 1028 平忠常《ただつね》、関東で反乱を起こすが、摂関家に仕える武官の源頼信《よりのぶ》（清和源氏《せいわげんじ》）に降伏

⑯ 1031 長元《ちょうげん》の託宣事件：斎王嫥子《よしこ》女王（関白頼通の正室隆姫《たかひめ》女王の妹）が斎宮寮《さいくうりょう》の不正を暴き、後一条天皇を批判する。

⑰ 1036 後朱雀《ごすざく》天皇（妃は禎子内親王）即位：長女の良子《ながこ》内親王を伊勢斎王とする。

⑱ 1045 後朱雀天皇、後冷泉《ごれいぜい》天皇（母は藤原道長の娘、嬉子《よしこ》）に譲位して死去：藤原頼通の全盛期が到来するが、皇太子は禎子内親王の子、尊仁《たかひと》親王（後の後三条《ごさんじょう》天皇）。

⑲ 1046 『小右記《しょうゆうき》』著者、小野宮《おののみや》右大臣藤原実資《さねすけ》亡くなる

⑳ 1051 東北地方で安倍《あべ》氏の戦乱が起こり、9年後に源頼信の子の源頼義《よりよし》に滅ぼされる（いわゆる前九年《ぜんくねん》合戦）

㉑ 1052 この年、仏法が滅びる時代（末法《まっぽう》の世）に入ったらしいと認識され、社会不安が広がる（『往生要集《おうじょうようしゅう》』による）

㉒ 1053 藤原頼通、宇治《うじ》の別荘を寺院に改築（平等院鳳凰堂《びょうどういんほうおうどう》）：自分のための来世テーマパークの本格的な始まり。

このころ菅原孝標女《すがわらのたかすえのむすめ》『更級日記《さらしなにっき》』成立か：『源氏物語』を読んで育った記録があり、40年間にわたって読みつがれたベストセラーだったことがわかる。

㉓ 1068 藤原頼通、関白を辞任し、弟の教通《のりみち》に譲って宇治に引退する。後三条天皇即位：母は三条天皇皇女、皇太后禎子内親王で、「三条」の名を継承したことからもわかるように、一条・三条天皇双方の血を引く天皇が誕生した。内親王を母に持つ天皇は奈良時代に内親王制が発足して以来初めてで、天皇の娘でも、奈良時代の元正《げんしょう》天皇（母は元明《げんめい》天皇で天智《てんじ》天皇の娘）以来340年ぶり。禎子は太皇太后となり、陽明門院《ようめいもんいん》の院号を受ける。

㉔ 1069 令外官《りょうげのかん》の記録荘園券契所《きろくしょうえんけんけいじょ》が置かれ、不正な荘園の処分とともに、書類審査に通った荘園を公認する（延久《えんきゅう》の荘園整理）：一国に荘園（上皇、貴族や寺社の私有地）と国の土地（国衙領《こくがりょう》）が共存する体制（荘園公領制）に社会が動き出す。

㉕ 1072 後三条天皇の息子、白河《しらかわ》天皇即位：母は藤原道長の子で関白頼通と対立していた藤原能信《よしのぶ》の養女茂子《しげこ》。摂関家ではない藤原氏を母に持つ天皇は宇多《うだ》天皇以来約170年ぶり。

㉖ 1074 上東門院彰子、藤原頼通が亡くなる：皇族出身皇后の禎子内親王が事実上宮廷のトップに立つ。

㉗ 1076 白河天皇、権力と資産を傾けて京の東側の白河に九重塔を持つ法勝寺《ほっしょうじ》を建立《こんりゅう》：以後天皇や女院が私的に建てる寺（御願寺《ごがんじ》）は白河に集中する（六勝寺《りくしょうじ》という）。

㉘ 1081 このころから白河天皇が、源頼義（清和源氏）の子の義家《よしいえ》とその部下たちを指名して警固に使うようになり、前例のないことと噂《うわさ》される

㉙ 1083 奥州《おうしゅう》清原《きよはら》氏の内紛に源義家が介入、清原氏は滅ぶ（いわゆる後三年合戦《ごさんねんかっせん》）：藤原清衡《きよひら》が新たな奥州支配者となる（東北北部地域を支配し、砂金やワシの羽などの富を独占して、朝廷への窓口となる。奥州藤原氏三代の繁栄の始まり）。義家、東国の武装勢力に大きな影響力を持つようになる。

㉚ 1086 白河天皇、8歳の堀河《ほりかわ》天皇に譲位して、上皇（院）として権力を掌握（院政《いんせい》の始まり）：同年、京の南郊外に超大規模な離宮（上皇御所）の鳥羽殿《とばどの》（鳥羽離宮）を造営開始、鳥羽の地がもう一つの都となる。

㉛ 1087 平安後期公家日記の代表作『中右記《ちゅうゆうき》』この年から始まる：著者は中御門《なかみかど》右大臣藤原宗忠《むねただ》（道長次男の頼宗《よりむね》の子孫）。

㉜ 1090 白河院、白河泉殿《しらかわのいずみどの》（上皇御所）を造営：「白河」の名前の由来。

㉝ 1093 白河院の溺愛《できあい》する娘、元斎王媞子《やすこ》内親王が初の未婚女院（郁芳門院《いくほうもんいん》）となり、天下の権威者と呼ばれる

㉞ 1096 郁芳門院急逝して白河院出家する：上皇の権勢が仏教界にも及ぶようになる。

㉟ 1097 平正盛《まさもり》（平清盛《きよもり》の祖父）、郁芳門院の菩提寺《ぼだいじ》建立のために伊賀《いが》の私領を寄進し、白河法皇に接近：『平家物語《へいけものがたり》』による平家の初代。

㊱ 1098 源義家が白河院の宮殿に上って近侍すること（院昇殿）を許される

西暦一一〇〇年から平家政権成立くらいまでのできごと

㊲ 1102 藤原氏トップの右大臣忠実《ただざね》（頼通の曽孫《ひまご》、のちの関白）が白河院の怒りに触れて出仕停止になり、摂関家の威信に大きな傷が付く

㊳ 1107 源義家の次男で、九州にて問題を起こし、隠岐《おき》に配流されていた義親《よしちか》が出雲《いずも》国目代《もくだい》（国司の代理で現地支配をおこなう者）を殺害して反乱、平正盛に追討される

このころ、1107年に29歳で亡くなった堀河天皇の介護記録、『讃岐典侍《さぬきのすけ》日記《にっき》』が書かれる

㊴ 1119 鳥羽《とば》天皇（堀河天皇の子）の中宮璋子《たまこ》（権大納言藤原公実《きんざね》の娘、待賢門院《たいけんもんいん》）、顕《あき》仁《ひと》親王（のちの崇徳《すとく》天皇）を出産：4年後に即位。

㊵ 1129 白河上皇亡くなり、鳥羽院政が本格開始

㊶ 1132 平忠盛《ただもり》、院昇殿を許され、以後受領としても活動し、全国的な勢力と財産を持つ

㊷ 1137 鳥羽上皇、鳥羽殿に安楽寿院《あんらくじゅいん》（鳥羽上皇の来世テーマパーク）を建立（鳥羽院の名前の由来）：この寺院は鳥羽上皇と藤原得子《なりこ》（美福門院《びふくもんいん》）のために建てられ、この寺院に寄進された荘園は天皇家の重要な経済基盤となっていく。

㊸ 1138 『中右記』この年で終わる：著者右大臣藤原宗忠の出家による。

㊹ 1139 藤原得子、躰仁《なりひと》親王（近衛《このえ》天皇）を出産：2年後に崇徳天皇の皇太弟として即位し、崇徳は天皇の父ではないので院政を開けなくなる（再び天皇家が分裂し、保元《ほうげん》の乱の遠因となる）。

㊺ 1144 源義朝《よしとも》が伊勢神宮の荘園である相模国《さがみ》大庭御《おおばみ》厨《くりや》を襲撃して狼藉《ろうぜき》：このころに鎌倉に基盤を作ったらしい。

㊻ 1155 後白河《ごしらかわ》天皇即位：息子で美福門院が育てていた守仁《もりひと》親王、のちの二条《にじょう》天皇へのつなぎとしての即位。

㊼ 1156 鳥羽法皇亡くなる：安楽寿院の塔の下に葬られる。

㊽ 1159 保元の乱起こる：崇徳上皇軍と後白河天皇軍の平安京《へいあんきょう》内での市街戦により、元左大臣藤原頼長《よりなが》（忠実の子）が戦傷死。義家の後継者源為義《ためよし》がその子たちとともに、長男源義朝によって処刑される（約350年ぶりの公的な死刑の復活）。後白河院方の主戦力だった平忠盛の子、清盛と源義朝が勢力を伸ばす。敗れた崇徳院は讃岐《さぬき》に流刑。藤原信西《しんぜい》が政権を握る。このころから、義朝の次男、朝長《ともなが》が二条天皇の中宮姝子《よしこ》内親王（鳥羽院の皇女、高松院《たかまついん》。母は美福門院）、三男頼朝《よりとも》が後白河天皇の准母《じゅんぼ》統子《むねこ》内親王（鳥羽院の皇女、上西門院《じょうさいもんいん》。母は待賢門院）に仕えはじめる

㊾ 1160 平治《へいじ》の乱起こる：藤原信西が藤原信頼《のぶより》、源義朝らに襲われ自害、平清盛が義朝らを追討する。義朝やその子の義平《よしひら》、朝長ら敗死、頼朝は伊豆《いず》に流罪。清盛、武家の棟梁《とうりょう》として初めて参議《さんぎ》となり、政治に関わる貴族の地位に昇進する

㊿ 1167 平清盛、太政大臣となる：実質的な武家政権はこのころから始まる。

目次

序章　平安後期二〇〇年の女人たちとは

武人貴族と日本中を走り回る人々、そしてその妻たち

今から約千年前の権力者、藤原道長《ふじわらのみちなが》は大和国《やまと》（奈良県）の霊山である大峰山《おおみねさん》（金峯山寺《きんぷせんじ》）に、死後の極楽往生を願って参詣したと、日記（国宝『御堂関白記《みどうかんぱくき》』）に書き遺《のこ》したが、これは大変珍しいことであった。摂関家《せっかんけ》やそれに準ずる、たとえば『小右記《しょうゆうき》』で有名な藤原実資《さねすけ》、藤原公任《きんとう》、行成《ゆきなり》、道長の正妻倫子《ともこ》の父の源雅信《みなもとのまさのぶ》など、大臣や大納言になった人々も同様で、例えば伊勢神宮《いせじんぐう》に勅使として赴くようなケースを除き、地方を訪れる機会はほぼなかった。上級貴族である彼らは「都会っ子」なのである。

しかし道長に仕えた下級貴族たちは、彼の手足になって全国を飛び回っていた。彼らは国々の長官としてその国の支配を預かり「受領《ずりょう》」と呼ばれた。彼らは税を徴収し、交易などで富を蓄え、その収益を投入して摂関家に奉仕し、あるいは摂関家領の荘園《しょうえん》を管理するなどして摂関家に接近し、四位くらいの官位にまで上がることを人生の目標にする人々だ。摂関家など

の上級貴族に仕え、国々の受領になるということは、莫大《ばくだい》な富を得られる方法であった。

そして彼らは、受領としての実績を積むと、道長など大貴族の家政を預かる「家司《けいし》（つまりお屋敷のマネージャー）」になれる。たとえば藤原道長と頼通《よりみち》の二代にわたって家司を務めた藤原惟憲《これのり》という人は、摂関家でもないのに、正三位《しょうさんみ》（地位の高さだけは大臣級）の大宰大弐《だざいのだいに》（九州を支配し、対外貿易にも関わるのでものすごく実入りがいい）まで上がっている。彼は紫式部《むらさきしきぶ》の夫として知られる藤原宣孝《のぶたか》の兄の子なので、受領層の夢を叶《かな》えた人だと言える。もちろん道長の時代の真面目派貴族藤原実資などから見ると欲の塊ということになるのだが。

また、受領には文官と武官が交互に任命されることがあった。例えば、大江山《おおえやま》の鬼、酒呑童《しゅてんどう》子《じ》退治の伝説で知られる源頼光《よりみつ》（清和源氏《せいわげんじ》）は美濃《みの》守や伊予《いよ》守などを歴任し、正四位下まで上がっているが、その本務は宮廷の警固である。

そして忘れていけないのは、彼ら受領が地方に下るときには、多くの関係者が同行していたことだ。十二世紀初頭に編纂《へんさん》されたとみられる、行政マニュアル的に使われた文書集の『朝《ちょう》野群載《やぐんさい》』には、受領が連れていくのに望ましい人々が記されている。行政事務に堪能な者や字の上手な人、そして武者、僧侶や験者（山伏）まで書き上げられ、その数は三〇人を超える。また本人が赴任しない「遥任国司《ようにん》」の場合も、国司の代理人である目代《もくだい》以下多くの部下を派遣する必要がある。同行者の中には次の人事異動待ちの国司経験者もいたようで、下級貴族やその眷属《けんぞく》など、かなり多くの人々が常に京と地方を巡っていたのである。

そしてもちろん土着する一族もいた。京では官位や官職がなくても、地方なら名家のご子息様として婿取られることもあったろうから、決して悪い選択ではなかったろうし、京とのパイプを生かせば、地方の富を生かして再度京に戻ることも不可能ではなかった。平将門《たいらのまさかど》に代表される地方に土着した平氏の子孫の多くは、摂関家など京の有力者に仕える立場でもあった。

そして地方を巡る人々には、その家族も付いていくことが少なくなかった。大江匡衡《おおえのまさひら》の妻の赤染衛門《あかぞめえもん》、清原元輔《きよはらのもとすけ》の娘の清少納言《せいしょうなごん》、藤原為時《ためとき》の娘の紫式部、藤原保昌《やすまさ》の妻の和泉式部《いずみしきぶ》など、受領層出身の女流文学者には地方在住経験者が意外に多い。彼女らより一世代後の菅原孝標《すがわらのたかすえの》女《むすめ》は『更級日記《さらしなにっき》』に東国から京への帰京の旅を記している。

摂関家やその周辺の藤原氏・源氏が京で優美な生活とその陰での政争の暗闘を繰り返していた時代、貴族社会の中間管理職ともいうべき四位・五位クラスの人々は中央と地方を転勤しながら働き、赴任地に土着したその一族などは、絶え間なく移動を繰り返して貴族社会の末端を支えていた。摂関体制を支えていたのは京と地方を行き来していた人々なのである。

そうした社会を維持していくために必要とされたのが、地方行政に長《た》けた実務派の下級貴族と、宮廷警固や地方の治安維持を期待された人々、すなわち武門の下級貴族である。

そして摂関政治を陰で支えていた彼らが次第に表に出てくる時代、それが平安後期二〇〇年なのである。

乱立する権門――政治・権力の多チャンネル化、忖度とロビー外交の時代

十一世紀から十二世紀前半には有名な人物、つまり英雄も天才もほとんどいない。歴史的には摂関政治から院政、さらに武士の時代へと目まぐるしく転換する時代なのに、この時代を代表する人物が見当たらない。だから歴史ファンの中でも、「推し」が出にくいのだ。

私は、この時代は律令《りつりょう》国家の枠組みを残しながら、その枠組みの外側の、血縁と根回しと忖度《そんたく》（相手の意向への配慮）、いわば「ロビー活動（個人や団体が政治的影響を及ぼすことを目的として行う私的活動）」で政治が動いていた時代だと考えている。

一例を挙げれば、この時代の政界の中心は「院《いん》」、すなわち上皇だった。そして院が現役の天皇の父である場合、元天皇（つまり奈良時代に規定されたすべての土地と人は天皇のもの＝公地《こうち》公民制《こうみんせい》の代表）でありながら、巨大な荘園領主（つまり土地と人の支配権は所有者にある＝封建《ほうけん》制度の親玉）という矛盾した存在となっていた。子供の天皇、摂関家や貴族層、そして大寺院を抑え込み、最高権力を持った院（上皇）は、「治天《ちてん》」（天下を治める者）とさえ呼ばれた。国家の政策を決める者が国家の枠組みを超えたキマイラ（混合生物）的な存在になっている、それが「院」の実態だ。

そして摂関家以外の藤原氏や下級貴族たち――武士の親玉も含む――はこうした公権（律令）を超えた権力者と血縁や根回しでつながりを求め、いろいろな関係性を結んでいく。その傾向は学問、事務能力、あるいは武力などのオーソリティー（専門家）化（「家職《かしょく》」という）の

形で十世紀以来見られたが、十一世紀頃には比べ物にならないくらい、多くの権力とのチャンネル（窓口）が生まれていた。

たとえば奥州《おうしゅう》に三代の栄華を誇った藤原氏は、独立領主のようで「砂金の採掘」つまり鉱山経営と成果品の輸送・売買など総合商社的に京とつながっていたし、瀬戸内や九州で活動していた武装した勢力は、海賊として討伐されることもあるが、国際貿易商人として京と結びついていた。行政的な支配する者とされる者だけではなく、宗教、芸能、生産、流通、さまざまな形で中央と地方の交流は進み、そのチャンネルに乗るように、多くの人たちが旅をした時代でもあった。

そして大荘園領主たちは、いわば独自の財源を持って自立した権力になっていく。そして、院や大貴族だけではなく、延暦寺《えんりゃくじ》のような寺院、伊勢神宮のような神社なども独自の荘園を持ち、自立の道を模索するようになっていく。そうした法人のような組織のことを当時、「権門《けんもん》」と呼んだ。

それぞれの権門には政治的・行政的・政治的な特徴があり、彼らは自立しつつも互いに支え合うようにして国家の権力を支えていく。それは、国家的な意思決定機構の外で政治が動く、「ロビー外交」や「忖度」がものを言う世界と言ってもいいのかもしれない。そして、摂関全盛期以来彼らを支えてきた下級貴族たちはより柔軟にかつ現実的な選択を迫られることになる。それは摂関家どの権門に従い、誰の権勢を利用するかで自分たちの将来が決まるわけである。

996　〈長徳の変〉中関白家が没落し、道長が権力を掌握する

1000　彰子が中宮、定子が皇后になる

1001　定子死去する

1005　紫式部がこのころ、中宮彰子に出仕する

1019　刀伊の入寇、隆家が中心となり撃退する

1051　前九年合戦起こる

1068　禎子内親王の子の後三条天皇が即位する

1083　後三年合戦。源義家、関東に勢力を広げる
藤原清衡が奥州支配者となる

1086　白河天皇、8歳の堀河天皇に譲位して、上皇（院）として権力を掌握（院政の始まり）

1098　源義家が白河院の院昇殿を許される

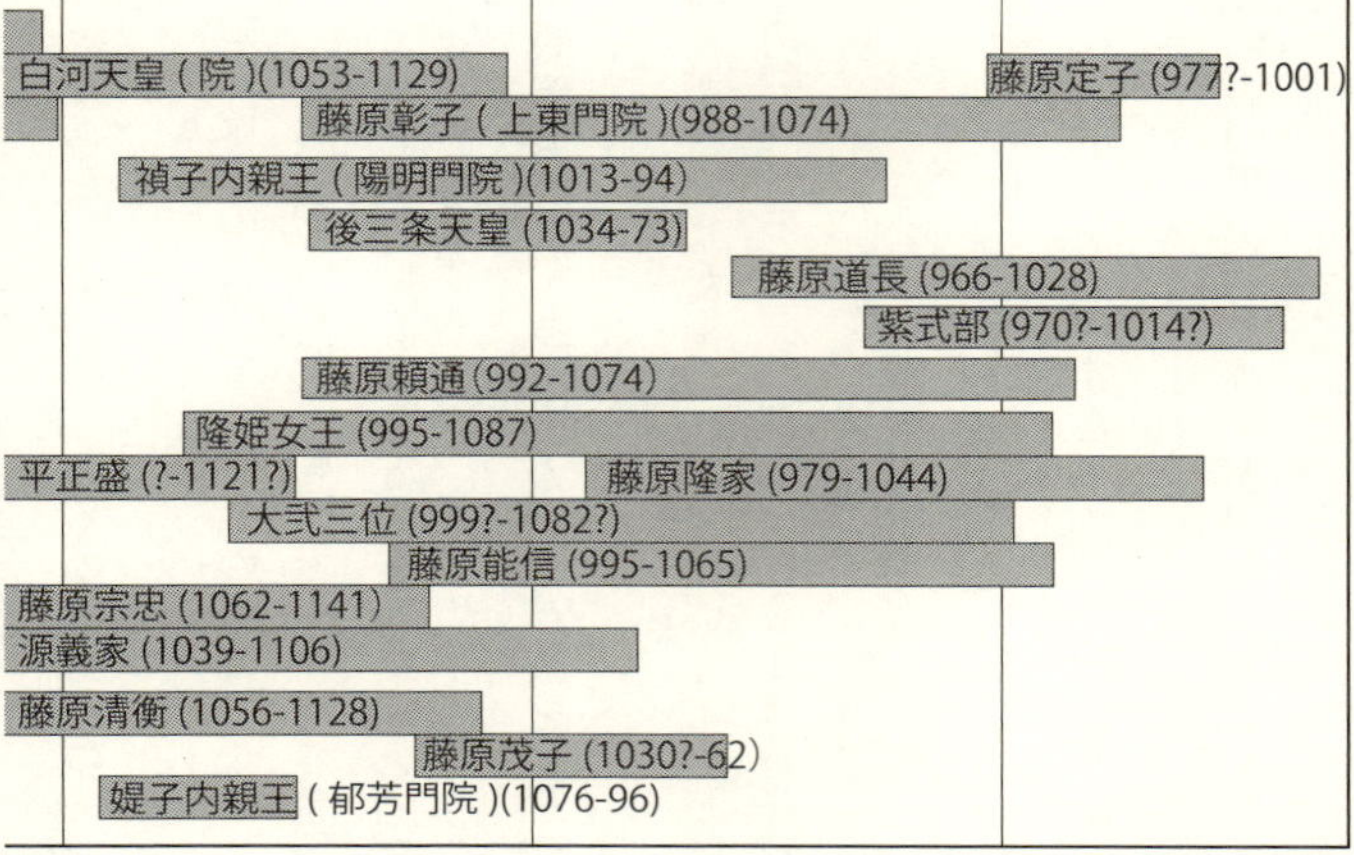

1137　鳥羽上皇、安楽寿院を建立する

1156　鳥羽法皇亡くなる。保元の乱が起こる

1159　平治の乱が起こる

1167　平清盛、太政大臣となる

1185　鎌倉幕府の成立、守護・地頭を各国に任命する権利を得る

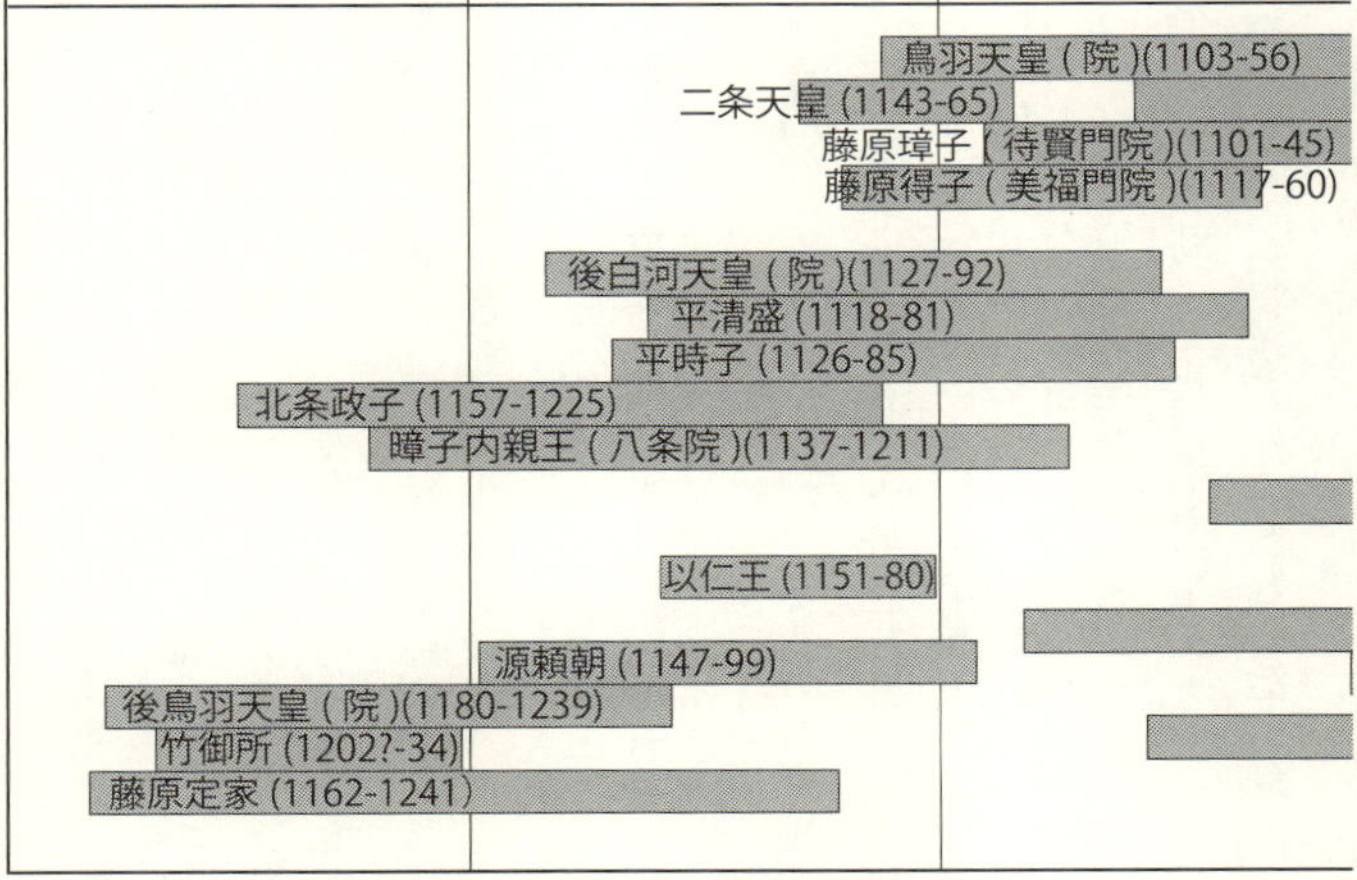

ひと目でわかる平安後期200年の事件人物表

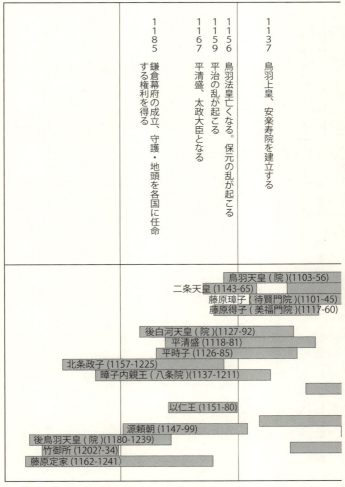

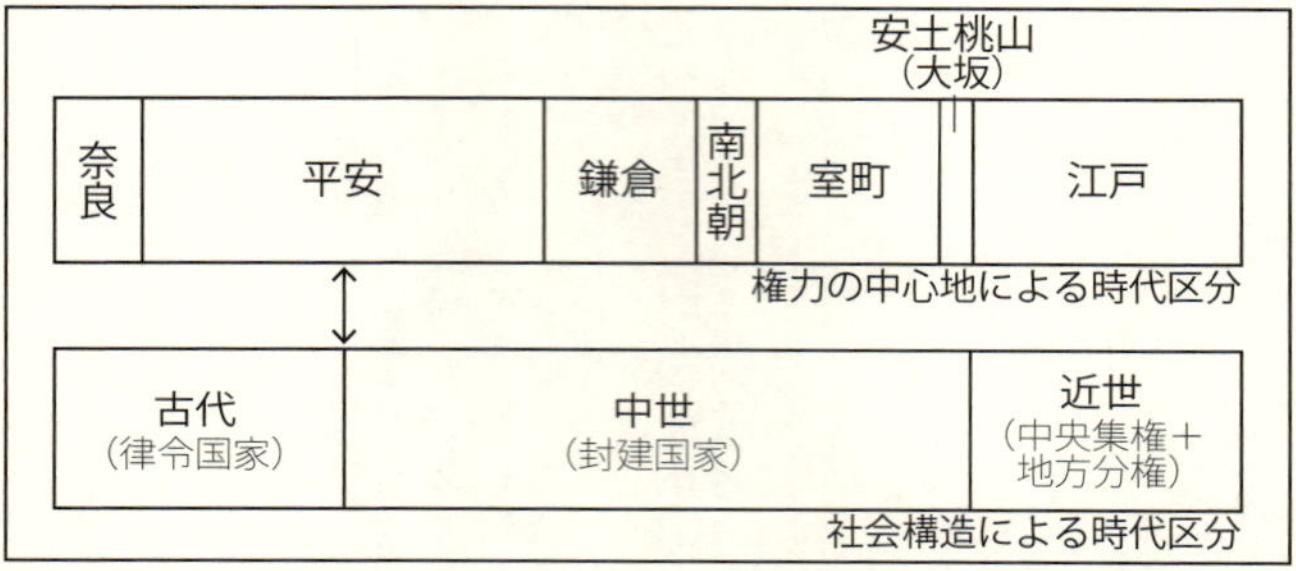

日本史の時代の分け方

一人勝ちの社会に比べ、ある意味で「生き馬の目を抜く」複雑な社会だったと言えるだろう。しかしそれは、今まで固定されていた身分や社会を一気に飛び越えて、権力をつかむチャンスがさまざまな階層に訪れた瞬間でもあった。平安時代の半ばで、「古代」から「中世」への大きな転換点が来ると言われる。平安時代後期は古代と中世の価値観が交錯する活気と変化に満ちた社会なのである。

「女人入眼の日本国」――平安後期を生きる女性権力者の新しい道

今から四〇年ほど前の一九八〇年代に、女性史の研究は学界で大きく躍進した。そして、古代は女性と男性の立場は同等で、武士の時代である鎌倉時代になると男性優位な社会ができ、以降は女性の地位や権利はほとんど認められなくなっていった、というスタンスがほぼ定着したといえる。

しかし反面、例えば平時子《たいらのときこ》（平清盛《きよもり》の正妻、二位尼《にいのあま》）や北条政子《ほうじょうまさこ》（源頼朝《みなもとのよりとも》の正妻、尼将軍）のような政治に深くかかわる女性たちがいた。そして平安末期から鎌倉初期に活躍した天台座主《てんだいざす》（摂関家出身の天台宗《てんだいしゅう》のトップ、つまり日本一の政僧）の慈円《じえん》が『愚管抄《ぐかんしょう》』という哲学的な歴史書に、政子たちの政治的活動を「女人入眼《にょにんじゅげん》の日本国（仏像を完成させる入眼の儀式のように、重要政策を最終決定するのは女性である）」と評したこととの研究の位置づけや、王権と女性という観点からこの時代を見ることが重要な課題であると思う。

また、伊勢斎王《さいおう》（斎宮《さいくう》）、賀茂《かも》斎王（斎院《さいいん》）という古代王権を支えた皇族女性たちがいた。伊勢斎王は飛鳥《あすか》時代から六〇〇年、賀茂斎王は平安時代初期から四〇〇年も続いた制度であった。斎王、特に鎌倉時代の終わりまで残った伊勢斎王を王権は必要とした。古代的な社会の特徴である斎王制度が鎌倉時代の終わりまで曲がりなりにも生き残っていたのはなぜであろうか。

そして、慈円が言うように、当時の社会でも女人が政治に深く関わっていたとするならば、古代の枠組みを離れた平安後期の女性権力者のありかたが存在していたことになる。本書ではそうした存在として、女院《にょいん》・乳母・院や女院に仕えた女房・武人貴族の妻などの生き方を取り上げたい。それによって女性たちの新しい政治的な役割が見えてくるはずである。

『百人一首』の女流歌人たちのスポンサーが女院たちだった

平安後期になると、藤原定家《さだいえ》（「ていか」とも）の御子左流《みこひだりりゅう》と、そのライバル六条藤家《ろくじょうとうけ》という、和歌を家職とする家が生まれてくる。摂関家以外の藤原氏が世に出る一つのツールが和歌であった。平安中期までの「漢詩こそが一番の貴族のたしなみである」というルールを超えさせたのもやはり上皇（治天の君）の後押しを得た両家であったのだ。

平安後期には多くの「女院」と呼ばれる女性たちが現れる。もともと女院は、十世紀末期に、出家した元皇后《こうごう》（天皇の母）に与えられる「女性の上皇」とも言える名誉称号として成立した。しかし、十一世紀半ばになると、女院たちが時に政治的な役割も果たすようになる。あまり知られていないが、それは「治天」の分身のような役割で、多くの荘園を集めて莫大な資産を形成していた彼女らに接近することは治天を動かすことにつながるチャンスでもあった。

女院はその名より、『百人一首《ひゃくにんいっしゅ》』に出てくる平安後期の女流歌人たちが仕えた主人たち、というほうがわかりやすいかもしれない。しかしそれは、女院が女流歌人たちを支えた文化スポンサーとしてのあかしなのである。

『源氏物語《げんじものがたり》』の時代の後、清少納言や紫式部のような有名な女性はほとんどいなくなり、女房文学は衰退する。

しかしこの時代の女性たちもまた、したたかに生きていた。平安後期にもまた、多くの女性たちが表には出ないがさまざまな形で活躍し、社会の転換とも深く関わっていたと私は考えている。

定家が編纂したと伝わる有名な『百人一首』を例に見てみよう。十世紀前半の醍醐《だいご》天皇の時代から十一世紀前半の藤原彰子《あきこ》のころまでの平安前期後半の約一〇〇年間では「右近《うこん》」から

「清少納言」まで一〇人の女流歌人が挙げられているが、それ以降十二世紀末期までの平安後期のざっと一五〇年弱の期間でも「相模《さがみ》」から「二条院《にじょういん》讃岐《のさぬき》」まで八人を数えることができる。ところが後期には、清少納言をはじめ紫式部・和泉式部のような誰でも名前くらい知っている人はほぼいなくなる。賀茂斎王（斎院）で藤原定家が憧れていたともいわれる後白河院《ごしらかわいん》（天皇）の皇女式子内親王《のりこないしんのう》でも、和歌史に興味がある人以外はほとんど知らないだろう。

しかし、このメンバーで面白いのは、四人までが、「祐子内親王家《ゆうしないしんのうけの》紀伊《きい》」、「待賢門院《たいけんもんいんの》堀河《ほりかわ》」、「皇嘉門院《こうかもんいんの》別当《べっとう》」、「殷富門院《いんぷもんいんの》大輔《たいふ》」と、「女院（あるいは内親王）」に仕えた〇〇（通称か職名）という呼び方をされていることである。彼女らは内親王や「女院」と呼ばれる女性たちのサロンを代表する歌人として名前が残されているのである。これは藤原彰子や藤原定子《さだこ》などの中宮《ちゅうぐう》・皇后が多くの有能な女房を抱えていた平安中期とは大きく異なっている。そのサロンに属していた女性たちの存在形態、生き方も大きく変わっていたのである。

女院とは女性の太上天皇《だいじょうてんのう》という意味で、もともと律令国家の枠内で変貌《へんぼう》を遂げた皇后制度の次の段階で生まれたシステムである。ではこれが中世的な存在なのか、といわれると、私には単純にそうとは思えない。女院の成立の最初は、藤原道長の姉で一条《いちじょう》天皇の母、「東三条《ひがしさんじょう》院《いん》」詮子《あきこ》で、摂関制が確立する時期である。

天皇家の姫、摂関家の姫、それ以外の藤原氏の姫、斎王たち。女院と呼ばれる人たちはこうした層から生まれてくる。その階層は奈良時代から平安前期の后《きさき》たちとそれほど変わらない。

そしてその下には多くの女流歌人たちがいた。その中には意外なことに源頼光の養女といわれる相模（一条天皇の皇女の脩子《ながこ》内親王や、後朱雀《ごすざく》天皇皇女の祐子《すけこ》内親王などに仕えた女房）や、源頼政《よりまさ》の娘の二条院讃岐のような武士の関係者もいる。権門に仕えるということは、本人だけでなく、妻も夫も、家族ぐるみの奉仕であったことがわかる。その意味で女院や内親王も権門の一端であり、女流歌人たちも彼女らも自分の主人を選び、忖度やロビー外交の中で生きていたのである。

　こうした女性たちの生き方を許した社会のありかたを見ていくことが、この時代を考える面白い手がかりとなる。そして二番目の女院は、上東門院《じょうとうもんいん》といわれた彰子中宮その人である。

紫式部の描いた「女院」の予言――『源氏物語』のもう一つの〈サクセスストーリー〉

「女院」の始まりといえる東三条院と上東門院は、ともに藤原氏出身の皇太后《こうたいごう》（天皇の母）に贈られたいわば名誉称号である。しかし彼女らの生きていた時代に、女院の理想の形を創作の中で描いた女性がいる。『源氏物語』の作者、紫式部で、女院は「藤壺《ふじつぼの》（薄雲《うすぐも》の）女院《にょいん》」という。

　藤壺は、光源氏《ひかるげんじ》の父、桐壺《きりつぼ》帝が源氏の母の桐壺更衣《きりつぼのこうい》を失った哀《かな》しみを埋めるために後宮《こうきゅう》に入れた女性で、「先帝の女四宮《おんなしのみや》」、つまり内親王である。この先帝という人と桐壺帝の関係については諸説あるのだが、注意しておきたいのは桐壺帝がもともと藤壺を知っていたわけではなかったことと、この先帝の皇子、兵部《ひょうぶ》卿宮《きょうのみや》（のちに式部《しきぶ》卿宮《きょうのみや》）として『源氏物語』に現れる皇族が皇位継承とは全く関わっていないことである。要するに、先帝の血筋は名家だが皇位継承からは外れており、宮廷での大きな勢力ではなかったらしい。いうならば、藤壺は衰退した一族の内親王で、半ば忘れられていたが、噂《うわさ》を聞いた天皇に召されて後宮に入った、ということになる。

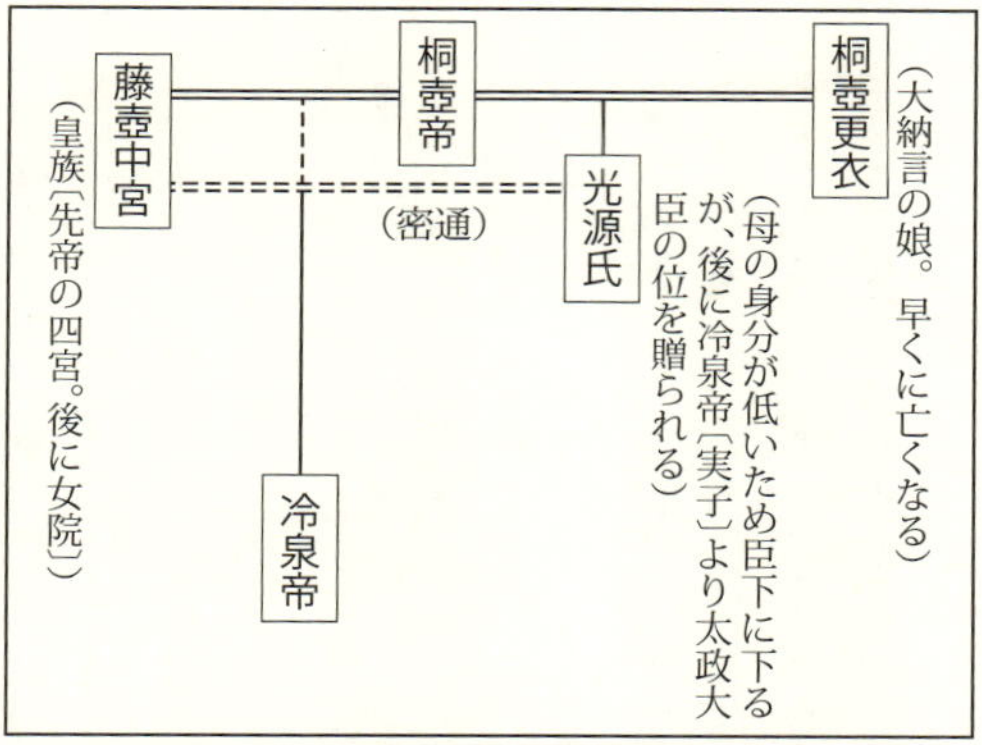

『源氏物語』光源氏と藤壺女院の関係図

そして藤壺は、光源氏との不義の子を儲《もう》けることになる。その後も彼女は光源氏の永遠のマドンナでありつづけるが、その子である冷泉帝《れいぜいてい》が即位すると、後見者として光源氏と提携し、男女の仲ではなく、「女院」と大臣の政略的な関係を作り出し、「絵合《えあわせ》」巻では源氏が最大勢力の貴族「左大臣家」を抑えることに協力し、皇族のトップとして政界に君臨することになるのである。紫式部が書いた「藤壺物語」は、政治的背景の弱い皇太后が、かつての不倫相手と手を組んで子供を守り、権力の座に昇る話であり、衰えた別系統の天皇家から、皇族の家長に上り詰めた女性のサクセスストーリーとして描かれている。

若き彰子中宮（上東門院）が『源氏物語』を読み、どのように感じたかはさだかではないが、紫式部が彰子の将来や道長の希望を意識して物語を書いたことは想像できる。

じつは『源氏物語』には、宮廷政治に深く関わったらしい女性たちが何人も描かれている。光源氏の最大の政敵ともいえる右大臣家出身の弘徽殿大后《こきでんのおおきさき》（源氏の異母兄朱雀院《すざくいん》の母）や、元斎王で、藤壺の子の冷泉院に嫁いでその支えとなり、後には源氏の公的な後継者薫《かおる》をも支える秋好中宮《あきこのむちゅうぐう》、夫の髭黒《ひげくろ》大将を亡くした後、家長として一族を率いて、また内侍《ないし》として宮廷に出仕を続けた玉鬘《たまかずら》などである。彼女らが物語の背景で果たしていた役割は決して小さくない。

紫式部の生きた時代には、天皇家には冷泉・円融《えんゆう》の二系統があり、複数の天皇家があるという『源氏物語』の設定は不自然ではなく、もともと円融系は後述するように中継ぎの血統として生まれたものだったらしい。目立たない天皇家の姫でも宮廷の頂点にのし上がれる、というストーリーは、「女院」の理想形を描いたものといえるだろう。

こうした女院たちがまるで紫式部の予言を実体化するように活躍しはじめる時代、それが平安後期二〇〇年である。彼女らは、この時代の隠然とした実力者であり、『百人一首』に見られた女流歌人たちのオーナーなのである。これだけでもこの時代の女性たちがなかなか無視できない存在だということがわかっていただけると思う。そして、実際の皇族出身女院の第一号は、院政を始めた白河《しらかわ》天皇（白河院）の皇女、郁芳門院媞子《いくほうもんいんやすこ》内親王で、彼女は元伊勢斎王だったのである。

まさに、天皇の権力と上皇（治天の君）の力が組み合わされて出現した女院であった。

ほとんど知られていないこの時代の女性たちから激動の時代を見ていくと、どのような地平が現れてくるのだろうか。

第一章　寛仁三年に起こった大事件――〈刀伊の入寇〉

刀伊の襲来

寛仁《かんにん》三年（一〇一九）四月、海外貿易港である博多《はかた》（現福岡市）に置かれた警固所《けいごしょ》（現福岡市中央区警固《けご》の地名由来、ただし平安時代の警固所は同区内の鴻臚館《こうろかん》にあったとされる）周辺で大きな戦いがあった。海の彼方《かなた》から攻め寄せてきた謎の兵団の来襲である。大宰府《だざいふ》からの報告では、「刀伊国《といこく》」から来襲したとある。この兵団はすでに対馬《つしま》、壱岐《いき》に大きな被害を与え、殺人、強盗に加えて千人以上といわれる多くの人々が捕虜《ほりょ》として拉致《らち》された。壱岐では壱岐守藤原理忠《ふじわらのまさただ》が殺された。それが国際貿易港の博多に迫っていたのである。この兵団は五〇隻の船からなるという大規模なもので、最初は新羅《しらぎ》、あるいは新羅に代わって建国した高麗《こうらい》あたりが攻めて来たのではないかとも思われたようだ。彼らは警固所に迫り、その弓勢は、木製の盾《たて》も貫き人に当てるほどに強力だった。しかし警固所に立《た》て籠《こも》った軍勢は、この兵団を防ぎきり、ついに撤退させた。

もともとこの地域では、九世紀後半以降、朝鮮半島を支配する新羅の統制力が弱体化してくるに伴い、しばしば海外からの賊が攻めてくるという事件があった。そのため博多には警固所が置かれ、北九州地域の兵力をそこに集結できる態勢があったようだ。いわば緊急エマージェンシーが効力を発揮して、博多は難を免れたのである。しかしその被害は大きく、三六五人が殺され、一二八九人が連れ去られたという。

この謎の兵団はその後肥前《ひぜん》国（佐賀県・長崎県）の海岸線で地域武士団と戦って敗北し、高麗で同様の略奪行為をして撃退される。そのときに二〇〇人ばかりの日本人捕虜が助けられ、日本に送還されたという。さらに対馬判官代《つしまのはんがんだい》、つまり対馬国の次官代理だった長岑諸近《ながみねのもろちか》という人が、無断で高麗に渡り、連れ去られた家族の消息を探した報告書により、より詳しいことがわかってきた。

この集団は大宰府からの報告では、「刀伊国」の兵と呼ばれている。「刀伊」は、高麗国で「東夷《とうい》」、つまり東方の野蛮人の意味で使われていた言葉だともいわれるが、どうやら中国東北部の遊牧民族「女真《じょしん》」の一派らしい。時代は北宋《ほくそう》のころ、中国の北では契丹《きったん》と呼ばれる遊牧民族（モンゴル系とされる）がこの時期に国家（大契丹国から遼《りょう》国に改称）を作り、その北側には女真と呼ばれる遊牧民族（ツングース系で、後世に金《きん》や清《しん》を建てた）がいた。これらの民族の対立と自立の動きが最終的に北宋を滅ぼし（一一二六年、靖康《せいこう》の変）、金と南宋《なんそう》の南北朝時代に突入することになるのだが、その前史ともいえる動きが東北アジア沿岸部で起こっており、刀伊が日本に襲来したのもその動きの一端らしい。しかしこのような騒動はその後は起こることがなく、どうやら日本は東北アジアの変動には巻き込まれなかった。この時代の外交はよく「消極的な孤立主義」といわれるが、平安な時代が一応は続いた、という点では、なんとか成功はしていたようだ。

〈刀伊入寇〉と「暴れん坊」藤原隆家

この事件は割合に詳しい記録が残されている。大宰府からの正式報告が『朝野群載《ちょうやぐんさい》』（主に平安後期の詩文・宣旨《せんじ》・官符《かんぷ》・書札《しょさつ》等の各種文書を分類し、編纂した書。算博士《さんはかせ》三善為康《みよしのためやす》が一一一六年に完成させ、のちに増補している）に載せられ、さらに『小右記《しょうゆうき》』にもつづけざまに情報が載せられているからで、戦いの状況を、その緊迫した雰囲気とともに知ることができる。『小右記』は藤原実資《さねすけ》の日記で、彼は当時大納言《だいなごん》であり、政府実務を担っている人物だった。

ここで大納言という役職を簡単に説明しておくと、左右大臣以下の上級貴族が参加する太《だい》政官《じょうかん》会議（政策を決定する会議）に参加し、天皇にその結果を報告（上奏《じょうそう》）したり、天皇の名でおこなわれる命令（太政官符《だいじょうかんぷ》や官宣旨《かんせんじ》など）を下したりする権限を持っている、いわば准大《じゅんだい》臣《じん》である。この当時は大納言二人と定数外の権大納言《ごんだいなごん》が四人いて、大納言は実資と藤原道綱《みちつな》、権大納言は藤原斉信《ただのぶ》、公任《きんとう》、源俊賢《みなもとのとしかた》、そして藤原教通《のりみち》である。斉信、公任、俊賢は、後で出てくる藤原行成《ゆきなり》とともに「一条《いちじょう》朝の四納言《しなごん》」と讃《たた》えられた英才で、道綱は摂政《せっしょう》を降りたばか

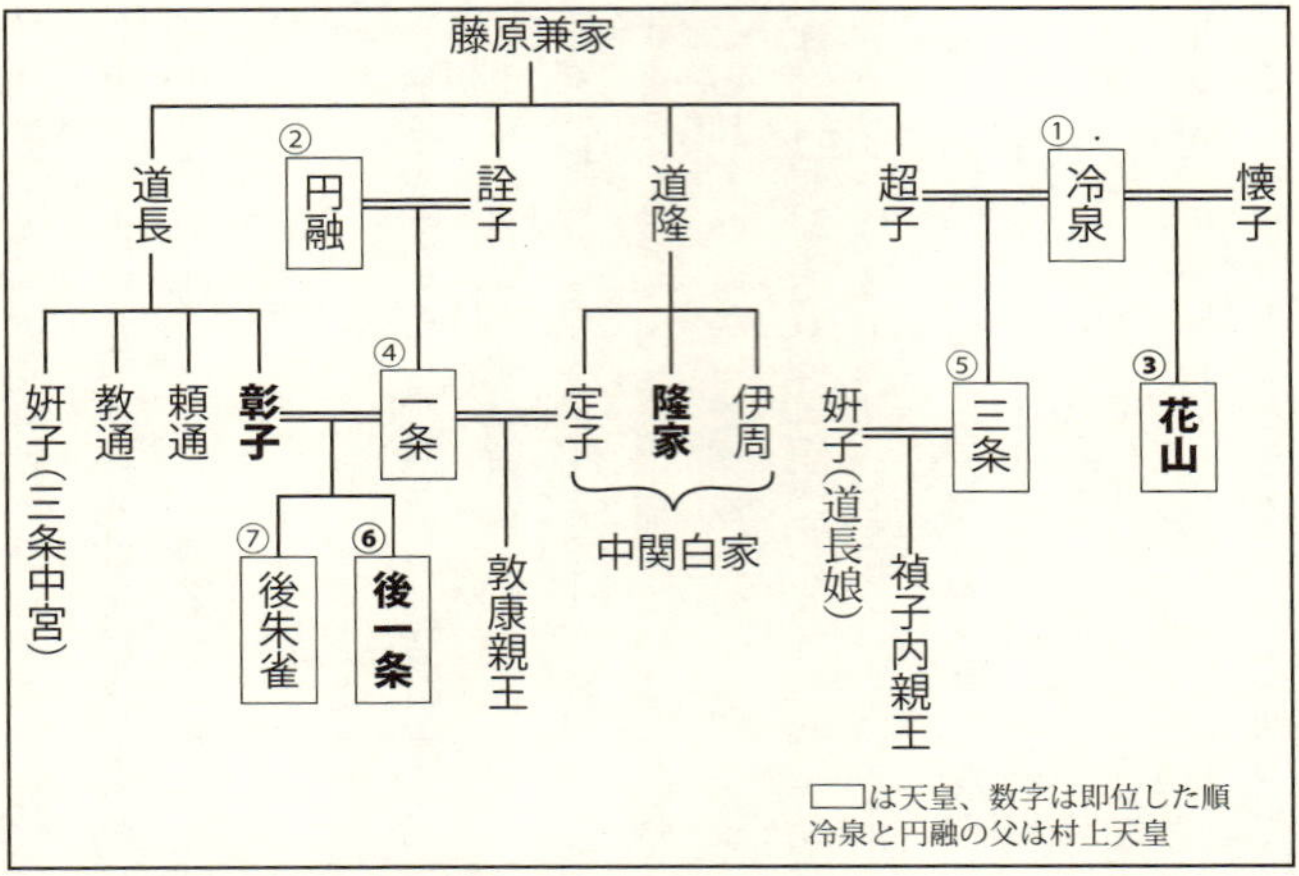

藤原隆家を中心とした関係人物系図

りの藤原道長《みちなが》の異母兄（母は『蜻蛉日記《かげろうにっき》』の著者、右大将道綱母《うだいしょうみちつなのはは》）、教通は道長と正妻の源倫《とも》子《こ》の間の次男で、新摂政となった頼通《よりみち》の弟、のちの関白である。

　さて、実資の手元にかなり正確なデータが送られて来ていたのは、当時の大宰府の体制にもよるだろう。本来大宰府のトップは大宰帥《だざいのそち》といい、皇族（帥宮《そちのみや》と呼ばれる）の名誉職であり、その補佐官の大宰権帥《ごんのそち》は、中納言《ちゅうなごん》クラスの貴族の兼官で、現地の統治は大弐《だいに》、少弐《しょうに》など次官級の官人におこなわせ、本人が下向することは珍しかった。ところがこのときには、大宰権帥を兼官する中納言が大宰府にいたのである。その名を藤原隆家《たかいえ》という。

　藤原隆家といえば、中関白《なかのかんぱく》といわれた摂政関白藤原道隆《みちたか》の子、内大臣藤原伊周《これちか》と一条天皇の皇后定子《さだこ》の弟である。『大鏡《おおかがみ》』に「世の中のさがなもの」（世に知られたツッパリ野郎）と書かれ、『栄花物語《えいがものがたり》』には誤認とはいえ花山《かざん》法皇に矢を射かけさせて袖《そで》を貫き、長徳《ちょうとく》二年（九九六）の〈長徳の変〉の原因になったと書かれた、無頼派《ぶらいは》の貴族である。〈長徳の変〉によって中関白家は自滅の道を歩み、道隆の弟の左大臣藤原道長が名実ともに政治の実権を握った。隆家は出雲権守《いずもごんのかみ》への左遷が解けて帰京した後も、権力者の道長に対して一歩も引かない度胸でいろいろなエピソードを残し、道長も一目置いていた。しかし政治的には恵まれず、中納言に留まるうちに目を病んで、唐人《とうじん》の医者に診てもらうために大宰府に下っていたのである。

病気治療中とはいえ『大鏡』によると、彼は「筑後《ちくご》（福岡県・佐賀県の一部）・肥前・肥後《ひご》（熊本県）など九国の人に動員をかけて、大宰府の内に仕える人も動員して戦わせた」とあり、戦後には戦闘に加わった豪族たちへの恩賞を上申し、さらに拉致された人々を帰還させた高麗使には砂金三〇〇両を送るなど的確な対処をおこなっている。どうやら権帥として支配下の人々をがっちり掌握していたので、エマージェンシー対応が可能だったらしい。事件のしっかりとした記録が残されているのも、対応したトップが隆家だったからということが大きいだろう。また、実資は道長に批判的で、隆家を高く買っており、九州への下向《げこう》についてもかなり骨を折っていたようだ。そのため、隆家は、上申が正しく伝わるように実資に書信を次々に送り、実資はそれを日記に記録していたらしい。

〈刀伊の入寇〉についての太政官会議

さて、『小右記』によると、最初の陣定《じんのさだめ》（重要政策を決定する会議）が開かれたのは四月十八日である。この会議には右大臣公季《きんすえ》、大納言斉信、公任、中納言行成、頼宗《よりむね》（道長の次男、母は源明子《あきこ》）、藤原実成《さねなり》（公季の子）、参議《さんぎ》源道方《みちかた》（故左大臣重信《しげのぶ》の子、高明の孫《たかあきら》）、藤原公信《きんのぶ》（故太政大臣為光《ためみつ》の子、斉信の養子）、藤原通任《みちとう》（故大納言済時《なりとき》の子）らが参加している。興味深いのは、ここに藤原道長がいないことである。じつは道長はこの年のはじめに太政大臣を辞任し、出家している。この時期の『小右記』にも「入道殿《にゅうどうどの》」として現れてくるのだが、実資から報告は受けても、政策決定に参加している形跡はない。このときの政界の最高位者は左大臣藤原顕光《あきみつ》だが、もともと高く評価されてはいないうえに高齢でほとんど役に立たず、実質的には内大臣で摂政を道長から引き継いだ、道長長男の藤原頼通が二十八歳で政府のトップを務めていたのである。ちなみに実資は六十三歳、政治家としてはすでに長老格である。

さてこの会議では、大宰府からの報告について、政府の決定を待って対応することは誤りだとして現場の独自裁量権を認め、速報便である飛駅《ひやく》を使わなかったのは問題だとして緊急連絡系統の確認をしたうえ、北陸・山陰・山陽・南海道の西日本の重要拠点を警固することなど、非常事態に対してかなり具体的な対応をおこなっている。斉信、公任、行成は「一条朝の四納言」とうたわれた賢臣メンバーであり、さすがに実務的な対応ぶりで、「悠長でおっとり」イメージの貴族とはかけ離れた政治的判断のできる人々だとわかる。

そして六月二十九日におこなわれた陣定では、今回の恩賞について、「対応についての勅符《ちょくふ》（天皇の公の命令書）が出る以前の戦闘は私戦であるから、恩賞には当たらない」と藤原公任、行成が意見を出した。この判断は、これまでなんと頭の固い現実を知らない貴族たち、と理解されてきたように思う。だが、公任は法の運用に強く、行成は行政実務に強いエキスパートである。彼らは、いわばシビリアンコントロール（文官による軍の統制）を逸脱《いつだつ》した戦闘を、事後承諾的に国家が承認するというプロセスを問題視したのである。対して実資は、このような緊急事態の場合、天皇の命令が着いていなくても例外的に恩賞は与えないと現場のやる気を削《そ》ぐことになると論じた。緊急対応時の例外措置とすべきだとしたのである。この意見に斉信が同意し、さらに公任・行成も同意して、恩賞は与えられることになった。問題点は問題点として指摘するが、恩賞は恩賞として与えるという考え方だと思う。

いかがだろう。当時のエリート貴族たちはこうした大事件に対しても意外に冷静に対応していることがうかがえるのではないだろうか。そしてこの大事件についての会議に口を出さない道長の態度も面白い。これが一五〇年ほど後の平清盛《たいらのきよもり》や後白河《ごしらかわ》法皇なら、出家入道していようともガンガン政治に関わってくる、いやむしろ出家しているがゆえに個人の立場で政治に関与しやすくなっているのだが、道長の時代にはそういう意識はなかったようだ。政治はあくまで宮廷でおこなわれているのである。

刀伊の攻撃を防いだ者は

さて、現地でこの事件の対応に当たったのは、隆家に率いられた北九州を中心とした地域の勢力である。彼らは集結段階で武装しており、戦闘にもある程度慣れていたことがうかがえる。『小右記』には、散位《さんい》（位だけを持ち、職がない官人）平為賢《ためかた》、前大監《さきのだいげん》藤原助高《すけたか》、傔仗《けんじょう》（護衛）大蔵光弘《おおくらのみつひろ》、藤原友近《ともちか》、その随兵《ずいへい》の紀重方《きのしげかた》、志麻《しま》郡の住人文屋忠光《ふんやのただみつ》、怡土《いと》郡の住人多治久明《たじのひさあき》、大神守宮《おおがのもりみや》、擬検非違使《ぎけびいし》財部弘延《たからべのひろのぶ》、前肥前介《さきのひぜんのすけ》源知《みなもとのさとる》、前少監《さきのしょうげん》大蔵種材《おおくらのたねき》、壱岐講師《いきのこうし》常覚《じょうかく》といった名が見られる。僧侶の常覚も戦闘に巻き込まれていたことが、壱岐での戦闘の激しさを物語っているが、この中で特に注目したいのは大蔵種材である。彼は大隅《おおすみ》国（鹿児島県東部）に本拠を持つ地域豪族だったらしいが、〈藤原純友《すみとも》の乱〉を鎮圧した大蔵春実《はるざね》の孫で、傔仗、つまり隆家の護衛だったらしい大蔵光弘はその子である。九州に土着して大宰少監《しょうげん》、つまり大宰府の三等官を務めていた。ところが彼の一族は大隅国で国府と争ったらしく、大隅守菅野《すがのの》重忠《しげただ》という人物を射殺している。そして種材はその首謀者として勾留《こうりゅう》されたこともある。まさに無頼派の藤原隆家が好みそうな人物であり、このときも七十歳を超えていたにもかかわらず、刀伊を追撃しようとしていた「剛毅《ごうき》な爺《じい》さん」なのである。そして彼は恩賞として、戦死した藤原理忠に代わって壱岐守に着任するという破格の待遇を受けている。これは彼が海上交通にも深く関わる勢力だったことを示しているのだろう。

また、平為賢は藤原実資に臣従していた東国豪族で、平将門《まさかど》を討った平貞盛《さだもり》の甥《おい》の平維幹《これもと》の

隆家が報告した刀伊との戦いの功労者のリスト

身分	官職等	人名	備考	
官人	散位	平為賢	平維幹の四男。肥前伊佐平氏、薩摩平氏の祖。刀伊の入寇時の活躍により、肥前を賜る。平将門の乱を鎮圧した功臣の子孫	
武人	前大監	藤原助高	博多警固所で応戦	
武人	傔丈（護衛）	大蔵光弘	大蔵種材の子。博多警固所で応戦。大隅国の地域豪族。藤原純友の乱を鎮圧した大蔵春実の子孫	
武人	前将監	藤原友近	博多警固所で応戦	
武人	友近随兵	紀重方	博多警固所で応戦	
郡住人	筑前国志麻郡住人	文屋忠光	府兵と共に応戦し、賊徒撃退に大いに貢献	＊古い氏族が土着化した地域勢力か
郡住人	怡土郡住人	多治久明	怡土郡にて戦い、賊徒を１人射殺するなど功が認められている	
郡住人		大神守宮	博多警固所での合戦で後退した刀伊軍が再び上陸をはかった志摩船越津（港）での防戦に活躍	
郡住人	擬検非違使	財部弘延		
郡住人	前肥前介	源知	刀伊戦最後の地となった肥前松浦郡にて活躍。嵯峨源氏を祖にもつ水軍松浦党の祖	
武人	前少監	大蔵種材	大宰前少監、岩間将軍。刀伊追撃に自ら手を上げる。70歳を超える高齢であったが、刀伊の入寇時の活躍により壱岐守になる	
僧	壱岐講師	常覚（僧の代表）	国司壱岐守藤原理忠の敗戦死の後、壱岐嶋分寺（国分寺）に立てこもり、住民や僧侶による応戦を指揮。耐えきれず脱出し、大宰府に報告した。その後寺は焼かれ全滅した。壱岐の生存者はわずか35名	

子であり、どうやらこの時期に九州に土着したらしい。源知は嵯峨《さが》天皇の子孫で、その子孫から松浦党《まつらとう》といわれる海賊的な武士団が出ているので、肥前国で刀伊を迎撃した武士団のリーダーと考えられる。彼らはおそらく比較的近い時代に九州に来ていたメンバーである。

一方、文屋、多治、紀などは奈良時代の貴族の末裔《まつえい》で地域に土着したものと見られ、源氏《げんじ》や平氏《へいし》より古い在地勢力と考えられる。

さらに『朝野群載』には平致行《むねゆき》という人物が大宰少弐《だざいのしょうに》として出てくるが、彼は藤原伊周、隆家が寛弘《かんこう》四年（一〇〇七）に「藤原道長暗殺を計画した」と疑われた際に、その実行犯として検非違使《けびいし》の捜査を受けて逃亡した平致光《むねみつ》と同一人物ではないかともいわれている。だとすれば、隆家お抱えの武装集団が、彼とともに九州に同行していたことにもなる。なお第四章で後述するが、平致光は、花山天皇の時代に斎王《さいおう》だった済子女王《なりこにょおう》（醍醐《だいご》天皇の皇孫。章明親王《のりあきらしんのう》の娘）と野宮《ののみや》（斎王が伊勢《いせ》に赴く前に約一年こもる仮の宮殿）で密通したと噂を立てられた滝口《たきぐち》、つまり護衛役でもある。

このように、刀伊と戦った人々は九州北部にいわば流れてきて土着し、自立して武装し、ときには抗争も辞さないような在地勢力だった。そしておそらく彼らを九州に惹《ひ》きつけたのは唐《から》物交易《ものこうえき》（中国との貿易）によって得られる大きな利権、ときには密貿易を含むような国際的な海上交通利権だったのではないか。

ありていにいえば、この時代の北九州は、かつてよく映画の題材（日活無国籍アクション）

にも取り上げられた、港の利権をめぐって非合法組織がつばぜり合いをしていて、その向こうでは公安の威を借りた第三勢力が虎視眈々《こしたんたん》と割り込みを狙っているような社会で、そこに大親分を気取った藤原隆家が乗り込んでいった、という状況ではなかったかと思う。この当時、平致光の兄の致頼《むねより》は伊勢（三重県北部）国の神郡《しんぐん》で同族の平維衡《これひら》（道長に仕えた武人、平清盛の祖先）と戦っており、各地で自己救済のフロンティア的世界が展開していた。そうした社会に生きる人たちが、京の暴れん坊の隆家を担いで、自分たちの縄張りと利権を守ったのだといえる。〈刀伊の入寇《にゅうこう》〉を防いだのはそういう人たちだったのである。

〈刀伊の入寇〉と『源氏物語』と現地の女性たち

この事件は『源氏物語《げんじものがたり》』に描かれるような優美でおっとりとした平安時代とはずいぶん違うイメージのように思われるかもしれない。しかしじつは『源氏物語』にも、これに類する人物が出てくるのである。「玉鬘《たまかずら》」巻に出てくる「大夫監《たいふのげん》」がその人だ。彼は大宰の監、大宰府の三等官だが大夫、つまり五位の位を持ち、「大夫監とて、肥後国に族《うから》ひろくて、かしこにつけてはおぼえあり、勢ひいかめしき兵《つわもの》ありけり（大夫監といい、肥後国に一族が多く、その地域ではよく知られた勢力者の猛者がいた）」、今の熊本県あたりで繁栄した一族で、有名で勢いのある「強者《つわもの》」だという。この男が光源氏《ひかるげんじ》の元の恋人の夕顔《ゆうがお》の忘れ形見（父親は若いころから源氏のライバルだった頭中将《とうのちゅうじょう》）である玉鬘に強引に言いよるので、玉鬘は乳母やその子の豊後介《ぶんごのすけ》らと都へ逃げてきたのである。

この大夫監、勢力を持つ国は違えど、大蔵種材とイメージが非常に重なる。もとより彼らは摂関家などと関係を持つ有力者で、その現地代理人として唐物交易にも当たっていたわけで、紫式部《むらさきしきぶ》もそういう存在を知らなかったとは思えない。つまり「玉鬘」の物語は、〈刀伊の入寇〉がある二〇年も前から、北九州が似たような状況になっていたことを示しているのである。

さて、刀伊の事件に直接関わった女性として、多治比阿古見《たじひのあこみ》と内蔵石女《くらのいしめ》という二人の女性の名が残されている。阿古見は対馬の人、石女は筑前国《ちくぜん》（福岡県）の人とされる。この二人は刀伊に拉致され、高麗軍に攻められたときに海に投げ込まれたが、高麗船に助けられ、送り返されてきた人たちで、中文《もうしぶみ》、つまり報告書を提出しており、それが『小右記』に転写されているのである。この二人の証言は、刀伊の沿岸集落の攻略や高麗のこの事件への対応などを知るうえできわめて貴重なものであるとともに、当時の庶民の名を知ることができる大変興味深いものであるが、なにより驚くのは、彼女らの優れた記憶力である。いきなり拉致されて、さらに戦に巻き込まれ、その後高麗に助けられてからの処遇まで、とんでもない経験を、きわめて詳細に報告している。もちろん書いたのは大宰府の役人だろうが、それにしても海に落とされても浮いていて高麗船に救われたなど、まさにリアルな報告だと思う。

多治比という姓は、刀伊と戦った人の中に「怡土郡の住人多治久明」が見られるように、北九州から対馬あたりに広がっていた氏族と見られる。もとは六世紀の宣化《せんか》天皇に始まる天皇からの分かれで、七世紀末期の左大臣多治比真人嶋《たじひのまひとしま》のときに皇族から離れ、中央政界では九世紀にはほぼ姿を消していた氏族である。また内蔵氏はもともと天皇の財産を入れる蔵を管理する渡来系氏族《とらいけいしぞく》だったが、やはり九世紀には衰退してしまっている。彼女らはそうした一族の後裔《こうえい》で、地方に土着した者の一族であり、それなりに有力な家の女性ではないかと思われる。

そして彼女らは、海に投げ込まれても浮いていて高麗船に救出されたというのだから、海近くに生きる女性たちの強さも持ち合わせていたようだ。もしかしたら彼女らは海女《あま》を生業にしていたのかもしれない。私はこの話を読むたびに、志摩《しま》半島に生きる、陽気で生命力にあふれた海女さんたちを思い浮かべるのである。

さて、この事件でもう一人忘れてはならない女性がいる。皇太后彰子《こうたいごうあきこ》である。このときの天皇は彰子の長男、後一条《ごいちじょう》天皇で時に十二歳、まだ政治ができる年ではなく、摂政藤原頼通が実権を握っていた。『小右記』の同年四月二十六日条には、摂政頼通が大宰府からの報告書を上奏しようとしたということが記されている。物忌《ものいみ》やら何やらで結局うやむやになったようだが、頼通が事件の最終報告をしようとしたのは誰かということを考えてみれば、それは後一条ではなく母后の彰子だと考えられる。そう、この事件に関わった「王権」の中心には、皇太后彰子がいたのである。次章ではこの彰子について見てみよう。

第二章　彰子が宮廷のトップに立つまで

『源氏物語』のころの彰子

『栄花物語《えいがものがたり》』は、宇多《うだ》天皇の即位に始まるひらがなで書かれた歴史書である。正編と続編からなり、正編は紫式部《むらさきしきぶ》の同僚だった赤染衛門《あかぞめえもん》により、一〇三〇年頃に書かれたという。この本では、長保《ちょうほう》元年（九九九）に数え十二歳で入内《じゅだい》したころの道長《みちなが》の娘、女御藤原彰子《にょうごふじわらのあきこ》を、髪は背丈より五、六寸（一五センチ余り）長く、大変美しかったとしており、また、二十歳頃の描写として、髪が長いとともに、小柄で色白、頰《ほお》は赤かったとしている。その幼げで小柄な姫が、それから七〇年近く宮廷の中枢に座りつづけることになる。

彰子といえばライバルとしてよく挙げられるのが、父道長の兄、道隆《みちたか》の娘の定子《さだこ》だが、実際に二人が後宮《こうきゅう》で並び立っていたのは、彰子が女御となった長保元年十一月から定子が没する同二年十二月まで、一年程度に過ぎず、彰子中宮、定子皇后と、一人の天皇に二人の最高位のキサキという体制だったのはその中でわずか一〇ヶ月、彰子が十二歳から十三歳のころである。

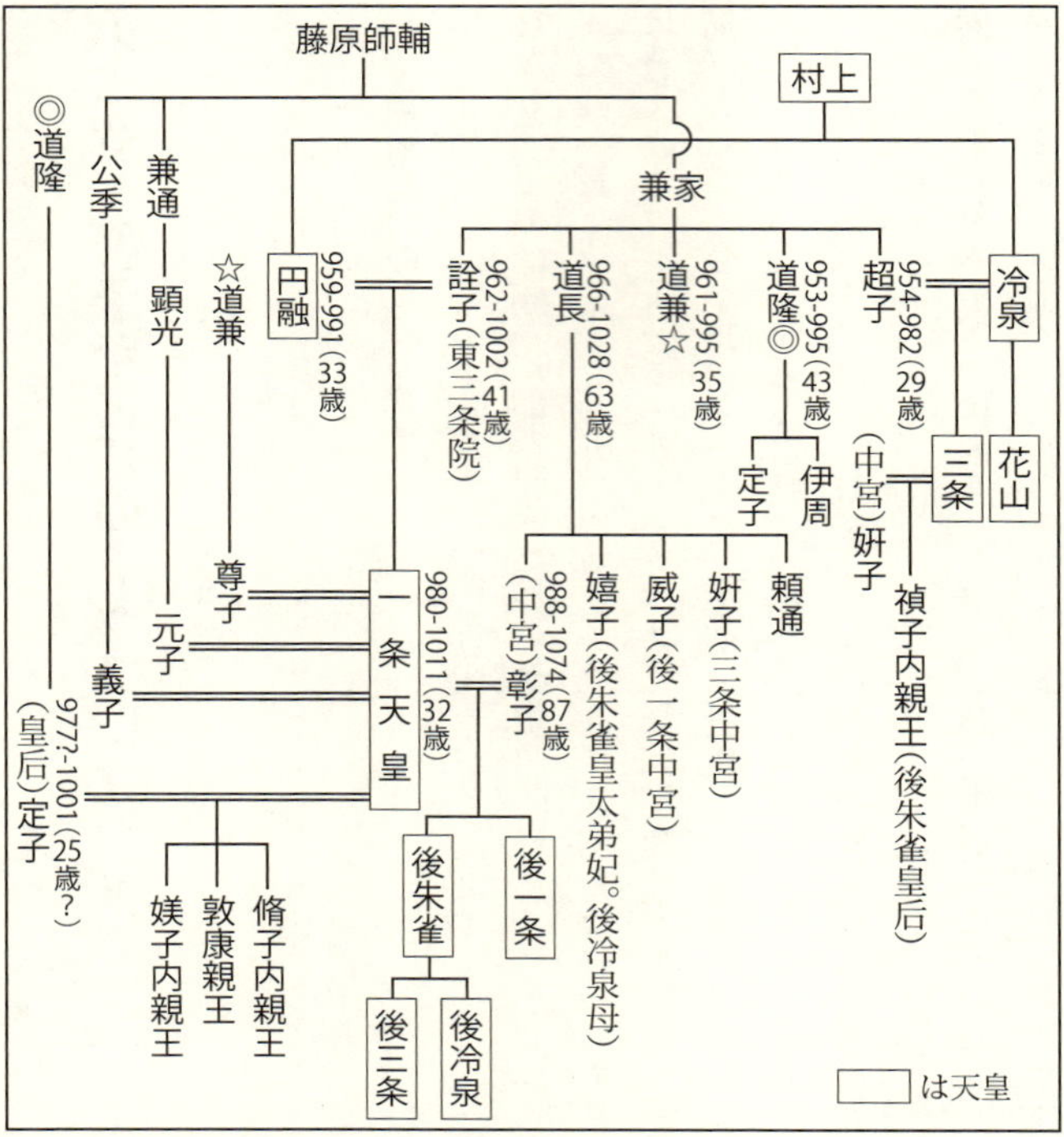

一条天皇の後宮図

おそらく二人は顔も合わせたことがなかっただろう。貴族の姫は母方で育つもので、父方の従姉妹《いとこ》だとまず会うことはない。後宮では、皇后と中宮はもちろん、女御たちとも会う機会はまずなかったと思われる。

　彼女にとってむしろライバルとなったのは、藤原公季《きんすえ》の娘の女御義《よし》子《こ》（九九六年入内）、藤原顕光《あきみつ》の娘の女御元子《もとこ》（九九六年入内）、藤原道兼《みちかね》の娘の女御尊子《たかこ》

（九九八年入内）だった。彼女らは長徳《ちょうとく》元年（九九五）に定子の父、藤原道隆が没した直後に入内しており、いまだ皇子誕生がなかった定子を牽制《けんせい》する意味で送り込まれた可能性が高い。藤原公季は師輔《もろすけ》の子（道隆の年下の叔父）で、兄の兼家《かねいえ》から道隆へと関白が移ったため摂関のルートには乗れなかったが、母が村上《むらかみ》天皇の同母姉の康子《やすこ》内親王という、飛び切りの高貴な血筋であり、義子の入内当時は大納言。また藤原顕光は、師輔の次男で兼家の兄の関白兼通《かねみち》の長男で、元子の入内当時は権大納言。ともにいわば准大臣である。しかも顕光の妻で元子の母は、やはり村上天皇皇女の盛子《もりこ》内親王ときている。元子と義子は村上天皇に連なる、彰子以上に箔《はく》付《っ》きの姫なのである。そして義子は入内時すでに二十三歳、元子の年はわからないのだが、長徳三年に想像妊娠ではないかと思われる懐妊騒ぎを起こしているので妊娠可能な年齢になって入内したものと思われる。

道長は左大臣で内覧宣旨《ないらんのせんじ》、つまり天皇に先立って太政官で審議された法案を見ることができる特権を受けており、文字通り「一の人」だったが、公季や顕光が天皇の外祖父になれば立場が逆転することもまだまだあり得たわけである。これぱかりは運を天に任せるしかない。しかし道長はかなりしたたかな作戦を取っていたのではないかと思われる節がある。それは尊子の入内である。尊子は藤原道兼の娘で、入内当時十五歳、彰子や定子の従姉妹にあたる関白の姫だから、やはり二人の強力なライバルになる。しかし注意したいのは、入内したときにはすでに道兼は没しており、その嫡男《ちゃくなん》兼隆《かねたか》もまだ出仕したばかり、つまり彼女にはバックがいな

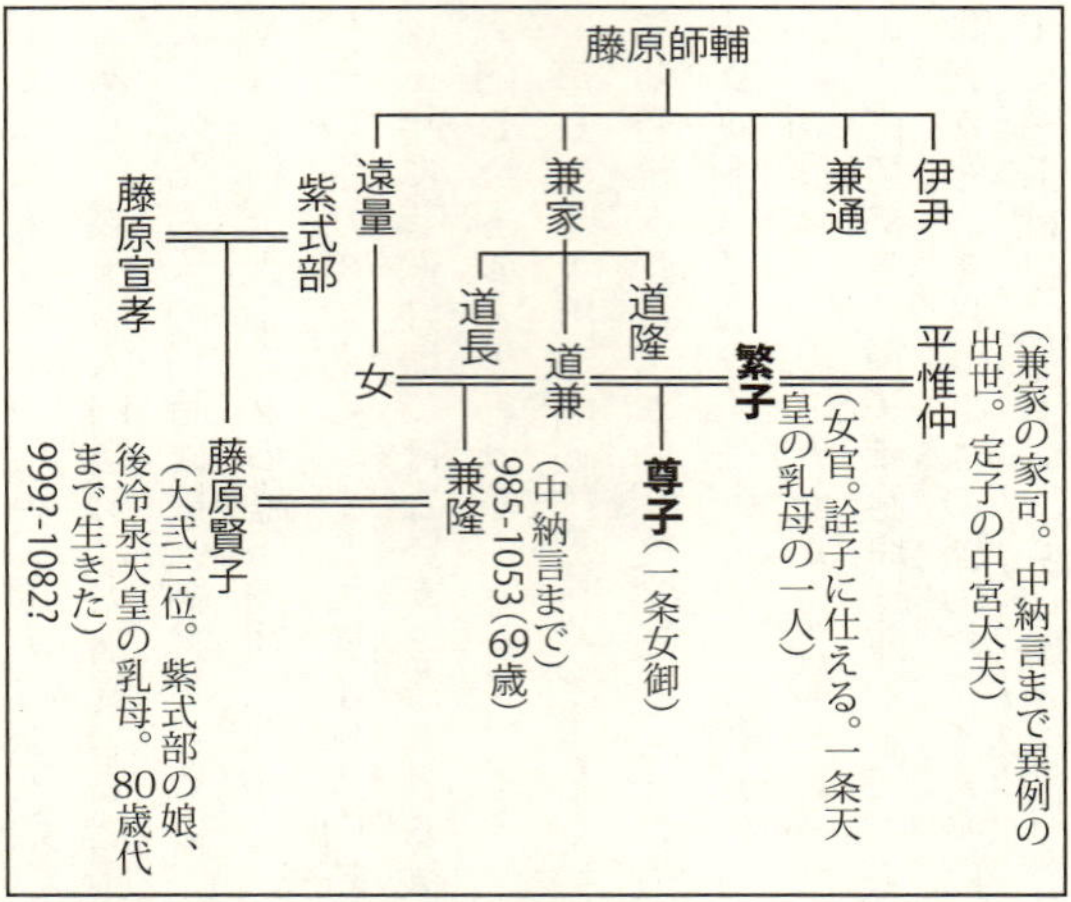

繁子と尊子を中心とした系図

いことである。ならば誰が彼女を入内させたのか。じつは彼女の母は藤原師輔の娘で繁子《しげこ》といい、一条《いちじょう》天皇の乳母なのである。尊子は一条天皇の乳姉妹で幼なじみということになる。そして繁子は早くに道兼とは男女の仲ではなくなり、この母子は道長に接近していたらしい。とすれば道長は、万一彰子に子供ができなかった場合の、いわば控え役として尊子を送り込んだ可能性がある。すでに道長は、定子の忘れ形見となった敦康《あつやす》親王を、彰子とその母の源《みなもとの》倫子《ともこ》に養育させており、これと同様な、道長による一条天皇後継者確保の「保険」だったと見ることができる。

このように、〈長徳の変〉で定子中宮の権威が大きく削がれた後、一条天皇の後継者を誰が産むのかについてはかなりの舞台裏の駆け引きがあったようで、それは多感な十代の彰子にも大きく関係していた。中宮は天皇と同等の扱いだが、女御は位階を受ける、いわば臣下に過ぎず、彰子の地位の高さには圧倒的なものがあったが、今のところの切り札は養育している敦康親王しかいない、その不安定な境遇の中で彰子はどのような思いだったのか。もとより彼女の心情を記した記録はないので、十代前半のその思いなどは知る由もないのだが、一つだけ、周囲の期待をうかがわせるエピソードではないかなと思うものがある。それは『源氏物語《げんじものがたり》』「若菜《わかな》（上）」である。この話の中では、一つ前の「藤裏葉《ふじのうらば》」で後宮に入った源氏の娘、明石《あかし》の姫君が女御となり、皇子（東宮《とうぐう》）を出産する。このとき彼女は十三歳の設定で、源氏の女君の中でも飛び抜けて若い母親になっている。夫である帝（光源氏《ひかるげんじ》の異母兄の朱雀院《すざくいん》の皇子）の年はわからないが、この内容が一条天皇へのアピールだとすれば、彰子がまだ幼くても、成長を待つ必要はないと急《せ》かしているようにも取れる。国文学でよくいわれるように、彰子のサロンで一条天皇が『源氏物語』を読んだとすれば、そして『源氏物語』の中でも見られたように、女房が読み聞かせていたとするならば、さらにいろいろなことが考えられる。もしも「若菜（上）」がこのころに完成していたならば、それを読んでいた彰子は、自らに課せられた責任の重さに強いプレッシャーを感じていたのではないか。

そしてこうした状況は寛弘《かんこう》五年（一〇〇八）、敦成《あつひら》親王（のちの後一条《ごいちじょう》天皇）の誕生まで続くことになる。「若菜（上）」を彰子と一条天皇がいつ読んだのかは明らかではない。

九月十日、彰子は大変な難産の末に敦成親王を出産した。『紫式部日記《むらさきしきぶにっき》』には、「御もののけのねたみののしる声などのむくつけさよ（物の怪が恨んで騒ぐ声のおどろおどろしさよ）」「阿《あ》闍梨《じゃり》の験《げん》のうすきにあらず、御もののけのいみじうこはきなりけり（坊さんの霊力が弱いのではなく、物の怪がものすごく強いからだ）」などと記されている。摂関家出身の中宮はそれだけたくさんの怨《うら》みを買うものだと認識されていたのであり、それから身を守るバリアである高僧の加持祈禱《かじきとう》とのせめぎ合いの中で出産がおこなわれたのである。

この出産によって藤原道長の天下はようやく安定したといえる。ちなみに藤原公任《きんとう》が「このわたりに若紫《わかむらさき》やさぶらふ」と紫式部のいるところでからかったのは敦成の五十日の賀のときで、このころにはすでに『源氏物語』が、多くの上流貴族の話題になっていたことがわかる。そして関白藤原頼忠《よりただ》の長男であり、その才能で知られ、漢詩人としても強い誇りを持っていた公任が「僕も知ってるよ」と、間接的に道長におもねるようなことをしたことからも『源氏物語』がただのライトノベルではなく、彰子サロンの価値を高めるほどの「ひらがな文芸」と評価されていたこともわかるのである。

彰子は翌年、敦良《あつなが》親王（後朱雀《ごすざく》天皇）を出産する。幼児死亡率の高い時代であり、二人目の男子の出産は、道長の権力をより高めたことだろう。しかしその二年後、一条天皇は三十二歳で亡くなり、彰子は二十四歳で独り身になる。

つまり、道長の手駒として子供を産む義務から解放されたのである。

一条天皇亡き後の彰子

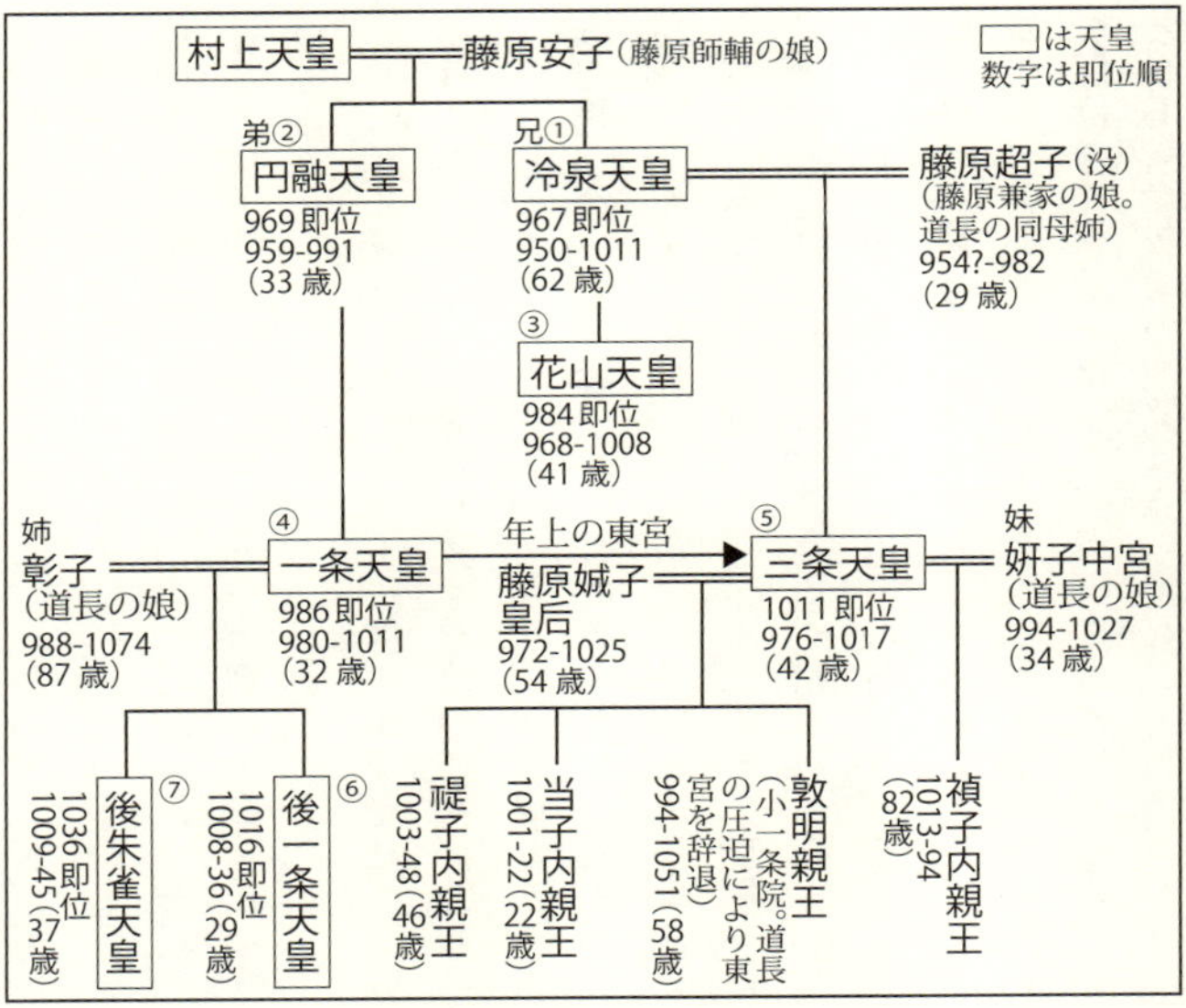

三条天皇を中心とした系図と即位順

一条天皇（父は円融《えんゆう》天皇）の没後、従兄《いとこ》の三条《さんじょう》天皇（父は円融の兄、冷《れい》泉《ぜい》天皇）が即位して、彰子の同母妹、藤原妍子《きよこ》が東宮妃から中宮となる。あまりいわれていないが、この実妹は、彰子にはかなり気になる存在だったのではないかと思う。三条天皇は地味とはいえ、「正統な天皇」だからである。

村上天皇の嫡男は冷泉天皇。冷泉と藤原兼家の長女だった女御超子《とおこ》の間に産まれたのが三条天皇である。兄の花山《かざん》天皇が兼家を含む摂関家の陰謀で退位したのは有名だが、花山の母は兼家の兄、藤原伊尹《これただ》の娘の女御懐子《かねこ》なので、兼家系とは直接の関係がない。一方三条は道長の姉の子で、しかも超子は即位以前に亡くなっているので、実質道隆や道長の庇護《ひご》下にあったと見られる。三条天皇というと道長の圧迫により退位したことで、対立面が強調されがちだが、この争いはあくまで道長のミウチの中での問題だった。とすれば、三条と道長の関係が修復できれば、道長の権力は村上嫡流《ちゃくりゅう》の天皇を抱き込むことになるので、一条を介する以上により強くなるのである。

ということは、もしも妍子に男子が生まれて、彼が東宮になれば、彰子の子である後一条天皇はこの皇子に皇位を譲り渡すだけの存在になる。そして皇太后となる妹、妍子の権力は彰子より大きくなる。だから妍子が男の子を産むかどうか、彰子はずっと気にしていたはずだ。同母姉妹とはいえ、彰子が内裏に入ったのは妍子が五歳のときであり、服藤早苗《ふくとうさなえ》氏が指摘されるように、妍子からは、特に彰子がそれほど思い出のある姉とは考えにくい。妍子は派手好みの性格で、終始地味を好んだ彰子とは違う。環境や性格から見ても、少なくとも姉のために粉骨砕身するとは思えない。彼女らが常に気にしていたのは、お互いではなく、父親としてではない、冷徹な政治家としての道長の目であろう。

ところが妍子が産んだのは期待された皇子ではなく、禎子《さだこ》内親王であった。道長は大変不機嫌だったというが、彰子にしてみればまずは一安心というところだろう。妍子はその後も子供を儲けることができず、三条天皇も五年で譲位した。そして彰子の子の後一条天皇が即位する。とりあえず彰子の地位は守られた。

もっともまだ危険性はあった。三条天皇自身が冷泉天皇から弟の円融天皇への譲位の後で産まれた子、つまり上皇の皇子から即位した天皇だからである。三条上皇と妍子に男子が産まれれば、道長が彼を推す可能性は十分にあった。しかし三条天皇は譲位後まもなく亡くなり、皇太子に立てられた敦明《あつあきら》親王（母は藤原済時《なりとき》の娘娍子《すけこ》）が道長の圧力によってその座を辞退して、彰子の第二皇子の敦良親王（後朱雀天皇）が皇太子になる。『御堂関白記《みどうかんぱくき》』寛仁《かんにん》元年（一〇一七）八月六日条には、敦明親王の東宮辞退について、天皇（おそらく摂政頼通《よりみち》）から諮問を受けた道長は、皇后宮（彰子）・左大臣（藤原顕光）はなんと申されていますかと問い、「宮は不快なり。左大臣は、『心に任せよ』」といったとの回答を得た。藤原顕光は「お心のままにすればよろしいでしょう」と同意したのに対し、彰子は不快感を示し、さらに「皇太后宮に此《こ》の由を啓す。其《そ》の気色、云ふべきに非《あら》ず」と、道長からの直接の報告にも、大変不満があったとする。彰子は道長の強引な手法に批判的で、道長もそのことについてかなり気は遣った書き方をしているようである。要するに摂政である息子の頼通より、天皇の母である彰子が怖いのである。

しかも、この時点で彰子は国母《こくも》であるとともに、皇太子の母となり、道長の子女の中でも飛び抜けた存在となった。何しろ皇太后彰子は、天皇が幼いので二月七日の即位式では高御座《たかみくら》に天皇を抱いて登壇して、道長以下の貴族・官人たちから拝賀されるのである。とはいえ、道長のやり方にかなり批判的だったとしても、その反論が無視されていることからもわかるように、この時点ではあくまで、道長の権威の一部分、いわばロボットに過ぎなかった。
だがこの後、彰子は後朱雀の子の後冷泉、その弟の後三条《ごさんじょう》天皇の時代に至るまで、宮廷で影響力を行使しつづける。彰子は八十七歳という長命であった。

彰子、道長を任命する

藤原彰子の一生については、優れた伝記がいくつも書かれている。その中で重要視されているのが、三条天皇への太上天皇尊号《だじょうてんのうそんごう》の贈呈と道長への太政大臣任命である。譲位した先帝は上皇となるが、それには尊号（つまり、太上天皇号）を新天皇から与える詔《みことのり》（天皇の命令）が必要である。その詔書《しょうしょ》の作成に際して、『小右記《しょうゆうき》』長和《ちょうわ》五年（一〇一六）三月九日条では、「摂政、太后《たいごう》の御前に候ぜられ、啓覧《けいらん》するなり」とあり、『御堂関白記』同日条では「余、宮の御方に候ず。可の字を画く」とある。案文は頼通と彰子の御覧に入れたのだが、そこに「可」の一字、つまり天皇の決裁を入れたのは道長だというわけだ。摂政と皇太后という二人の子供を操り、天皇をトップとした政治体制の枠の中で、道長は最大の権力を握ったといえる。

ところが一方、このころに道長はおのれの限界を知ることになる。寛仁元年（一〇一七）十一月、後一条天皇の元服に際しての加冠《かかん》、つまり髪を結って髷《まげ》に冠《かんむり》をかぶせ、実質的には後見役であることを披露するため、道長は太政大臣となるのだが、この決定は『小右記』によると「母后の令旨《りょうじ》」、つまり彰子の私信的な命令の形式でおこなわれた。実資《さねすけ》はニヤッと笑ってこの一節を書いたことだろう。少なくとも形式的には、太政大臣藤原道長は太皇太后《たいこうたいごう》藤原彰子によって任命されたのだから。この加冠の儀式により、十一歳の後一条天皇は成人となり、翌年中宮を迎える。中宮はすでに尚侍《ないしのかみ》となっていた彰子、妍子の同母妹の威子《たけこ》である。尚侍は後宮女官のトップであるが、このころには天皇の妻の一人とみなされるようになっていた。つまり後一条の中宮候補としてあらかじめ仕えていたわけである。これは三条天皇の尚侍として最初は宮中に入った妍子と同様なのだが、大きく違うのは、三条の尚侍の妍子はおそらくほとんど彰子と会うことがなかったのに対し、彰子の子の後一条の尚侍である威子は、結婚以前から彰子の監視下に置かれただろうということである。彰子の権威はさらに強化されたといえる。

望月の歌と三人の后

それはともかく、威子が後一条の中宮となったことで、太皇太后（一条未亡人）彰子、皇太后（三条未亡人）妍子、そして後一条中宮威子と、いわば三代の后はすべて道長の娘で占められることになった。「一家三后」（『小右記』）といわれる状態である。この祝宴で道長が、

　この世をばわが世とぞ思ふ望月《もちづき》の欠けたることのなしと思えば

と詠んだのは有名な話である。近年、山本淳子《やまもとじゅんこ》氏はこの歌について、この世はこの夜との掛《かけ》

詞《ことば》で、「望月」は后の隠喩《いんゆ》として、三代の后をすべてわが娘で占めたことを歌ったものだという解釈をされている。なかなか興味深い解釈だと思う。

私がそう思うのは、三代の后のうち二人までが未亡人だったからである。この時点で政治に関わる男性皇族、つまり小一条院《こいちじょういん》という尊号を受けて上皇待遇になった元東宮の敦明親王やその兄弟の一族以外には、男性の上皇・天皇・親王は、後一条とその弟の皇太子敦良親王（後朱雀天皇）しかいなかったことである。女御は天皇の使用人で三位あるいは四位に叙せられるが、中宮・皇后以上は位階を持たない皇族待遇である。道長の三人の娘は、もはや貴族ではなくなっていたことになる。

つまり一条・三条・後一条の三代にわたる天皇家の中枢にいる、事実上の王権の構成員は、この時点では、なんと後一条・後朱雀兄弟と、三人の后の五人だけで、六割が道長の娘だった。まさに道長政権は天皇家男性（太陽）を最低限に抑え、后たち（月）にコントロールさせることで維持されていたのである。

そして彰子がトップに立つ

しかしながら、この体制がリスキーだということは、おそらく道長が一番知っていた。何しろ彰子が道長より格上だったのである。道長はこの任務を終えるとまもなく太政大臣を辞して、翌年には病によって出家する。糖尿病等による健康不安もあったのだろうが、これで臣下の序列から離れて「大殿《おおとの》」となり、外部から王権をコントロールできる立場になった。政務の実権は関白となった頼通に譲ったが、ストレスフリーな後見人になったのである。出家して法名行観《ぎょうかん》となった道長は、自宅土御門殿《つちみかどどの》の東、鴨川《かもがわ》の川沿いに法成寺無量寿院《ほうじょうじむりょうじゅいん》を建立したが、『栄花物語』には、諸国の受領が造営の負担を割り当てられ、積極的に加わったことが記されている。彼の権威は依然として健在だった。

しかし、ここで改めて知っておいていただきたいことがある。彰子が道長より格上だということは、道長の後継者となった弟の摂政頼通よりも格上だということである。そして太皇太后だから当然、皇太后や皇后よりも上なので、まさに彰子は、たった五人（後一条、敦良、彰子、妍子、威子）の天皇家の家長として君臨することになる。そして彰子は万寿《まんじゅ》三年（一〇二六）には正式に出家して、伯母の皇太后藤原詮子《あきこ》の東三条院《ひがしさんじょういん》を前例に、藤原氏の中宮経験者では初めて、上東門院《じょうとうもんいん》という女院となる。要するに行観（リタイアした藤原道長）と同じ立場で、法名清浄覚《しょうじょうかく》という最高位の尼でありつつ、太皇太后であり女院（つまり天皇の母である女性の上皇）という、ものすごい身分の女性がここに誕生したのである。そして翌、万寿四年についに道長が没すると、名実ともにその地位は明確になった。法成寺の東北に道長の菩提を弔う阿弥陀仏《あみだぶつ》を祭る「東北院《とうほくいん》」を建立したのは彰子であり、彰子は天皇家と摂関家の双方に君臨する地位を、道長から引き継いだ。ここに、まさに後一条天皇の「生きた守護神」であり、天皇家の最強の家長が誕生したのである。

そして道長体制には、もう一人大きな後見人がいた。道長の正妻で、彰子の母の源倫子である。寛弘五年（一〇〇八）、敦成親王の誕生にあたり、倫子は従一位《じゅいちい》に叙せられた。道長の推薦とはいえ、当時正二位だった道長より上位になった。そして長和六年（一〇一七）以降は道長が従一位になり、同位でいつづける。倫子は道長が出家したのちも長暦《ちょうりゃく》三年（一〇三九）まで出家しなかったようで、道長が安心して出家できるバックアップになっていた。『大鏡《おおかがみ》』は、道長全盛時代に唯一源氏《げんじ》でありながら彼女が「幸ひ《さいわ》」人だったといい、『栄花物語』は、倫子の存在があってこそ道長の栄花が達成できたとする。しかし彼女が、道長が引退したのちも摂関家の中心でいつづけたことはあまり注目されていないようだ。道長没後も彰子がその権威と権力を行使できたのは、道長と同等以上の権威を持つこの母が現役だったことが大きいだろう。それは、摂関家の女性集団における彰子のポジションとも関係してくる。

上東門院をめぐるある事件

『紫式部日記』によると、彰子サロンの女房には、なかなかとんでもない身分の女房がいたらしい（彼女たちは上臈《じょうろう》女房といわれ、身分の高い一族の出身で「妃がね《きさき》」として特別な教育を受けていた人が多かった）。紫式部、和泉式部《いずみしきぶ》、赤染衛門などは受領級の中・下級貴族の出身である。ところが「宰相中将《さいしょうのちゅうじょう》」と呼ばれた女房は少し違う。彼女は藤原豊子《とよこ》といい、敦成親王（後一条天皇）の乳母を務めているので、寛弘五年（一〇〇八）には働きはじめていたことが確実である。『紫式部日記』には、物語に出てくるお姫様のよう、と書かれた女性なのだが、そのはずで、正真正銘のお姫様なのである。彼女の父を藤原道綱《みちつな》という。

道綱は、かの『蜻蛉日記《かげろうにっき》』の著者「右大将道綱母《うだいしょうみちつなのはは》」の息子で、道長の異母兄である。その血筋もあって、寛弘五年には正二位大納言と、まあ立派な上流貴族だった。しかし、弓の名手だったらしいこと以外にあまり取り柄がなく、かのうるさ型の藤原実資の『小右記』に、「自分の名前くらいしか書けない奴」とか「読み書きもできない（一文不通《いちぶんふつう》）」などと書かれたことでも一部では知られており、およそ政治には向いていなかったらしい。もっともそういうわけで、道長からは危険人物扱いされてもいなかったようだ。その娘が彰子の女房として勤めていたのである。彼女は有能な女房だったようだ。しかし、『紫式部日記』は、彼女ら上﨟女房たちがいかに役に立たないか、ということを記している。

このような高級貴族の娘が出仕したという事例は、『御堂関白記』には、藤原伊周《これちか》の娘の藤原周子《ちかこ》が「帥殿《そちどの》の御方」として彰子に仕えたことが、また、『栄花物語』の「あさみどり」巻には藤原道兼の娘「二条殿《にじょうどの》の御方」が、彰子の妹で後一条天皇の中宮威子に仕えたことが記されている。世が世なら女御・中宮、という娘たちが女房勤めをしているのである。多くの研究では、それらが道長の差金であるとしているが、ここまで見てくると、現実には倫子と彰子の母子が道長を動かしていたのではないかと思えてくる。少なくとも、摂関家に関わる高級貴族の女性たちで、伊周や道兼の忘れ形見、あるいは政治家の才能に乏しい道綱の娘などを保護することは、同時に道長の娘たちのサロンの価値を高めていくことであり、政治的にも意味があった、いわば一石二鳥の配慮だったと考えられる。

ところがその中で、大変な事件が起こる。時は万寿元年（一〇二四）十二月、彰子は太皇太后で三十七歳、つまり後一条天皇の時代である。

かの『小右記』（改めて書く。うるさ型の貴族代表、藤原実資の日記である）にはこのようにある。

「おとつい、花山院の女王が、盗人に殺されて、路頭で死んでいた。夜中に犬に食われていたという奇怪な事件である。この女王は太皇太后の宮に仕えていたのだが、〈盗人の仕業ではなく、女王を路頭に連れ出して殺したのだ〉という話だともいう」

花山院の女王、ということは、花山天皇の皇女で内親王宣下《ないしんのうせんげ》（つまり身分認証）を受けていなかった人、隠し子扱いの女王ということだろう。それが路上で野犬に食われた遺体で発見されたという、確かに奇怪な事件である。しかも彼女は、彰子のところに勤めていたという。つまり上臈女房だったというわけである。ならば勤務先の太皇太后宮から誘拐され殺され、路上に放置されたのか、これは猟奇殺人なのか。

この話はさらに脚色されたらしい。載せているのは、かの平安後期のスキャンダル事典、『今昔物語集《こんじゃくものがたりしゅう》』である。その第二九巻八話「下野守為元《しもつけのかみためもと》入道、強盗に入らるること」という話では、下野守藤原為元という人の邸《やしき》に強盗が入り、その家にいた身分の高い女房を人質に取って逃げたという、そして大宮大路《おおみやおおじ》まで馬に乗せて連れてきたが、追っ手がかかったと思い、衣装を剝《は》ぎ取り、捨てて逃げた。この女は、夜中の京の街中を裸に近い姿でさまようち、足元を踏み外して大宮川に落ち、なんとか這《は》い上がったものの、哀れとうとう凍死してしまった。翌朝には残っていたのは頭と髪と袴《はかま》だけだったという。

と、なんとも凄惨な話になってしまっている。そしてこの続きとして、「荒三位《あらざんみ》」と呼ばれた貴族が、この姫君に思いを寄せていたが聞き入れてもらえなかったので逆恨みして殺させたのだと噂が立ったと記され、検非違使《けびいし》の左衛門尉《さえもんのじょう》、平時道《たいらのときみち》が犯人を逮捕したことになっている。

しかし『小右記』では少し話が違っていて、時通《ときみち》（読みは同じ）は右衛門尉《うえもんのじょう》で、翌万寿二年三月十七日に犯人を逮捕し、七月二十五日に「検非違使時通が花山院の女王を殺した法師の隆範《りゅうはん》を捕らえて、今日、拷問して尋問したところ、〈左近衛中将《さこのえのちゅうじょう》で三位《さんみ》の道雅《みちまさ》が殺させた〉と自白したとのことである。尋問記録は別当《べっとう》が関白の御許《おもと》に持ち参ったが、真偽のほどはわからない。どうしたものか、また彼の一家が過去にやらかしたことの報いなのか。悲しむべし、悲しむべし」と記している。つまり犯人は藤原道雅だというのである。

この道雅は故伊周の長男で、故定子の甥にあたる、いわば「中関白家《なかのかんぱくけ》（つまり「彼の一家」）」の当主で当時従三位《じゅさんみ》左近衛中将の位にあった三十三歳。この以前に三条朝の斎王《さいおう》だった当子《まさこ》内親王と密通したが引き裂かれたという経歴がある問題児でもあり、『今昔物語集』のいう「荒三位」はやはり彼らしい。実資がまたあの家か、と嘆いたのももっともといえる。しかしそれ以上の深い因縁も、この事件の背景にはあったかもしれない。

殺された花山院の娘は、『栄花物語』によると、平平子《ひらこ》の子だという。その兄弟の昭登《あきのり》親王は、花山の父の冷泉院《れいぜいいん》の子として育てられたというので、やはり冷泉院の子として育った可能性がある。昭登親王はこの年に二十七歳なので、おそらくそう年は変わらないだろう。とすればその成長期に強いバックを持っていたとは思いにくく、結果彰子の庇護下に入ったものだろう。花山天皇の母は藤原懐子（藤原伊尹の娘）なので、道長の従姉であるから、彰子から見ればこの女王ははとこの娘と、親戚にしてはきわめて遠縁である。これはむしろ、身寄りの少ない皇族の女性も、彰子が庇護していたと理解したほうがいいだろう。彼女は、摂関家と皇族にわたる家長的存在になりつつあった。

そしてこの舞台となった下野守藤原為元邸は発掘調査がおこなわれており、同時代の大量の土師器《はじき》皿が発掘されている。為元もまた裕福な受領だったと考えられる。ならば彼は邸宅を道長たち上流貴族の別邸的な施設、たとえば方違《かたたが》えのときや、里邸として提供することもあったと考えられる。その相手の中には太皇太后彰子も無論入っており、彼女に庇護された身寄りの少ない姫や女王が利用することもあったということではないか。それを知って盗賊が踏み込んだとするならば、なるほど内部事情を知っている黒幕がいると考えるのは、実資でなくても自然だろう。

そして道雅がこの事件を起こしたのは、単なる恋愛沙汰の拗《こじ》れではないようにも思える。殺させた相手は花山院の女王であり、彰子の女房なのである。この事件で最もパニックに陥ったのは彰子のサロンだと考えられる。そこまでの確信犯的な犯行としてこの事件はおこなわれたとしか考えられないだろう。

つまりこの事件は、皇族・摂関家を超えて高貴な女性たちを編成して、これまでにないサロンを作ろうとしている太皇太后への露骨な嫌がらせと取れるのではないか。摂関家出身の皇后の最高位だけではなく、実質五人しかいない王権中枢のトップである太皇太后の権力は、このような過激な反発がおこなわれるほどになっていたと見ることができそうなのである。

しかし、すでに道雅の妹の周子は寛仁二年（一〇一八）には彰子の女房になっていた。あるいは道雅は彼女を介して花山院の女王に近づいたのかもしれない。周子はこの事件をどのような思いで聞いたのだろうか。

いずれにしても、この女王の悲劇は、倫子・彰子親子による上級貴族の娘たちの抱え込みが、たとえば博愛主義の慈善事業のように、必ずしも好意的に見られていたわけではないことを示しているように思われるのである。

そして、こうした事件が起こったころ、彰子は道長から引き継いだ大きな任務に取り掛かろうとしていたと思われる。この事件もあるいは、そうした政治的な動きに関わるリアクションかもしれない。

それは二系統に分裂した天皇の血統の合一、ねじれの解消である。具体的な話は次の章に譲ろう。

第三章　道長の孫、禎子内親王が摂関政治を終わらせた

三条天皇皇女、禎子内親王

上東門院《じょうとうもんいん》の妹、藤原妍子《ふじわらのきよこ》が三条《さんじょう》天皇の後宮に入り、長和《ちょうわ》二年（一〇一三）に禎子《さだこ》内親王を産んだことはすでにお話しした。男の子でなかったので祖父の道長《みちなが》は喜ばなかったとされるが、やがて状況は変わってくる。

禎子は生まれてすぐに内親王宣下を受けた。二年後の長和四年に着袴《ちゃっこ》（袴を穿《は》く儀式、赤子から子供になることを祝い、普通は五歳くらいでおこなう）して三宮《さんぐう》（太皇太后・皇太后・皇后）に準ずる待遇を受ける。長和五年に父天皇が譲位し、翌年には亡くなるのだが、彼女は治安《じあん》三年（一〇二三）に裳着《もぎ》（女子が初めて裳を付ける儀式）、つまり成人式をおこない、一品《いっぽん》、つまり皇族として最高位が与えられた。十一歳にして皇族最高位、太皇太后彰子《あきこ》に引けを取らない立場になったのである。その彰子は、彼女の裳の帯を結ぶ役目、腰結《こしゆい》（男の子の加冠と同様に、後見人を意味する）を務めている。禎子内親王は皇族だが明らかに摂関家を挙げてバックアップさ

れた姫君だった。

姉たちとの格差

彼女の昇進の早さは三条天皇の長女で、伊勢斎王《いせさいおう》を務めた異母姉の当子《まさこ》内親王と比べるとよくわかる。当子は長保《ちょうほう》三年（一〇〇一）の生まれで、三条天皇の即位までは皇太子の娘だったので女王だった。内親王になったのは父天皇の即位に合わせて寛弘《かんこう》八年（一〇一一）、十二歳のときである。そして翌年に斎王となるが、このときにはまだ無品《むほん》（位のない皇族）で、裳着も済ませていなかった。そしてどうやらそのまま、つまり成人式を後回しにして天皇の名代として、伊勢斎宮《さいくう》への一世一代の大規模な旅（群行《ぐんこう》）をおこなうことになったらしい。もともと彼女は何かと父天皇をサポートしようとしていた。野宮《ののみや》（伊勢に来る前の一年間、斎王が潔斎する京外の仮の宮殿）からは「このころ斎王に皇女を立てるのはまれなこと（実際、そのときの天皇の娘が斎王になったのは、村上《むらかみ》天皇の時代以来五十余年ぶりだった）なので、在位一八年を保証しよう」という夢のお告げを受けたと報告したり、斎宮に着いてすぐには「伊勢では怪異《かいい》もなく、いたって平穏です」と手紙を送ったり、「お父さんがんばれ！」意識が非常に強い。また三条天皇も、長和三年（一〇一四）の伊勢への群行に際しての、天皇と斎王の別れの儀式で、本来「別れの御櫛《おぐし》」と呼ばれる斎王の額に黄楊《つげ》の櫛を挿す儀礼の後はお互いに振り返らない慣習にもかかわらず「振り返らせたまへり（『大鏡《おおかがみ》』）」――天皇が振り返ったとも、斎王を振り返らせたとも取れる――とあり、娘を可愛《かわい》がっていたことは間違いない。しかし、実際には異母妹禎子に比べてこの待遇、機嫌も悪くなろうというものだ。しかも三条天皇はわずか四年余りで退位、当子の伊勢滞在はわずか一年半足らずで終わってしまい、おまけに彼女はまだ無品のままだった。

そして彼女は帰京後、すでに述べたように、長和五年に、藤原伊周《これちか》の嫡男の道雅《みちまさ》との密通騒ぎを起こす。前章の上東門院女房殺人事件の七年前のことである。三条天皇は激怒し、彼女は出家してしまう。手ずから髪を切ったとする説（『栄花物語《えいがものがたり》』）もあり、そうだとすれば、父親と長女の壮絶なバトルである。その後彼女は、二十二歳の若さで世を去っている。

当子の同腹の妹、つまり禎子のもう一人の異母姉に禔子《ただこ》内親王がいる。この人は藤原道長の長男の頼通《よりみち》に嫁ぐ話が頓挫したのち、その弟の教通《のりみち》に嫁いだことで一部には知られている。彼女は寛仁《かんにん》三年（一〇一九）に十七歳で着裳、同年三品《さんぼん》になっている。まあこのくらいでも天皇の娘としてはかなり高いランクだと考えていいだろう。

二人の姉と比べても、禎子の特別扱いが一段とよくわかる。「道長の孫」の威光はやはりピカピカとこの少女にも及んでいたのである。

道長の野望と新たな計画

しかし、なぜ道長は禎子に対する態度を変えたのか、言い換えれば、どういう価値を見出《みいだ》したのだろう。彰子が裳の腰結を務めたということは、親同然の庇護をおこなうという宣言のようなものだ。つまり彼女は道長だけではなく、実質的な皇族のトップである彰子の傘下にも入ったことになる。もちろん彼女の母は妍子であることには変わりないが、妍子とは彼女が十五歳のときに死別し、両親を失うことになる。ますます摂関家に依存することになりそうだが、じつは同年、妍子の亡くなる前に彼女は結婚している。相手は東宮《とうぐう》敦良《あつなが》親王だった。

もともと敦良親王には、道長の末娘の藤原嬉子《よしこ》が東宮妃となっていた。敦良は彰子の次男だから、叔母と甥の結婚である。ちなみに嬉子の母は源倫子《みなもとのともこ》で、長姉の彰子とは約二十歳離れていて、倫子が四十四歳で儲けた末娘だった。道長は、後一条《ごいちじょう》天皇の中宮にも娘の威子《たけこ》（天皇の叔母で九歳年上）を入れていたから、きわめて近い血縁の結婚を重ね、自分の血統を天皇家に定着させようとしていた。

嬉子が東宮に嫁いだのは寛仁五年（一〇二一）で十五歳、東宮は十三歳、当時禎子は七歳だった。もしも禎子が男子であれば、敦良親王の次の東宮に推されていた可能性も高い。そして道長の一族、あるいは道長の子供の娘の誰かが入内して、円融《えんゆう》天皇の血筋とともに冷泉《れいぜい》天皇の血筋もその血統の中に取り込もうと考えていたのではなかったか。

しかし結局三条天皇は道長家との間には禎子一人しか残せなかったわけで、娍子《すけこ》皇后所生の親王たちは、その第一子である東宮敦明《あつあきら》親王を辞退させて、政治的には封じたこともあり、いわば使えるカードは禎子しか残らなくなった。そして正当な天皇家はやはり聖帝の一人と認識されていた村上天皇の長男の冷泉天皇の系統なのだから、禎子内親王は無駄にできないカードだった。

しかし考えてみれば、よく似たことはこれまでもあった。十世紀の天皇家は嫡男継承に何度も失敗し、皇女を政治的に利用してその血統を伝えようとしていたようなのである。醍醐《だいご》天皇の嫡男保明《やすあきら》親王は皇太子時代に亡くなり、その子の慶頼《よしより》王も幼くして亡くなった。そのため同母弟の朱雀《すざく》天皇が嫡男となって立太子するが、男子には恵まれず、同母弟の村上天皇が次の天皇になるのである。一方、保明のただ一人の子孫は慶頼王の同母妹の熙子《ひろこ》女王で、朱雀天皇の女御となったが、生まれたのは昌子《まさこ》内親王で、またもや女子だった。もしも熙子が男だったら、醍醐の次の天皇は慶頼王の弟の皇太孫が継いだかもしれず、昌子が男だったら、村上天皇に代わって天皇になっていた可能性もあった。つまり天皇家は長男の家に継承され、村上の即位はなく、冷泉・円融の天皇家分裂も起こらなかったのかもしれない。しかし昌子内親王は冷泉天皇の皇后になったが、結局子孫なく終わり、保明親王と朱雀天皇の血統はここで絶える。

そしてもしも、昌子が冷泉の男子を残していたら、保明・朱雀・村上の三兄弟の血統をすべて回収した天皇ができていたかもしれない。ある嫡系で残された女子は、新しい男系嫡系の中に取り込まれるという、いわば次善のセーフティーネットが見られるように思う。折々の天皇や為政者たちは、このように考えて、孤独な皇女・皇孫を本流に回収して、天皇家の正統性を高めようと考えていたのではないか。

とすれば道長の場合も、禎子内親王を一条《いちじょう》天皇の系統の天皇に取り込むことで、村上系の正嫡の天皇を一条系に一本化する意識があったのではないか。

生まれたころの禎子に冷たかった道長が裳着のころには手厚くしていたというのは、そういう政治的な意識の転換があったのではないか、つまり孤児の内親王回収ルールを利用して、自分の孫の内親王を自分の孫の後一条・後朱雀《ごすざく》天皇の一族に娶《めあわ》せ、権力基盤の強化を狙ったと思われる。このあたり、道長はさすがの寝業師である。

禎子内親王の結婚と摂関家

しかし話はそう簡単には進まなかった。禎子内親王と釣り合う皇子たち、敦成《あつひら》親王（後一条天皇）には藤原威子、敦良親王（後朱雀天皇）には藤原嬉子と、年上の叔母である道長の娘たちの入内《じゅだい》が優先したからである。つまり当初の計画では、禎子が結婚するのは、後一条に生まれるであろう第一皇子、最も正当な後継者だったのではないか。しかし結局威子は後一条の皇子を産んでいない、一方、嬉子は万寿《まんじゅ》二年（一〇二五）に男子を出産するものの、その直後に亡くなっている。道長の計画は崩れはじめたのである。

この段階で天皇候補になる皇子はこの男子、親仁《ちかひと》（のちの後冷泉《ごれいぜい》天皇）だけだった。彼と禎子の年の差は十二歳、藤原威子と後一条の九歳差でも珍しいといわれたから、まず結婚対象とは見られなかった可能性が高い。つまり彼女には釣り合う結婚相手が見つからなかった。この

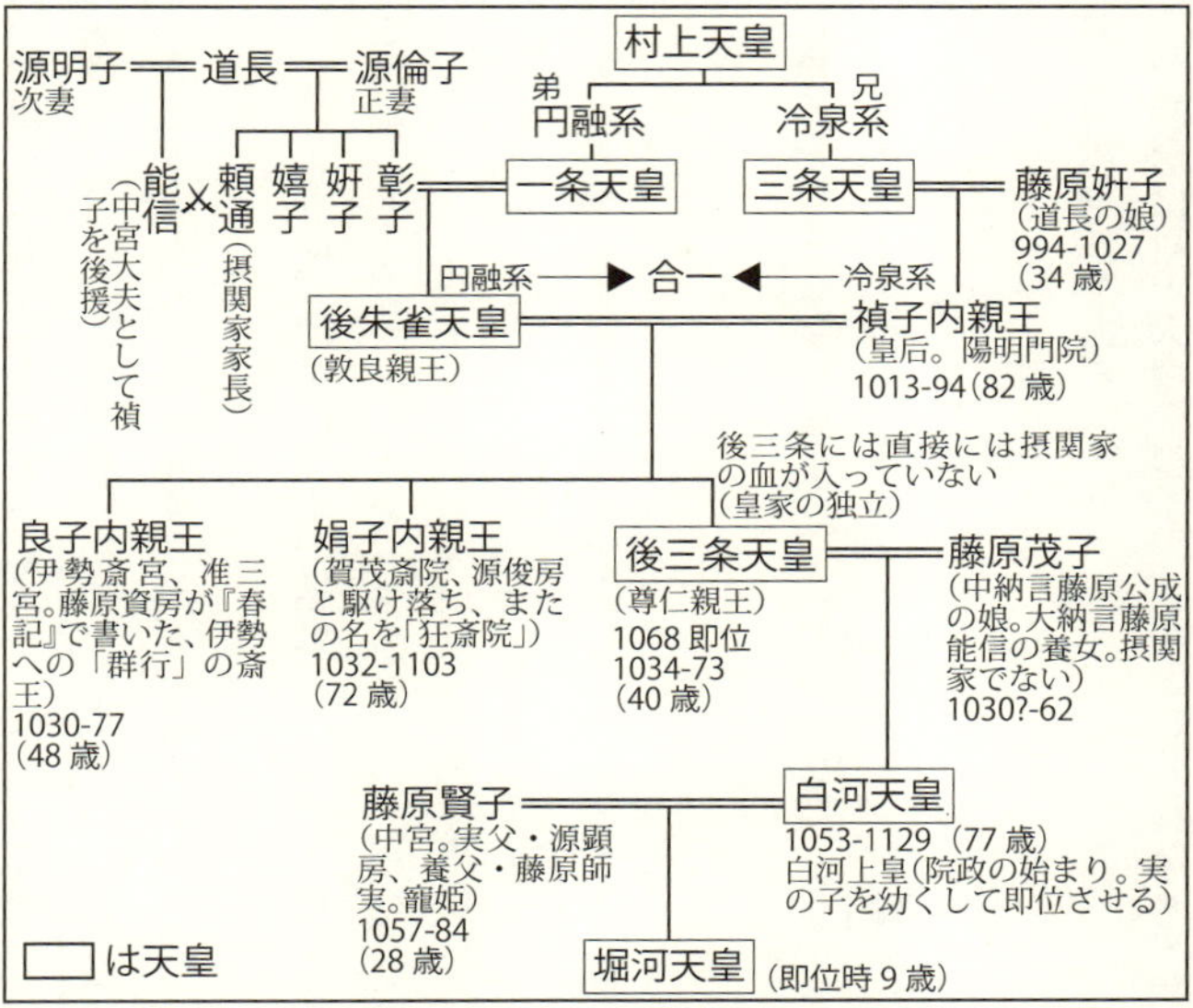

「禎子内親王の摂関家からの独立性が院政を生んだ」系図

時期の道長は、自分の健康状態がかなり危なくなっていたのは知っていただろう。しかし後一条に入内させて禎子を威子と張り合わせるわけにはいかない。

その結果としての選択肢が、正妻の嬉子を失った東宮敦良親王との結婚だったと考えられる。二人の結婚は万寿四年で、道長の亡くなる八ヶ月前のことである。ならば道長は自分の死後のことも考えて事を進めたと思われる。というより、禎子を育て、バックアップしていた祖母の源倫子と伯母の太皇太后彰子の理解と協力がなければこの結婚はおこなえなかっただろう。道長死後の財産は、倫子の他には彰子、威子とともに禎子内親王にも分配されている。この中に道長の「次妻」とされた源明子《あきこ》の子、藤原尊子《たかこ》（源師《もろ》房《ふさ》の妻）や、その姉の故藤原寛子《ひろこ》と小一条院《こいちじょういん》敦明《あつあきら》親王との間に生まれた儇子《さとこ》内親王が入っていないことから見て、禎子が道長の孫という以上に、源倫子グループの主要メンバーと目されていたのは間違いない。

このように、禎子内親王の結婚は、八〇年近く分かれていた冷泉系と円融系の天皇家の合一を意識したものだったと考えられる。そして後朱雀天皇の即位までには、良子《ながこ》内親王、娟子《うるわしこ》内親王、尊仁《たかひと》親王（後三条《ごさんじょう》天皇）の子供に恵まれる。両系統と道長の血を引く皇族は着実に生まれつつあった。

ところが、道長の政治家としての後継者となる藤原頼通は、道長と少し考え方が違っていたようだ。

藤原頼通とその妻、隆姫女王の動向——具平親王の子供たち

道長や倫子の、禎子に対する「孫であれば藤原でなくても娘に準ずる存在」、つまり「有効な手駒に十分なりうる」という意識は、おそらく頼通も共有していた。しかし頼通は道長や倫子とは少し違う意識を持っていたようだ。それがうかがえるのは、頼通の妻の隆姫《たかひめ》女王の弟、源師房の一件である。

源師房は村上天皇の皇子で英才といわれた具平《ともひら》親王の長男だが、父を亡くしてからは、同母

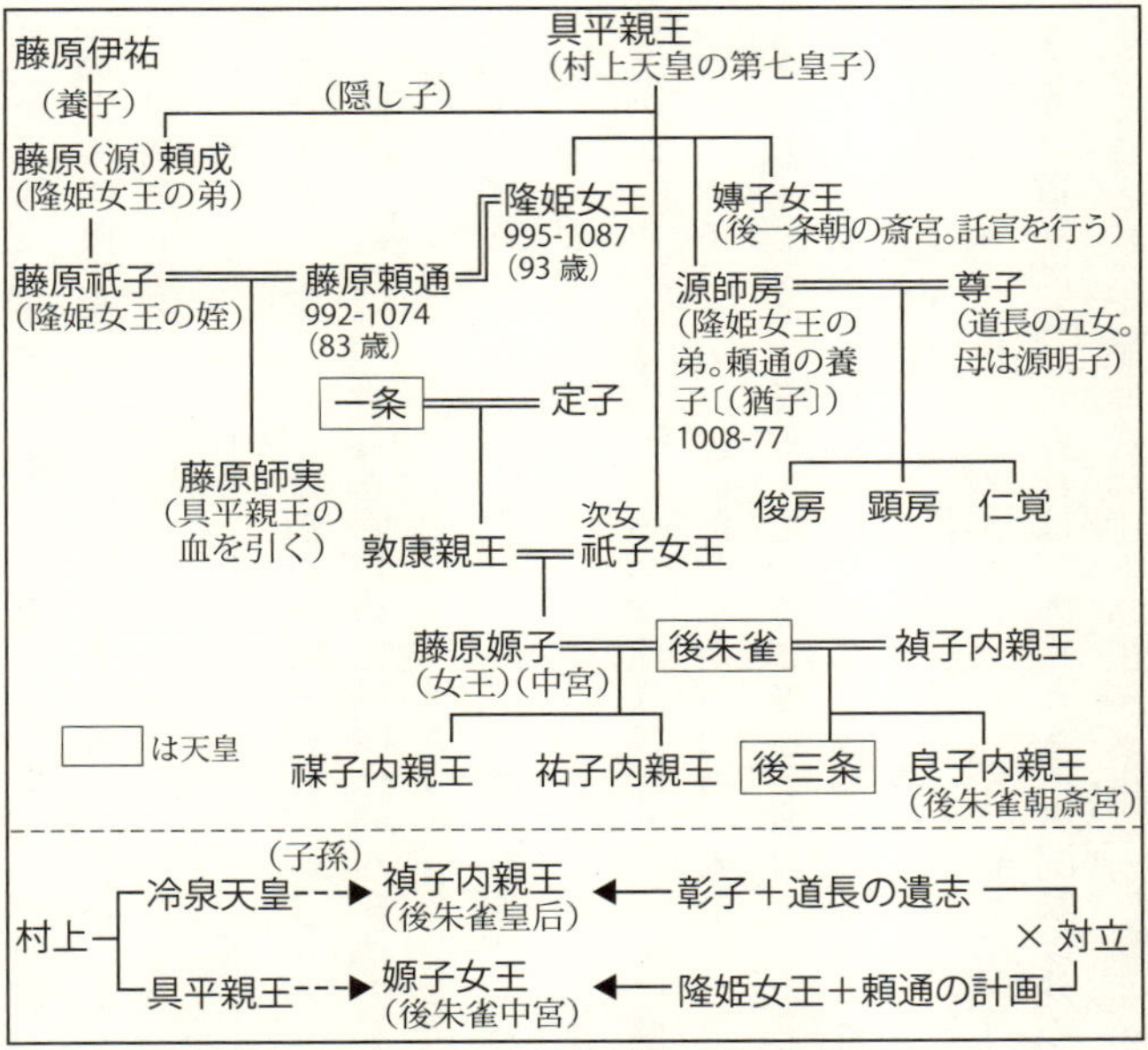

具平親王の娘隆姫女王と道長の息子頼通の関係系図

姉の隆姫女王に養育されたようだ。そして隆姫女王の夫は、藤原頼通だから、頼通の養子ということになる。藤原さんの養子の源さんというのも変な感じだが、当時はそれほど珍しくなく、道長も、妻の源倫子や源明子の親族を養育していた。しかしそれらは多く「猶子《ゆうし》」という関係で、家の跡継ぎという感覚は持っておらず、嫡子に比べて昇進も早くない。たとえば道長の猶子、源成信《なりのぶ》は二十三歳の右近衛権中将のときに出家、源経房《つねふさ》は権中納言止まりだった。ところが師房は十六歳で右近衛権中将、十九歳で権中納言、二十二歳で従二位と大変出世が早い。その英明さもあるが、頼通との関係はかなり密接で、一〇〇年ほど後の左大臣藤原頼長《よりなが》は「師房は頼通の養子だから、その子孫の村上源氏は摂関家の一門だ」という認識を示している。

そして道長も、源明子の産んだ娘の藤原尊子を師房と結婚させている。晩年ではあるが道長の婿にもなったことは、師房と摂関家の結びつきをより強めたことは疑いない。

当時の宮廷には、道長と直接の血縁関係のない他の藤原氏はたくさんいた。たとえば師房が公卿《くぎょう》になった万寿元年（一〇二四）段階でも、その上司には、太政大臣公季《きんすえ》以下、実資《さねすけ》、公任《きんとう》、行成《ゆきなり》など、三代くらい前に分かれた非道長流の藤原氏公卿がいた。師房は彼らより頼通に近い関係だったのである。

このことは、よくいわれる「藤原氏ばかりなので、藤原氏の栄華はわかるが、誰が誰かわからない、その時代の人は混乱しなかったのだろうか」という悩みに一定の答えを出せる気がする。道長も頼通も「藤原」という家にはそれほどこだわっておらず、むしろ子や孫など、養育関係・庇護関係を重視していたのだ。極端にいえば「可愛ければ他人でもいい」というほど、「氏」という規制がゆるくなっていたのだと思う。

そして、頼通の師房への溺愛《できあい》に近いのが、道長の禎子内親王への政治的な肩入れではないかと思う。道長にとってみれば、両親ともに摂関家以外の藤原氏との血のつながりがない天皇ができることには、藤原氏の中から摂関家御堂流《みどうりゅう》（道長の子孫）を特別なものにできるという意識があったと考えられる。

しかし頼通と隆姫はさらに一歩進んだ、というか過激な思想を持っていたようだ。

藤原嫄子、入内する

藤原嫄子《もとこ》という女性がいる。頼通の娘であるが血のつながりはない。頼通の妻、隆姫女王の姪《めい》にあたる。その父を敦康《あつやす》親王という。

敦康親王は一条天皇の長男で、母は藤原定子《さだこ》である。あの内大臣藤原伊周が花山《かざん》上皇とトラブルを起こして失脚した〈長徳《ちょうとく》の変〉の後、定子がいったん出家したのに内裏に呼び返され、「職《しき》の御曹司《みぞうし》」で肩身狭く暮らしていた（にもかかわらず清少納言《せいしょうなごん》たちは思い切り明るく頑張っていた）時代に誕生した一条天皇の長男である。摂関家出身の皇后を母に持つ最高級の親王で、母の亡き後は藤原彰子に養育され、一条天皇が亡くなるときには最有力な東宮候補だったが、当時すでに母方の実家である中関白家《なかのかんぱくけ》は衰退中で、無事に即位ができるとは言い切れない危険性があり、結局東宮には弟の敦成親王（後一条天皇）が就くことになったという悲運の皇子である。東宮に立てることに反対したのは道長ら反中関白家の勢力だけではなく、親王家の勅別当《ちょくべっとう》（天皇の命令でお世話をする責任者）だった藤原行成もその日記『権記《ごんき》』に、敦康親王立太子の難しさについて天皇を説得したことを記している。

なお、活字本の『権記』ではこのとき、彼の祖母、つまり藤原定子の母が高階貴子《たかしなのたかこ》で、その祖先は『伊勢物語《いせものがたり》』に見られる在原業平《ありわらのなりひら》が伊勢斎王の恬子《やすこ》内親王と契って産まれた隠し子の高階師尚《もろひさ》であることから、彼が即位すると伊勢神宮が恐ろしいといったとしているが、『権記』の最古の写本である宮内庁書陵部《くないちょうしょりょうぶ》所蔵の伏見宮本《ふしみのみやぼん》（鎌倉時代中期）では、この話は欄外にマンガのフキダシのような形で差し込まれており、後世に付け加えられた可能性が高い。

ともかく、敦康は、政治的立場の弱さから東宮となることを見送られたことは間違いない。そして彰子はそのことで父の道長を恨んだという。

敦康は大変優れた人物だったらしいが、二十歳で夭折《ようせつ》し、妃と娘が遺された。この妃が具平親王の娘、つまり隆姫女王の妹で、敦康と頼通は義理の兄弟という関係になる。しかし親王妃も出家し、娘の女王は伯母の隆姫とその夫の頼通のもとに引き取られた。これが嫄子なのである。

そして嫄子は長じて、父の異母弟である後朱雀天皇の女御となった。「嫡子の親王の子孫で身寄りのない皇女は次の嫡流に嫁す」というルールがここでも発動されたことになる。ただし、平安後期の編者不明の歴史書『扶桑略記《ふそうりゃっき》』の長元《ちょうげん》十年（一〇三七）正月七日条には、「関白左大臣の頼通が嫄子女王を養子にして参内《さんだい》（後宮に入ること）させた」として、続く三月一日条では、「女御藤原嫄子が中宮に立った」としている。ここで、道長の孫の禎子と兄道隆《みちたか》の曽孫（ひまご）の嫄子という二人の皇族が皇后・中宮に並び立ち、しかも頼通が嫄子を「藤原」として後援するという不思議な事態になったのである。

この事態の背景には、隆姫女王がいた可能性が高いと私は見ている。

具平親王家を継いだ人

隆姫女王は、『源氏物語《げんじものがたり》』の「紫の上《むらさきのうえ》」の立場になりかけたことがある。時代は少しさかのぼって長和四年（一〇一五）のこと。先述した、禎子の異母姉の禔子内親王（十三歳）を藤原頼通（二十四歳）に降嫁させようという動きがあった。このとき隆姫は二十一歳、頼通の子はまだ生まれていない。ここで降嫁があれば、隆姫のランクダウンは免れない。『源氏物語』では、「若菜《わかな》」上・下の巻で、光源氏《ひかるげんじ》は異母兄である朱雀院《すざくいん》の女三宮《おんなさんのみや》（光源氏の母のそっくりさんで永遠の憧れ、藤壺《ふじつぼ》中宮の姪でもある）の降嫁を受けて、事実婚の正妻格でしかなかった紫の上が追い込まれ、結果として身体を壊すことになる。禔子はまさに「女三の宮」のポジションだった。

ところがこの話は頼通の重病によって見送られることになった。この時代の重症患者には投薬やもちろん手術ではなく、加持祈禱（つまり坊さんのお祈り）が重視された。そして『小右記』には、養子の資平《すけひら》からの情報として、「霊気が人に移って調伏された」とする。道長や倫子の同席する中で顕《あらわ》れたのは「故帥《こそち》の霊」つまり元大宰権帥《だざいのごんのそち》藤原伊周の霊だったという。このとき頼通は正二位権大納言兼左近衛大将、これほどの出世は十九歳で権大納言になった伊周くらいしか前例はなかった。なので、顕れる怨霊として噂されるのはいかにも伊周がもっともらしい。しかし『栄花物語』になると大きく話が変わってくる。怨霊は具平親王だとしているのである。『栄花物語』は一〇三〇年のころの成立と見られているので、この事件より三〇年ほど後に書かれたことになる。そのころには怨霊が別人になっているのである。これはどういうことだろうか。

『栄花物語』の成立は道長の没後である。だからその内容が道長の栄花を描くものだとしても、その読み手は頼通世代なのである。とすれば、ここでの具平親王の霊の役回りは、頼通に祟《たた》ることによって、娘の隆姫を救ったことである。紫の上の父親は藤壺中宮の兄の兵部卿宮《ひょうぶきょうのみや》(のちに式部卿宮《しきぶきょうのみや》)だが、彼女は庶子なので、光源氏が須磨《すま》に流謫《るたく》していたときには、朱雀帝や右大臣家を恐れて娘の支援をしなかった。そのため源氏は政界に復帰後、彼を冷遇したという。このイメージを『栄花物語』を著したとされる赤染衛門《あかぞめえもん》が重ね合わせたとすれば、隆姫の危機は、彼女を愛する父、しかも紫の上の父の兵部卿宮よりずっと立派な父、具平親王によって救われた、という形にしたのではないか。それは頼通に対してではなく、隆姫に対する「忖度」なのではないか。

『栄花物語』では、頼通の母、源倫子を、摂関家全盛の中で栄えているただ一人の源氏、と書いているが、じつは同様のイメージを隆姫にも重ねていて、まさに「今の時代で最も輝いている摂関家の王族」として書いているように思う。つまり『栄花物語』では、隆姫は具平親王に守られた姫なのである。このように考えるのであれば、隆姫、そして頼通には、禔子やその妹の禎子など三条天皇の係累は、自分の立場を危うくしたいわば仇敵のような意識があったのではないか。だとすれば、伯父と姪でありながら、頼通が嫄子を後朱雀の元に送り込んだ理由も理解できる。これは、具平親王の血筋を代表する隆姫の意志なのであり、頼通は摂関家以上に具平親王流、つまり隆姫が家長になっている一族を重視したのである。

そして後朱雀の腹心、藤原資房《すけふさ》（実資の養子資平の子で、小野宮流の後継者）の日記『春記《しゅんき》』の長久《ちょうきゅう》元年（一〇四〇）十二月十八日条には「皇后宮は此の四年、内裏に参られない」とあり、禎子と後朱雀の仲は冷え切っていたらしい。

禎子内親王の自立と藤原能信

しかしここで注意しておきたいのは、禎子が必ずしも後朱雀の愛を失い、実家で寂しく引きこもっていたわけではないことだ。なぜなら、彼女にはもう父も母もおらず、その遺産はすべて彼女が引き継いでいるからだ。『大鏡』には禎子が三条上皇の財産の多くを譲られたという記録がある。つまり彼女は、父の三条上皇が亡くなった後に、母の皇太后妍子が継承した枇杷《びわ》殿《どの》という大宮殿の主人でもあり、継承された財産の大部分と、さらに祖父道長の財産の一部をも引き継いで、伝統ある宮殿に君臨する大荘園領主として自立していたのである。

そしてその皇后宮職《こうごうぐうしき》の長官は道長の息子、藤原能信《よしのぶ》という。彼は藤原道長の妾《めかけ》でもないが正妻の倫子よりも扱いは軽い、という、国文学でも歴史学でも扱いが難しく、「次妻《じさい》」というよくわからない説明をされる源明子の子である。源明子は源高明《たかあきら》の娘で醍醐天皇の孫娘になる。天皇との血縁では宇多《うだ》天皇の曽孫の源倫子よりも近い。しかしどちらも左大臣の娘ながら、明子の父の高明には〈安和《あんな》の変〉で失脚し、出家して政界を去ったという経歴がある。そのため明子は東三条院詮子《ひがしさんじょういんあきこ》（道長の姉）の庇護下で育ったとされる。そして道長との間に、頼宗《よりむね》・顕信《あきのぶ》（僧侶）・能信・寛子（小一条院女御）・尊子（源師房妻）・長家《ながいえ》と多くの子女に恵まれたが、たとえば高校の日本史の教科書に出てくる人は一人もいない。摂政・関白・臣下筆頭の左大臣・中宮・皇后になった人は一人もいない（最高位は頼宗の右大臣）。ちなみに頼宗の子孫には、平安後期の大日記『中右記《ちゅうゆうき》』を書いた右大臣藤原宗忠《むねただ》が、長家の子孫には歌人として有名な藤原俊成《としなり》（「しゅんぜい」とも）・『百人一首《ひゃくにんいっしゅ》』の定家《さだいえ》がいる。

要するに、摂関家本流ではないということだ。しかしその中で一人、関白頼通、教通兄弟に負けじと対抗したのが、権大納言の能信だった。そのことから気骨のある貴族として取り上げられることも多く、頼通と対立する禎子の中宮大夫を長く務めたのもその俠気《きょうき》の表れと説明される。

しかし、彼は皇后のための役所の長官である以上、三条院の財産を管理するマネージャーでもあったと考えられる。さらに藤原実資の後継者である資房の日記『春記』にも、宮廷に詰めて、後朱雀天皇の側近である資房と絶えず会っていたことがわかる。つまり情報共有をはかっていたのである。権大納言でもある彼は、中宮の窓口、今風にいえばレプレゼンタティブ（法的代理人）としても働いていたと見られる。能信が、後朱雀天皇から独立した、冷泉天皇以来の財産と権力を持つ禎子とウィンウィンの関係を結んでいたとすれば、すごいバックがついていたことになり、頼通に対しても強気にも出られるだろう。いわば禎子・後朱雀の家庭内離婚はせっかく一つになった天皇家を再び分離する可能性も秘めた「地雷」になっていた。

藤原頼通と斎王と伊勢神宮

さて、藤原頼通にはもう一つ面白い顔がある。それは彼が内侍所神楽《ないしどころかぐら》を完成させたらしいことである。内侍所神楽とは、後宮女官の詰め所の内侍所で管理されている天皇の神宝の八咫《やた》鏡《かがみ》の前で演じる神楽である。十世紀以来たびたび起こった内裏の火災によって、天皇の神宝、八咫鏡はかなり傷んできた。これを神の怒りと考え、伊勢神宮とは別にこの鏡に対する祭が始まったのである。これは毎年十二月に、内侍所で、伊勢神宮での祭を神楽歌だけで再現（つまり儀式はしない）したもので、伊勢神宮の祭祀《さいし》とは全く別に、内侍所の前庭でおこなわれる。神鏡に対する信仰は後一条天皇のころから高まっていたようだが、本格化したのは寛弘二年（一〇〇五）とされる。『春記』長久元年（一〇四〇）九月二十八日条によると、同月九日に京《きょう》極院《ごくいん》内裏が焼亡して内侍所神鏡が焼損したので、頼通の指示で、新調した容器（辛櫃《からびつ》。唐櫃《からびつ》とも、四本の足のついた木箱）に伊勢神宮の神体と同じ形で装飾などを整え、神体の入った容器（御船代《みふなしろ》という）と同じ向きで置くなどの改革をおこなったらしい。このように頼通はそれまで宮廷とは別個に伊勢神宮でおこなっていた天照大神《あまてらすおおみかみ》の祭祀を、より宮廷に引きつけようとしていた可能性がある。天照大神祭祀のシステム化をおこなったといえる。

こうした頼通の動きにはじつは伏線があった。長元《ちょうげん》四年（一〇三一）六月、内宮《ないくう》神嘗祭の夜、歴代の伊勢斎王で初めて、神宮の祭祀の場で、政府の伊勢神宮に対するあつかいへの批判がおこなわれたのである。それは神宮の神の荒御魂《あらみたま》、つまり活性化した魂とされる荒祭宮《あらまつりのみや》の神の託宣《たくせん》として発生した。内容は、「斎宮寮の頭（長官）の藤原相通《すけみち》とその妻の古木古曽《こきこそ》（小忌古曽）が勝手に神宮を斎宮で祀《まつ》っていること、神宮の神事が疎《おろそ》かであること、伊賀《いが》（三重県西部地域）国府と伊賀にある神宮領の抗争への対応が遅れていること」などを批判したものである。この託宣を発したのは斎王嫥子《よしこ》女王、じつは具平親王の娘で、頼通の妻の隆姫女王の妹である。そしてこの託宣を聞き、天皇に上申したのは神宮祭祀の責任者大中臣輔親《おおなかとみのすけちか》。父能宣《よしのぶ》、祖父頼基《より もと》と三代継承した祭主《さいしゅ》（伊勢神宮における神宮祭祀の責任者で、神宮と宮廷の窓口になる役職）で、京に天橋立《あまのはしだて》を模した庭園を持つ大邸宅を築いたという。この三代の祭主は、歌人としても優れていて、摂関家のために神に祈禱《きとう》をする役目を務め、また輔親の娘は「伊勢大輔《いせのおおすけ》」の名で彰子中宮に仕えている。『百人一首』の、

いにしへのならのみやこの八重桜けふ九重ににほひぬるかな

（古い都の奈良の八重桜が献上されて、今日、ここ平安の都の九重の宮中で美しく咲き誇って

いるよ）

の作者である。

さて、神の憑《つ》いた斎王は、一五杯とも五〇杯とも酒を飲み干したといい、泥酔状態で輔親に向かって、「斎王は本来託宣しない者だが、手ごろな者がいなかったので」という神の声を記録させ、さらに歌をやりとりしている。

嫥子女王（荒祭宮の神）

さかづきにさやけき影のみえぬれば塵《ちり》のおそりはあらじとをしれ

（お前に下す盃《さかずき》にははっきりした月影が見えたので、お前は少しも恐れることはない）

祭主輔親

御返りたてまつりける

おほぢ父むまごすけちか三代までにいただき祀るすべらおほん神

（祖父頼基、父能宣、私こと孫の輔親と三代奉仕して参りました大神さま、ありがとうございます）

（『後拾遺和歌集《ごしゅういわかしゅう》』巻二〇、一一六〇・一一六一番歌）

要するに、斎王も輔親もあらかじめ免罪されている。

そして輔親は藤原頼通に報告書を送った。頼通が右大臣実資にその内容を見せたのは八月四日のことである。そしてそこには、「帝王と吾と相交《あいまじ》はること糸の如《ごと》し。当時の帝王、敬神《けいしん》の心無し。次々に出で給ふの皇《みかど》も亦《また》、神事《しんじ》を勤《つと》むること有らむか。降誕の始、已《すで》に王運の暦数は定まる。然《しか》して、復《また》、其の間の事有り。百王《ひゃくおう》の運、已《すで》に過半《かはん》に及ぶ」と書かれていた。「天皇と伊勢神宮は糸のように交わる関係なのに、今の天皇には神を敬う心がない。この後の天皇も神事を大事にするだろうか。伊勢神宮が地上に降りてから、天皇の命運は百代と決まっていて、すでに半ばは過ぎているのに」という意味だ。この「天皇百代」というのは、もともと永遠に続くという意味だったのだが、仏教の末法思想《まっぽうしそう》（仏の教えが衰退して世界が滅ぶ時代が来るという考え方）とも関係して、この時代には一種の終末論になっていた。そして時の後一条天皇は六十八代目だったのである。ちなみにこの文言は神宮側の記録には残されておらず、宮中でも頼通と実資（そして当然後一条天皇）以外は秘匿《ひとく》されたらしい。あまりに恐れ多いことだからか、頼通が伊勢から来た報告書に付け加えたのか、私は後者ではないかと思う。嫥子女王、大中臣輔親、藤原頼通（そしておそらく隆姫女王も）の共犯で、天皇や政界の御意見番の実資を抱き込むための工作だったのではないかと考える。そもそも成人した天皇と関白はマウントを取り合うものだからだ。長元の託宣は、頼通と隆姫・嫥子姉妹（つまり具平親王系の一族）が、後一条天皇（とその母太皇太后彰子）に投げた牽制球《けんせいきゅう》と見ていいように思う。

斎王良子をいじめたのは誰だ

さて、斎王が都にメッセージを送る前例は、三条朝の斎王の当子内親王に見られた。そして娍子の次の斎王、後朱雀天皇の女一宮の良子内親王も、藤原資房の『春記』長久元年（一〇四〇）八月十七日条によると、伊勢神宮の外宮《げくう》正殿が倒壊したときに「天皇の問題ではなく、近く天下に大事があることを知らせたのだ」と託宣している。また、同年九月二十四日条によると、この年に起こった内裏焼亡《だいりしょうぼう》の夜に、「幄《あく》（テント）に諸卿が集まっていて、皇后宮大夫能信が『御薬の事には問題ないが、内裏には火事が有るだろう』と言った」という夢を見たと連絡してきた。つまりこの時代の斎王は、天皇のために伊勢神宮の神意を報告して、その気分を和ませるのが役割だったといえる。しかし娍子女王だけは、天皇を公然と批判したのである。偶然ではなく、事前織り込み済みと考えるのが自然だろう。

さて、その良子内親王もどうも頼通とは因縁があるかもしれない。長暦《ちょうりゃく》二年（一〇三八）におこなわれた彼女の群行（斎王が行列をつくり、伊勢神宮に向かうこと）は『春記』に詳しい記事が見られ、それだけでもきわめて重要な記録なのだが、この旅はどうも不審なことが多いのである。

そもそもこの群行は特別な旅で、伊勢神宮内宮の遷宮《せんぐう》（二〇年に一度の神宮の建替事業）に合わせる予定だったのである。ところが出発直前、内裏で牛が死ぬという事件があり、穢《けがれ》によって延期となり、内宮へは行けなくなった。穢で儀礼が延期されるのは珍しくないが、あれっ、

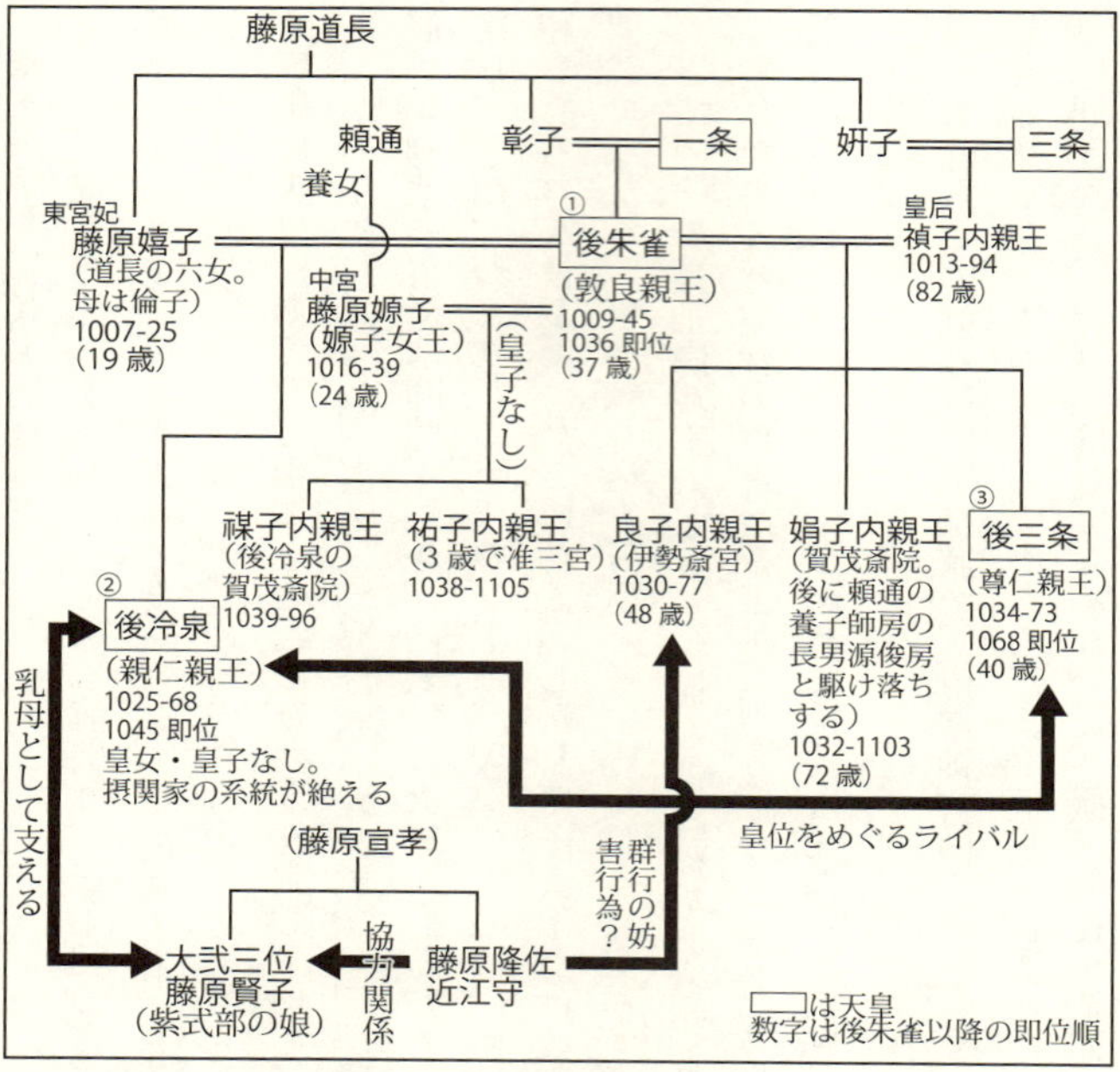

「斎王良子内親王をいじめたのは誰だ」の図

と思ったのは、内裏に牛が入って、しかも死んでいたということだ。そもそも牛車を牽《ひ》く牛は内裏には入れず、高齢の貴族で車を許されても、乗るのは輦車《れんじゃ》（手押車）と決められていた。そりゃ宮内で牛が暴走すれば危ないだろう。なのに牛はどうやって入ったのだろう。病気で死にかけた牛が迷い込むというのも不審だ。そしてこの牛は、御樋殿《おひどの》の屋の内で死んでいたとある。御樋殿は内裏のトイレのことだから、発見が遅れたのかもしれないが、そんなに都合よく事件が起こるだろうか。よく考えると、どうもこの一件は嫌がらせめいている。

次に不審な事件が起こったのは近江国《おうみ》（滋賀県）でのことである。群行を先導する近江守の藤原隆佐《たかすけ》は、沿道の泉が今日に限り澄んでいることを神の助けだなどと盛んに持ち上げていたが、甲賀頓宮《こうかとんぐう》（斎王一行が群行のときに宿泊する仮の宮殿）に入る直前、野洲川《やすがわ》を渡る橋は途中で壊れたまま放置していて、一行は途中から河中を歩くことになった。また、鈴鹿山《すずかさん》を越えるときには、峠の途中で酒肴《しゅこう》を出してくれたが、伊勢との国境の前に帰ってしまうという具合で、丁寧な対応だが、どうも悪意ある手抜きが感じられる。

そこで藤原隆佐について調べてみると、意外なことがわかった。彼は藤原宣孝《のぶたか》の息子、つまり紫式部《むらさきしきぶ》の夫の先妻の子なのである。そして紫式部の娘、大弐三位《だいにのさんみ》藤原賢子《さとこ》は親仁《ちかひと》親王（後の後冷泉天皇）の乳母だったので、もちろん後冷泉支持者ということになる。このとき、後朱雀天皇三十歳、皇太子親仁親王は十四歳、弟の尊仁《たかひと》親王（のちの後三条天皇）は五歳、后妃を見ると中宮藤原嫄子（関白頼通の養女）が事実上のトップ、皇后禎子内親王は前述のように枇杷殿に引っ込んでいた。ほかには妃はいない。そして先代の後一条天皇には皇子がいなかった。つまり皇子を産む可能性があるのは嫄子だけで、皇子が生まれれば、尊仁は東宮になることなく、嫄子の子が次の東宮だろうと見られていた。

ゆえに当時の貴族社会では、尊仁の姉である良子やその母の禎子に肩入れしても、あまりいいことはないと見られていたようなのだ。嫄子を推す勢力にとって、良子は強くなられると困る斎王であった。なお、後朱雀朝の賀茂《かも》斎院は良子の妹の娟子内親王だったが、彼女は後朱雀天皇の死後斎院を降り、しばらくして源俊房《としふさ》という貴族と駆け落ちして、狂（たはぶれの）斎院とあだ名されている。俊房は源師房の長男で、具平親王の孫である。この事件に頼通や隆姫が関わっていたかどうかは明らかではないが、禎子や尊仁には苦々しいスキャンダルになったことだろう。

我慢する禎子の切り札とは

ところが事態は、頼通の思い通りには全く動かなかった。まず藤原嫄子が翌長暦三年（一〇三九）、二人めの女子、祺子《みわこ》内親王を産んですぐに亡くなってしまったのである。この事件については、伊勢神宮の文献『太神宮諸雑事記《だいじんぐうしょぞうじき》』になぜか記録があり、「彼女は関白殿の御養子だったが、お産の十日後、沐浴《もくよく》しているときに雷雨が起こり、御湯殿《おゆどの》から上ると突然亡くなった」としている。一方『春記』の長久元年（一〇四〇）十一月二十三日条には、祺子内親王の姉の祐子《すけこ》内親王がわずか三歳で准三后《じゅさんごう》になったときの話題として「斎宮・斎院《さいいん》が数歳年上の姉たちなのに、まず（祐子内親王に）准后のことがあるのを、天下はなんというだろうか。また、神意を恐れるべきではないか」「藤原氏の皇后に適当な子が今は誰もいないので、准后宣旨を出すことができない。（だからと言って）源氏の皇后（藤原嫄子）が神罰を受けた後なのに、その子（祐子内親王）にすぐ准后宣旨を下さるとは、最も神意に背くことではないか。恐ろしいことだ」と記している。

これらを合わせると、皇族の皇后が藤原氏を名乗って、天皇の母方の祭祀である春日《かすが》の祭祀に関与し、あるいはその娘が伊勢の祭祀に関わる姉を飛び越えて皇后に匹敵する位になることについて、どうも潜在的な反発がかなりあったようだ。伊勢神宮で頼通の片腕のように働いていた祭主大中臣輔親もこの前年の長暦二年の六月、伊勢神宮の六月月次祭に向かう途中で急逝し、大中臣氏内の後継者争いも起こっていた。

そして嫄子が倒れたことにより、頼通の「頼通・具平系藤原氏」特化計画は頓挫したといえる。この時点で彼には娘がおらず、同母弟の教通はその年に娘の生子《なりこ》を入内させ、三年後には異母弟の頼宗が娘の延子《のぶこ》を入内させたが、頼通は最高権力者の娘でないと中宮にはできないと、この二人を女御に留め置いたという。そしてどちらも男子に恵まれないうちに、後朱雀天皇は寛徳《かんとく》二年（一〇四五）に亡くなり、親仁親王が即位する（後冷泉天皇）。しかし頼通の娘が再び後宮に入るのは永承《えいしょう》五年（一〇五〇）、後冷泉天皇の皇后になった藤原寛子の入内を待たねばならない。彼女は具平親王の落としだねの娘といわれ、一応「頼通・具平系藤原氏」計画に入ってはいたが、嫄子が亡くなったときにはまだ四歳であり、頼通の後三条天皇排斥計画は一〇年停滞せざるを得なくなったのである。

さて、この期間に禎子内親王は何をしていたか。後朱雀天皇が亡くなり、皇太后となった彼女のこの時期の足跡はよくわからないが、面白いのは、後冷泉天皇時代の斎王の選び方である。

後冷泉天皇は二十一歳で即位したが、まだ子供はいなかった。そして異母妹の良子、娟子はすでに斎王になっている。そこで斎院には嫄子の娘の禖子内親王が選ばれた。順当に行けば、伊勢斎宮はその姉の祐子内親王だと思われたが、なぜか彼女ではなかった。先に述べたように、すでに准三宮《じゅさんぐう》になっていた頼通が溺愛する内親王だけに、伊勢に送りたくなかったのかもしれない。神宮祭祀は宮廷でできると考えた頼通は、斎宮にそこまでの価値を感じていなかったようにも感じられる。

後冷泉の後宮を見ると、中宮になったのは後一条天皇の第一皇女、章子《あきこ》内親王だった。ここでも正嫡ながら後援をなくした皇女が天皇に引き取られていた。章子には馨子《かおるこ》内親王という妹がいるが、彼女は後一条朝の賀茂斎院だった。後一条系の皇女にも斎宮該当者はいない。では伊勢斎宮には誰がなったのか、じつは小一条院敦明親王の娘、嘉子《よしこ》内親王（敦明は上皇待遇なのでその子は親王と呼ばれていた）なのである。といっても、小一条院は長暦二年に出家しているので、このころの彼女の動静はよくわからない。しかしこの系統からは、この嘉子内親王と、次の敬子《たかこ》女王（父は敦平《あつひら》親王）の二人も斎宮が出ているのだ。小一条院の後、三条天皇系の皇女たちを助ける可能性が一番高いのは異母妹の禎子内親王だろう。嘉子内親王たちの斎王への就任の背景には皇太后禎子内親王がいたのではないか。

つまり彼女は三条院系皇族の家長として、頼通が興味を示さなかった伊勢斎宮と関係を持ちつつ、いわば伊勢神宮を切り札にして雌伏のときを過ごしていたのではないかと思う。

禎子、勝利の時

そしてついに治暦《ちりゃく》四年（一〇六八）に、後冷泉は後継者に恵まれないまま亡くなり、尊仁（後三条）が即位するに至る。禎子五十六歳、太皇太后であり国母《こくも》と呼ばれる地位を摑《つか》み取ったのである。

そして頼通は延久《えんきゅう》四年（一〇七二）に出家、翌年後三条も亡くなる。承保《しょうほう》元年（一〇七四）には上東門院彰子と頼通が、その翌年には教通がと、次々と道長に愛された人たちが退場していく中、禎子は寛治《かんじ》八年（一〇九四）まで生きつづけた。すでに天皇は白河天皇の子、堀河《ほりかわ》天皇の時代で、世は院政と呼ばれる時代になっていた。

この時代には戦乱がないが、感染症や出産で短命に終わる人も多い。道隆や道長は飲酒で命を縮めたという。長生きをすることが成功への一番の近道なのである。禎子の寿命は八十二歳。祖母源倫子九十歳から受け継がれた、伯母彰子八十七歳、伯父頼通八十三歳、教通八十歳と続いてきた長命のＤＮＡを使い切り、摂関家を権力の座から追い落とした生涯であった。

第四章　貴族と武者と女房と――〈斎王密通事件〉と武士

　ここでは、皇族と摂関家との関わりから転じて、彼らと下級貴族との関係を考えてみたい。皇族・貴族といっても、上級と下級の間には厳然とした格差があったのはいうまでもない。もちろん下級貴族の働きがあって皇族や上級貴族の生活は成立するのだが、その関係にあつれきが生じることもある。その中から新しい時代の芽吹きが起こる、ことだってある。

斎王を襲った武者

　時代は少しさかのぼって花山《かざん》朝、寛和《かんな》二年（九八六）のことである。当然この時代にも、伊《い》勢《せ》神宮に仕える未婚の皇族女性、斎王《さいおう》がいた。花山天皇の即位とともに卜定《ぼくじょう》（占いで選出）され、来年には伊勢に向かおうかという斎王は醍醐《だいご》天皇の皇子章明《あやあきら》親王の娘、済子《なりこ》女王であった。ところがこの斎王が野宮《ののみや》、つまり斎王が伊勢出発前に一年籠る京の郊外の仮の宮（竹林で有名な野宮神社はその伝承地の一つ）で、密通をしたという噂が立った。出典は『日本紀略《にほんきりゃく》』

（後一条《ごいちじょう》天皇までの私撰《しせん》歴史書。平安後期成立）で、相手は、滝口《たきぐち》武者 平 致光《たいらのむねみつ》という。

滝口とは内裏の庭園にある遣《や》り水《みず》の排水口で、滝口武者は、天皇のマネージャー役である蔵人所《くろうどどころ》に所属して、このあたりに待機して警備・護衛を担当する武人のことで、これを数年務めると六位、つまり貴族に準ずる上級公務員待遇の武官になれるしきたりになっていた。水の出口は禊《みそぎ》や祓《はらい》に関わるところでもあり、武士を「モノノフ」というのは古代のモノノベ、つまり物部《もののべ》と本来同じ意味という説もあり、単なるガードマンではなく、目に見えない邪鬼のようなモノを退ける、ゴースト・バスター的な性格も持ち合わせていたともいわれる。つまり心身ともに元気な若い武官見習いの働き場と理解していい。

その一人が、「天皇に代わり伊勢神宮に仕える」大役である斎王と「何やらやらかした」と噂が流れたのだから重大事件である、もちろん真偽のほどはわからない。そこで占いで判定しようということになったときに、あの〈寛和の変〉、すなわち花山天皇が、女御藤原忯子《ふじわらのよしこ》の急死にショックを受け、右大臣藤原兼家《かねいえ》の画策で、その三男、藤原道兼《みちかね》にそそのかされて出家してしまうという大事件が起こり、うやむやになってしまった。

もともとこの済子女王の野宮には何かとぶっそうな話がついて回っていて、前年の九月二十八日には、野宮に盗賊が入り、斎王に仕える女性（女孺《にょうじゅ》と呼ばれる女官か）の衣装が盗まれるという事件もあった。まあ、この時代の警備は割合にルーズ（『紫《むらさき》 式《しき》部《ぶ》日記《にっき》』には、宮廷で女房が盗賊に身ぐるみ剝がされたという話がある）なのだが、警備する側が問題を起こしたのだから開いた口が塞がらない、という感じになるだろう。

そういえば花山天皇の譲位事件にも、武者が多く関わっている。『大鏡《おおかがみ》』によると、藤原道兼にそそのかされて宮中を出た天皇には、「いみじき源氏《げんじ》の武者たちをこそ、御送りに添えられたりけれ」とあり、大物の源氏系の武者を警固の形で、実質的には護送担当として付き従わせていたらしい。この源氏はおそらく清《せい》和《わ》源氏であり、およそ一五年前に、左大臣源高明《みなもとのたかあきら》（道長《みちなが》の次妻源明子《あきこ》の父）が兼家ら藤原摂関家のトラップにかかって失脚した〈安和《あんな》の変〉のときに、高明の陰謀容疑を密告した源満仲《みつなか》とその一族、すなわち満仲の子供の頼光《よりみつ》、頼親《よりちか》、頼信《よりのぶ》らだと考えられる。彼らもまた「武者」と呼ばれていたことに注意をしておきたい。

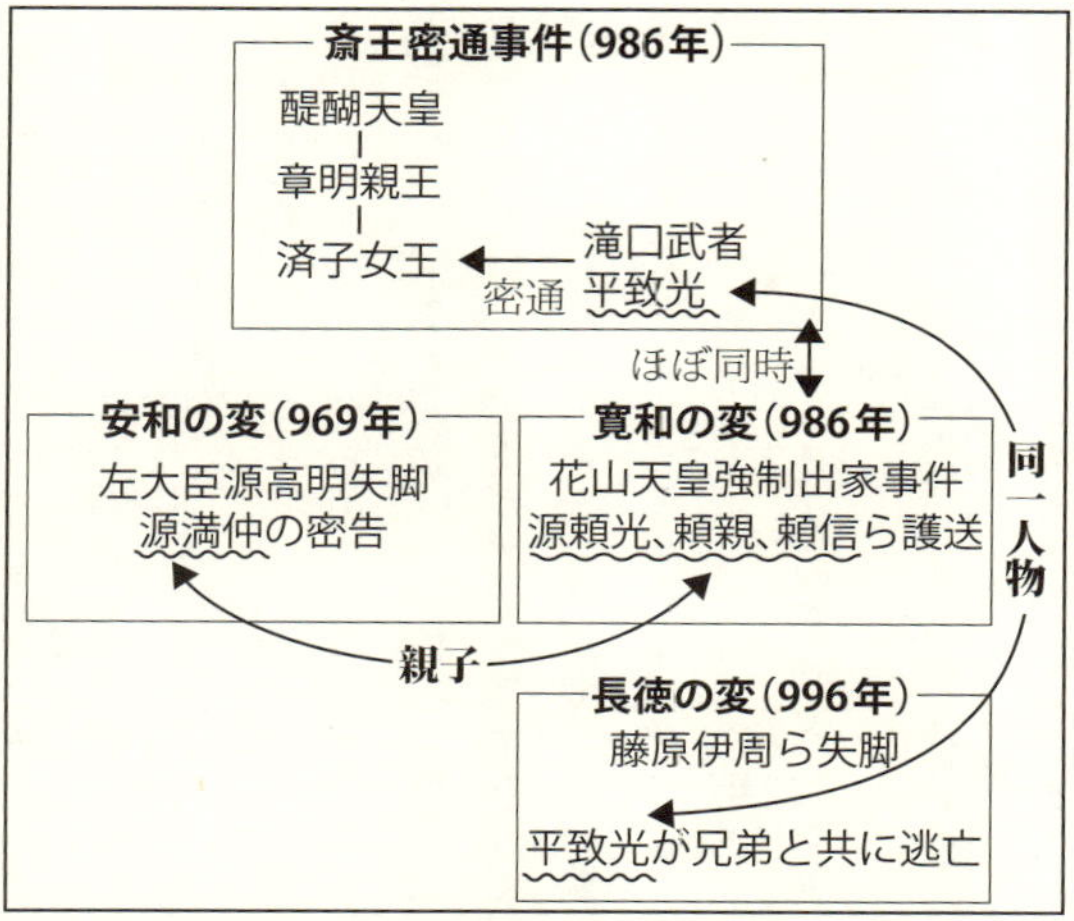

武人貴族と大事件との関係図

〈安和の変〉の告発者には、当時左馬助《さまのすけ》だった源満仲のほかに前武蔵介《むさしのすけ》藤原善時《よしとき》らがおり、直接名指しで訴えられたのは中務少輔《なかつかさのしょうゆう》橘繁延《たちばなのしげのぶ》、左兵衛大尉《さひょうえのだいじょう》源連《みなもとのつらぬ》、前相模介《さがみのすけ》藤原千晴《ちはる》らである。このうち源連は武人化していた嵯峨《さが》源氏、藤原千晴は平将門《まさかど》の討滅に功績があった藤原秀郷《ひでさと》の子でやはり武人系と見られる。いずれも源満仲と同等の受領層であり、おそらく藤原善時も同様だろう。つまりこの告発の背景には、六位から五位に上がれるかどうかレベルの下級武官同士のつぶしあいがあったわけで、そうした人たちが「武者」といわれたのだろう。

そして「武者」平致光に官位の記載がないことから見ると、彼もまた、滝口として実績を積み、五位くらいまで上がって受領になりたいなぁと希望する若者だったと考えられる。致光はこのとんでもないスキャンダルで、その夢を棒に振ってしまったのだろうか。

ところが、どうもこの男もただ者ではなかったらしい。致光の名はこれ以後も意外なところに現れるのである。まず、この一〇年後、かの、内大臣藤原伊周《これちか》、隆家《たかいえ》兄弟と花山上皇とのトラブルから始まる〈長徳《ちょうとく》の変〉では、「尉《じょう》致光」という者が伊周の家司《けいし》（マネージャー）の宅にいるところを追捕《ついぶ》され、その兄弟とともに逃亡している。どうもこれが平致光で、尉と書かれているから、兵衛尉《ひょうえのじょう》とか衛門《えもんのじょう》尉あたりの六位相当、下級武官の官人身分だったらしい。

そして致光にはかなりヤバげな眷属《けんぞく》がいた。

平致光と平致頼

『尊卑分脈《そんぴぶんみゃく》』という十四世紀に完成した、大部の系図集がある。そのなかの平氏《へいし》系図から平致光を調べると、面白い記述にぶつかる。致光という人物は武蔵守《むさしのかみ》公雅《きんまさ》の子で、大宰権大監《だざいのごんのだいげん》だったという。平公雅は平将門の従兄弟で、平安後期にできた将門物語『将門記《しょうもんき》』によると将門の妻の弟だが将門と敵対していたという。つまり坂東《ばんどう》の開発領主が将門討伐の手柄で武蔵守になったものらしい。そして致光の兄に、平致頼《むねより》という人がいる。時代が下る資料しかないので諸説あるのだが、致光と致頼が近い関係だったことは間違いないようだ。

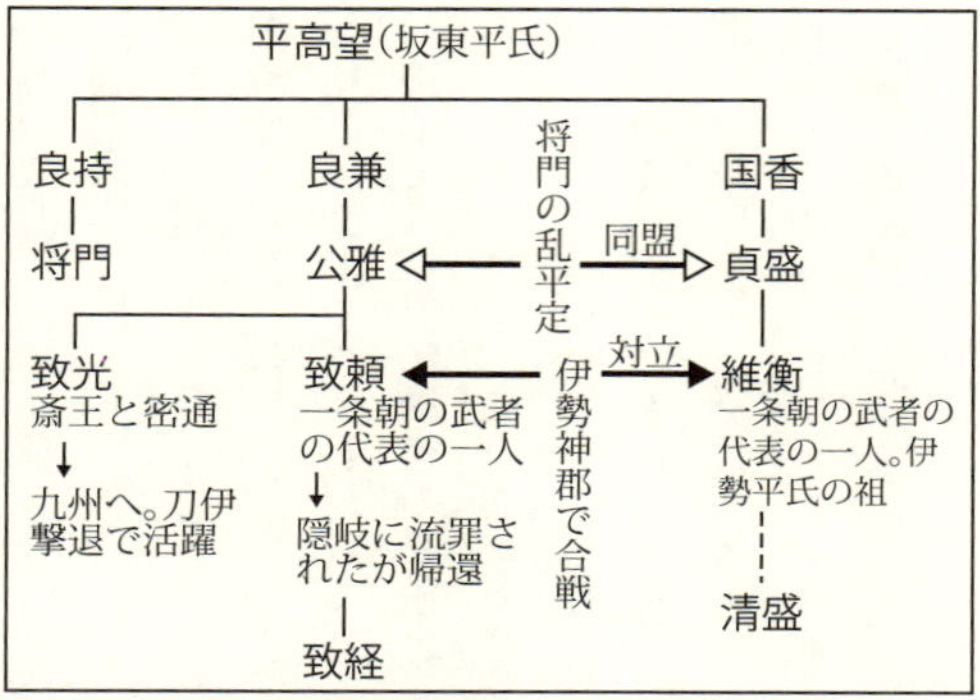

桓武平氏の系図と平致光

　どうやら致光や致頼の一族は、武蔵《むさし》（埼玉県と東京都の大部分と神奈川県の一部）平氏、または常陸《ひたち》（茨城県）平氏らしい。もともと〈平将門の乱〉は、坂東に下って土着した桓武《かんむ》天皇の子孫である高望王《たかもちおう》（平高望）の二、三代後の子孫たちが同族や地域勢力との同盟や対立の結果起こした内紛が発端で、ついには国府を焼きまくる内乱にまで発展したものだ。致光や致頼はその次の世代の人だと思ってもらっていい。

　その平致頼は長徳四年（九九八）、つまり〈長徳の変〉の二年後に、伊勢国の神郡《しんぐん》で、同族の平維衡《これひら》と合戦をしたという。この平維衡という人は、平将門と最も激しく対立し、その子孫から平清盛《きよもり》が出た平貞盛《さだもり》の四男らしい。貞盛は常陸平氏であるが、彼は「伊勢平氏の祖」といわれている。大江匡房《おおえのまさふさ》（十一世紀末期の学者貴族で正二位権中納言にまで上った）の書いた『続本朝往生伝《ぞくほんちょうおうじょうでん》』という本の中には、かつて一条《いちじょう》朝に活躍した武者として、源満仲・満正《みつまさ》（政）・頼光、平致頼、平維衡が挙げられているが、その二人が、坂東ではなく、なぜか伊勢国で激突したのである。

　神郡とは、伊勢神宮の私領として朝廷から寄進された郡で、もともと奈良時代には伊勢神宮のある度会《わたらい》郡と、斎宮《さいくう》のある多気《たき》郡の二郡だけだった。ところが九世紀後半から少しずつ数を増やし、〈平将門の乱〉の鎮圧にかかる御礼として伊勢国の中部や北部の郡も寄進されるようになっていた。二人がぶつかった神郡は、応和《おうわ》二年（九六二）に寄進された伊勢国北部の三重《みえ》郡（四日市《よっかいち》市や、現在の三重郡の周辺）であった可能性が高い。『尊卑分脈』の平氏系図では、致頼の子孫に長田《おさだ》忠致《ただむね》という武士がいたとしているからである。彼は源平の合戦のころに美濃《みの》（岐阜県南部）・尾張《おわり》（愛知県西部）で勢力を持ち、源頼朝《よりとも》の父の義朝《よしとも》が平治《へいじ》元年（一一五九）の〈平治の乱〉に敗れて坂東へ逃げようとしていたときに、匿《かくま》うと見せかけて暗殺している。だからその祖先の致頼は伊勢国でも東海道《とうかいどう》に近い北部地域に勢力を持っていた可能性が高いのである。つまり致頼は新しい神宮神郡内の領主だったと考えられる。

　さて、郡というのは郡とその下部組織の郷《ごう》によって支配される地方単位だが、十世紀になると、この地域支配システムはほとんど意味をなくしていた。つまり大貴族や寺社の荘園ができ

⓪父の平公雅は武蔵守（942年・天慶5年）
①寛和2年（986）斎王済子女王、滝口武者平致光と密通した
②長徳2年（996）致光、伊周と花山天皇のトラブルに関与して逃亡
③長徳4年（998）平致頼、平維衡と伊勢国神郡で合戦
④致頼、隠岐に流される（3年後帰還）
⑤寛弘4年（1007）金峯山に参詣する道長の暗殺計画の噂が立ち、伊勢の武士平致頼の名が出る
⑥寛仁3年（1019）刀伊の入寇。藤原隆家と活躍した平致行は致光と同一人物とされる

武人貴族・平致光兄弟の機動性

たり、国府の力が強くなり、国衙領《こくがりょう》という独自の支配地を確保するようになったりしたことで、地域の支配システムや支配される集落の形も大きく変わり、郡司《ぐんじ》や郷《ごう》長《ちょう》といった律令国家の地方役人は名ばかりになり、ほとんど仕事ができなくなっていたらしい。そのため神宮の場合は、神郡には一種の代官を派遣して、御厨《みくりや》・納《なっ》所《しょ》（小単位の行政事務や徴税機関）を置いていた。

しかし実際にそういった地域を支配するには、事務的能力とともに治安の維持力である腕っぷしの強い者も当然必要になってくる。致頼のようなタイプは、神郡の秩序の維持や、荒地の占有と再開発、つまり新しい村づくりなどを神宮や国府から請け負って、神郡内に勢力を広げたのではないかと思われる。西部劇におけるフロンティア（開拓地）の保安官みたいなものだと思ってもらえればいいかもしれない。そして維衡も同じ郡か、あるいは同様に神郡になっていて、伊勢平氏の出身地伝承がある安濃《あのう》郡（津市周辺）あたりで同様なことをしていて、

権益がぶつかって対立したのだろう。

しかしながら、維衡との争いが政府から御咎《おとが》めを受け、致頼は官位を剝奪《はくだつ》されて隠岐《おき》国（島根県の隠岐島）に流されてしまう。普通ならこれで終わりか、隠岐に土着化、というところだが、運よく三年後には赦《ゆる》されて伊勢に戻ってきたらしい。そして彼の息子の致経《むねつね》も神郡に勢力を持ちつづけ、のちに問題を起こしているので、この一族はかなりしぶとくてしかも学習しないらしい。

もっとも、致光が〈長徳の変〉に関与していたのであれば、その兄弟の致頼が伊勢で大きな顔ができ、流罪になっても早く戻ってきたのは、彼ら一族が、早くから中関白家《なかのかんぱくけ》に従属していたから、つまりその身内だったからとも推測できる。寛弘《かんこう》四年（一〇〇七）に道長が金峯山《きんぷせん》参詣を行った際には、伊周・隆家兄弟が道中暗殺を計画していると噂が立ったが、その実行予定者として語られるのは「伊勢国武士」の致頼だ。

とすれば興味深いのは、寛和二年（九八六）に野宮で斎王と密通したときに滝口だったのも、摂関家との私的関係《コネクション》によるかもしれないということである。滝口は天皇直属の武者だが、摂関家から斡旋《あっせん》された例もある。花山天皇は十七歳で即位しているので、独自の武力を持てたとは考えにくい。致光が花山朝から京で武者をしていたとするならば、伊周・隆家兄弟が世に出るよりも前、彼らの父の道隆《みちたか》さえまだ若く、摂関家の中心には兼家がいた時代である。彼ら武蔵平氏は、中関白家以前から摂関家九条流《くじょうりゅう》（右大臣師輔《もろすけ》の子孫）と結びつき、兼家から道隆、そして伊周と代々仕えていたと思われる。

九州の海の武者と平致光

そして平致光は意外な形で別のところに出てくる。第一章で紹介した刀伊《とい》の襲撃のときに、藤原隆家の指揮下で戦い、『朝野群載《ちょうやぐんさい》』によると、大蔵種材《おおくらのたねき》らとともに、軍船三〇隻で追撃しようとしたという大宰少弐《しょうに》平致行《むねゆき》、あの過激な武者が致光と同一人物らしいのである。致行は大宰府《だざいふ》から派遣された援兵の中には見えず、博多《はかた》を守護した後、船越津《ふなこしのつ》というところを刀伊が襲ったときに撃退し、さらに追撃をしたメンバーである大蔵種材・藤原致孝《むねたか》・平為賢《ためかた》・平為忠《ためただ》らの筆頭に「少弐平朝臣致行」として出てくる。大蔵種材、平為賢・平為忠は援兵なので、この追撃隊は大宰府軍と地域兵力の混成部隊と考えることができ、ならば平致行は大宰府を代表して彼らを率いたと見ることができる。そして前述のように『尊卑分脈』の「平氏系図」には、致光は大宰権大監とする記述があり、これが致行と致光が同一人物だとする説の根拠になっている。

だとすれば致光は、隆家が大宰府に来る以前から、いわば中関白家の代官としてこの地におり、地元の海上勢力とつながりを持っていたのかもしれない。なお、平為賢についても、平貞盛の弟、繁盛《しげもり》の孫に従五位下《じゅごいのげ》為賢という人がいるので、常陸国から九州に行っていたのかもしれない。坂東の平氏は意外に九州でも活動していた可能性がある。

彼らが追撃した刀伊の軍勢は、肥前国松浦郡《ひぜんまつら》を襲撃し、前肥前介源知《さとる》の率いる軍勢に撃退されて日本を去っている。源知（25ページの表参照）はその一文字名から考えて、左大臣源信《まこと》、同じく融《とおる》など嵯峨天皇の子孫にあたる人で、こちらも都下りの新興勢力である。「前」肥前介としていることから、任地である肥前国に土着していたものと見られ、またその地域の有力者と血縁などで結びつき、軍勢を結集できる程度の指導的地位を築いていたのだろう。十三世紀頃にはこのあたりの武士団は松浦党《まつらとう》と呼ばれており、ときには海賊的にもなる海上武士として、国際交易にも関わっていたと考えられている。

さて、当時北九州には、摂関家九条流（藤原道長ら）や小野宮流《おののみやりゅう》（藤原実資《さねすけ》ら）が、家司などを務める家柄の下級貴族を送り込んでいた。たとえば当時大宰大監を務めていた藤原政則《まさのり》（蔵規《まさのり》とも）という人は、外国の商人から唐物、つまりさまざまな外国製品を入手して、藤原実資に送っていたことが『小右記《しょうゆうき》』などからわかっている。同様に中関白家も関係者を派遣して、国際貿易に関わる地域勢力、あるいは土着した国府官人層などとつながりを付けていたとも考えられる。平致光はその一人であった可能性が高い。あるいは都でいろいろ問題を起こしたために、九州でほとぼりを冷ましていたのかもしれない。

このように見ると、平致頼、致光の兄弟は、関東で領主の息子として生まれたが、関東を離れて都では中関白家の武力となり、その威光を利用して武力集団を作り、伊勢では神宮に関係して開発を請け負うなどして地域基盤を作り、九州に行って国際交易に関わり、刀伊との戦いでも活躍するという、多様な活動をしていた。いうならば、機動性のある武人貴族として、各地で利権を求めてコネをたぐっていたように思える。

武人貴族が社会のスキマを埋めていく

そもそも、神郡や九州での動きを見ていると、彼らは常に一定の部下を連れて移動していた可能性が高い。〈長徳の変〉に絡んで逐電したときも、隣家の証言として数騎で出て行ったとある。つまり一騎駆けの武者ではなく、一定数の部下も従えていた小軍団のボスだったのである。彼らは中関白家のような勢家や、その配下の裕福な受領の傘下に入り、主家の権威を利用して、各地を転々としながら地域の小勢力を編成し、その地域のトップに一族を据えて実力を蓄え、受領となることをめざしていくというような発展をしていた可能性が高い。それはむしろ、西洋中世に見られた、傭兵隊《ようへいたい》のような存在だったと考えられよう。つまり彼らは開発領主のように見えるが、じつは非常に移動性が高く、行く先行く先で新たな展開、たとえば関東では牧《まき》を経営し、都では皇族や有力貴族の護衛を務め、大宰府では国際貿易に関わるなど、その地に応じた発展をしていく自由な流れ者集団だったと見られる。そんな暮らしが可能であったのは、彼ら自身が行く先の新しい秩序の中核として受け入れられる存在、すなわち地域のボスから支持される貴種《きしゅ》として認識されていたからではないかと思われる。

もちろん、京の貴族とは全然レベルが違うわけだが、たとえばその貴族である藤原隆家を支える存在にはなれたわけで、ボスの名声と権力を利用して、地域で勢力を持つこともできたのである。このような関係は、鎌倉時代の源頼朝と御家人《ごけにん》の関係にも近いともいえるが、御恩《ごおん》と奉公《ほうこう》で縛られるよりもっとフリーな性格だったと考えられる。たとえば、同じ平貞盛の子孫でも、常陸に留まった一族と伊勢の一族の関係はどんどん薄まっていき、平氏ネットワークはできない、それは清和源氏の場合でも同じである。

「朝家の守護」、源頼光と渡辺綱の関係

藤原道長の家司にはいろいろな人材がいたことが知られているが、武力をもって仕えたことでよく知られているのは、清和源氏の源頼光、後世に大江山《おおえやま》の鬼、酒呑童子《しゅてんどうじ》を退治した伝説が語られる、あの人である。頼光は天暦《てんりゃく》二年（九四八）の生まれで道長より十八歳の年長である。当然道長の父の兼家の時代から摂関家に仕えていたということになり、道長の時代には富裕な受領として安定した地位を築いていた。

この頼光の郎党として有名なのが「四天王」である。酒呑童子関係の説話では、頼光四天王は、渡辺綱《わたなべのつな》、卜部季武《うらべのすえたけ》、坂田金時《さかたのきんとき》、碓井貞光《うすいのさだみつ》とされる。

渡辺綱は嵯峨源氏で源　綱《みなもとのつな》というのが本来の姓名で、摂津国《せっつ》（大阪府北部・兵庫県南東部）渡《わた》辺津《なべのつ》、今の大阪市中央区渡辺橋《わたなべばし》あたりを本拠としたとされる。〈安和の変〉で頼光の父の満仲と争った源連と同様の武者になった一族だろう。卜部季武は卜部という古代氏族の氏を名乗っ

ているが、『今昔物語集《こんじゃくものがたりしゅう》』には平季武とあり、出自は不明確だが畿内武者と見られる。坂田金時は道長の随身《ずいじん》として広く人気があった、近衛番長《このえばんちょう》（近衛兵の中の班長のような立場）の下毛野公時《しもつけぬのきみとき》がモデルだということが明らかにされている。下毛野氏は下野国《しもつけ》（栃木県）を発祥とする氏族だが、このころは近衛、つまり武官を出す下級貴族の氏として、都に定着していた。碓井貞光は平貞光ともされ、村岡五郎《むらおかのごろう》と呼ばれた平良文《よしぶみ》の子ともされるので、坂東から上京してきた武者となるだろう。

綱は摂津国に平安後期に勢力を持った武士団「渡辺党」の伝説的始祖で、公時は伝説化された近衛兵の家柄である。季武と貞光が高望流平氏とすれば、彼らは京の武者やその二世、三世というのが本来のイメージだろう。そして彼らの立場だと、実在だったとしても、頼光の郎党とするには身分や出自が高い。伝説の中では坂田金時こと金太郎は足柄山《あしがらやま》で生まれ育った山姥《やまんば》の子なので、話が膨らむ過程で、坂東「出身」になっていったものだろう。

そして頼光が彼ら京武者と上下関係にあったとすれば、それは道長家司で内裏守護という彼の立場が、畿内武者の組織化を可能にしたということだろう。ただし上下関係というより摂関家武力の中での指揮系統のようなものであり、そこまで絶対的なものとは考えにくい。酒呑童子伝説が確立する以前、渡辺綱は『平家物語《へいけものがたり》』の剣巻《つるぎのまき》で、京の一条戻橋《いちじょうもどりばし》において鬼の腕を切り落とした話が語られていた。また、酒呑童子退治の物語には、平井保昌《ひらいのやすまさ》という男が出てくるが、彼もまた頼光の部下というより協力者で、摂津守にまでなっている人物である。つまり当時の京内には頼光のような武力「も」持つ下級貴族はそこそこいて、頼光はその中で摂関家とのつながりにより一頭地を抜いた存在になっていた、ということなのだろう。

しかし、彼らを鎌倉時代的なイメージで「武士」と呼ぶにはいささか躊躇《ちゅうちょ》がある。

清原致信殺害事件とその立ち位置

『御堂関白記《みどうかんぱくき》』によると、寛仁《かんにん》元年（一〇一七）に、清原致信《きよはらのむねのぶ》という人が殺されるという事件があった。彼は六角小路《ろっかくこうじ》富小路《とみのこうじ》の小宅にいたところを、元大和《やまと》（奈良県）守で右馬頭兼淡《あわ》路《じ》（兵庫県の淡路島）守を務めつつ大和に半ば土着していた源頼親の郎党に殺されたらしい。

先に少し見たように、頼親は源頼光の弟である。そして致信は、『扶桑略記《ふそうりゃっき》』という私撰の歴史書では、前大宰少監で前大和守藤原保昌《やすまさ》の郎党としている。この事件は、保昌が大和に勢力を持つ頼親と悶着《もんちゃく》を起こしたのが始まりで、『御堂関白記』は、保昌の党類が大和国の「為頼《ためより》と云《い》う者」を殺害した報復だとしている。藤原保昌は先述の平井保昌の本名で、道長の郎等で家司も務めており、恋多き歌人で有名な和泉式部《いずみしきぶ》の夫でもある。どうやら道長の関心は配下の保昌の部下が、京内の白昼堂々とした「出入り」で殺されたことにあるらしい。道長がわざわざ書くくらいだから、かなり珍しい出来事だったのだろう。しかし、人々が広く「頼親は殺人の上手」といっており、「たびたびこういうことがある」とも記している。武芸で有力者に仕える集団のリーダーにはこういう争いはつきものだったろう。つまり長徳四年（九九八）の平致頼と平維衡のようなぶつかり合いは、各地で起こっていて、それが京に持ち込まれたということだと考えられる。

さて、この事件は、よく清少納言《せいしょうなごん》の兄が殺された事件で、その現場に彼女もいたと紹介されることがある。しかしよく読むと不思議なところが多い。まず、「清原致信という者」と「為頼という者」という、道長がその名を知らなかった書きぶりをしていることである。為頼は当麻為頼《たいまのためより》という源頼親の郎等らしく、大和の在地勢力者だから、道長が知らなくても不思議ではない。しかし、曲がりなりにも歌人として有名な清原元輔《もとすけ》の後継を、官位も書かず、「という者」なんて書くだろうか。

また、致信が元の大宰少監なら、大宰府の三等官で従六位相当の職である。公家日記では五位以上なら「〇〇朝臣」と書くのが普通なので、致信は六位と見ていいだろう。大宰少弐にまで昇進していたら、例の大宰少弐致行（致光）と同等で、もし〈刀伊入寇〉のときまで大宰府にいたら兵を率いて戦った中にいたかもしれない。つまり地方に下った平氏か嵯峨源氏レベルの清原氏の分族の可能性がある。すでにこの時代には、源氏・平氏や藤原氏をはじめ、多くの有力氏族も階層分化を起こしていて、清原氏のような奈良時代から平安時代初期に全盛を迎えた氏族でも、それは同様だったと考えられる。そして保昌に仕えた清原致信は、編成されるレベルの武者の一人だったと思われるのである。清少納言には、雅楽頭《うたのかみ》清原為成《ためなり》（一〇二五年没）という兄がおり、この時点ではまだまだ存命である。彼は藤原実資の家司を務めていて、実資の日記『小右記』にも出てくるので、宮仕を退いた清少納言が庇護下に入るならむしろこの為成だろう。

じつは清少納言と致信が兄妹とする話は鎌倉時代のゴシップ書の『古事談《こじだん》』や、後世の清原氏系図に見られるもので、同時代の裏付けはないように思う。むしろ清原為成なら、和泉式部の夫だった藤原保昌と同等の家司級の五位相当貴族なので、清少納言の兄弟としてふさわしいように考える。

ここで改めて確認しておきたいのは、女房として中宮や勢家のサロンに奉仕していたのは、五位相当、つまり受領や有力家の家司の子女が多かったことである。保昌の部下の致信ではどうもバランスが悪いのである。ならば、致信はともかく、武者の長として彼らに伍《ご》していた清和源氏の娘たちも、女房勤めをしていたのだろうか。

歌人としての武者と女房たち——相模の立ち位置

武人貴族の子女が上級貴族や皇族への女房勤めをしていたのではないかという考え方は、あまりにも極端で、無茶《むちゃ》な議論に見えるかもしれない。私でも一〇年前なら、それは無理だといっただろう。

しかし今はどうかなぁ、というところまで来ている。

『源氏物語《げんじものがたり》』では、「玉鬘《たまかずら》」の巻で、九州から出てきた玉鬘（源氏の昔の恋人、夕顔《ゆうがお》の女の忘れ形見で、父は内大臣、つまり若いころの源氏の恋のライバルだった頭中将《とうのちゅうじょう》が源氏に救われ、六《ろく》条院《じょういん》に入るに際して、興味深い記述がある。ここでは最も原文に忠実で表現も豊かだと思う与謝野晶子《よさのあきこ》本《ぼん》から紹介しよう（角川文庫版による）。

九州にいたころには相当な家の出でありながら、田舎へ落ちて来たような女を見つけ次第に雇って、姫君の女房に付けておいたのであるが、脱出のことがにわかに行なわれたためにそれらの人は皆捨てて来て、三人のほかにはだれもいなかった。京は広い所であるから、市女《いちめ》というような者に頼んでおくと、上手に捜してつれて来るのである。だれの姫君であるかというようなことはだれにも知らせてないのである。いったん右近《うこん》の五条の家に姫君を移して、そこで女房を選《よ》りととのえもし衣服の仕度も皆して、十月に六条院へはいった。

つまり女房の口入屋のような者がいて、求人と求職の情報を持っており、雇用者の身分にあった人を斡旋してくれるというのである。それが「市女」だというから、国営スーパーに店を出すことで信頼を得ている女性の商人が、就職相談所のようなことをしていたらしい。こうした女性を媒介に、女性のネットワークができていくのである。

五位相当の武者の娘もそういう情報網の中に入る存在だったのではないか。そのことに気づいたのは、相模《さがみ》という歌人を知ったからである。相模は長徳年間（九九五〜九九九頃、藤原伊周が失脚し、道長の権力が確立したころ）に生まれた。

恨みわびほさぬ袖だにあるものを恋に朽ちなむ名こそ惜しけれ
（恨んだり歎《なげ》いたりして干す間もなく涙に濡れているこの袖だってそうなのだから恋のために私の名が朽ちていくのは残念なこと）

の歌が『百人一首《ひゃくにんいっしゅ》』にも入っている。

彼女は源頼光の義理の娘だという。本当の父はわからないが、母が頼光と再婚したらしい。その母は慶滋保章《よししげのやすあきら》の娘とされる。慶滋はよししげと読み、よし（慶・賀）しげ（滋・茂）で、賀茂《かも》と互換する漢字、つまり賀茂から分かれた氏族で、安倍晴明《あべのせいめい》の師匠だった賀茂忠行《ただゆき》の子の慶滋保胤《やすたね》が最初に名乗った。賀茂氏といえば陰陽道《おんみょうどう》の家だが、保胤は紀伝道《きでんどう》（中国史と漢文学を学び、優れた政治の先例を知る学問）を志し、菅原文時《すがわらのふみとき》、つまり道真《みちざね》の孫のもとで学んだという。保章はその兄弟のようで、この系統は文人を家業としたらしい。そのため関係者には菅原氏や大江氏に連なる者が多い。

そして大江氏といえば学者の家、赤染衛門《あかぞめえもん》の夫は大江匡衡《まさひら》、和泉式部は大江氏の出身と、この時代の女房たちとも深く関係する家でもある。つまり相模は、学問の大江氏に連なる母と、武者の清和源氏の頼光を養父にして育ったことになる。そういうネットワークの上で売り出した歌人だった。

そして彼女は同じく大江氏の儒家歌人の公資《きんより》と結婚し、夫が受領として赴任した相模国（神奈川県）に同行し、それが相模の名の由来となる。公資とは帰京後まもなく別れたらしいが、その後は浮名も流しつつ、一条天皇と藤原定子《さだこ》の皇女の脩子《ながこ》内親王、さらに後朱雀《ごすざく》天皇の皇女祐子《すけこ》内親王などに女房として仕え、宮廷歌人として活躍したという。どちらも摂関家と深く関わるサロンなので、その実力が高く評価されていたことがわかる。なお、『後拾遺和歌集《ごしゅういわかしゅう》』以下の勅撰集《ちょくせんしゅう》に一〇八首もの和歌が採られており、平安・鎌倉時代の女流歌人を集成した「女房三十六歌仙《にょうぼうさんじゅうろっかせん》」にも、もちろん入っている。

そして源頼光自身が『拾遺和歌集《しゅういわかしゅう》』以下に歌三首を採られた勅撰集歌人であり、その父の満仲も『拾遺和歌集』に一首入っている。和歌は漢詩に比べて、男女を問わず多くの人に親しみやすく、武人的な下級貴族にもその門戸は開かれていた。

このように見ると、頼光の時代、つまり紫式部《むらさきしきぶ》の時代でも、武者の子女が歌人ネットワークに乗って女房勤めをすることがなかったとはいえないとは思えるのである。

そして、斎王を襲った男ふたたび

さて、致光は、上級貴族の爪牙《そうが》（手先となって働く者）とも、在地領主のまとめ役ともなりうる存在だったからこそ、伊勢に勢力を持つ平氏の一族として、近く伊勢に向かう斎王に接近し、スキャンダルを起こすほどに接近しすぎることができたのではないかと思われる。あるいは致光と伊周たちとの関係から考えれば、道兼が花山天皇を出家させた事件の陰に隠れてはいるが、致光は道隆の意を受けてわざと済子女王とのスキャンダルを起こしたのかもしれない。野宮で発生した強盗事件といい、どうも済子女王の周囲にはいろいろな悪意が感じられる。

そもそも済子の父は醍醐天皇の第十三皇子の章明親王だから、村上《むらかみ》天皇や重明《しげあきら》親王の兄弟、つまり冷泉《れいぜい》天皇や斎宮女御《さいくうのにょうご》の従妹であり、冷泉の子の花山天皇より一つ上の世代の人だといえる。そして済子の姉は斎宮で亡くなった最初の斎王である隆子《たかこ》女王だったのである。なお、章明が親王となった（宣下を受けた）のと同日に内親王宣下を受けた皇女に英子《はなこ》内親王がおり、彼女は村上天皇の斎王となったが、伊勢に群行せずに亡くなっている。どうもこの家は斎王と相性が悪そうである。

一方、済子女王と平致光の間に何かがあったとすれば、いきなり宮殿に押し入らない限り、そこには何かの仲立ちが必要なはずである。十世紀に書かれたらしい『落窪物語《おちくぼものがたり》』では、いじめられた姫の王子様を見つけたのは、「あこき」という幼なじみの女房である。この時代には、姫君付きの下級貴族出身の女性たちが、恋人や同等の身分の女性たちとネットワークを持っており、その中で噂を流すことがあったらしい、つまり姫君の個人情報はお付きの女性からどんどん漏洩《ろうえい》することがある。

そして、参考になるのは、これまで二度触れてきた、三条《さんじょう》天皇の娘の元斎王、当子内親王《まさこ》と藤原伊周の長男、従三位藤原道雅《みちまさ》との恋の一件である。この話もまた密通として露見《ろけん》したのだが、そのときには三条上皇が怒り、乳母の中　将　内侍《ちゅうじょうのないし》を追放して、当子を母の皇太后娍子《すけこ》の元に引き取らせたという。つまり密通の手引きをしたのは乳母であり、事実道雅はこの乳母を引き取っている。斎王に仕える内侍は女官長で五位相当、『延喜式《えんぎしき》』の規定では乳母はこれとは別に三人いることになっているが、その一人が女官長を兼任していたらしい。そして近衛中将は従四位下相当で、それを最高位とする人物の眷属だとすると、中くらいの貴族の女性ということになる。そういう人をトップにして当子のサロンはできており、そこを突破口にして道雅は入り込んだのである。

そして、済子女王の場合も同様と考えれば、最高で五位くらいの家柄である平致光は、下級貴族ランクの女房のラインから窓口を見つけて入り込んだ可能性がある。だとすれば、武者タイプの下級貴族の眷属の女性たちが、斎王の周りに仕えていた可能性が考えられるのである。

たとえそうでなくても、済子女王に仕えた女官や女房の中に、関白兼家に近い立場の人がいたとすれば、関白家から派遣された用心棒的存在である滝口武者の致光と斎王済子との仲介役、あるいは噂を流す役を務めた可能性もないわけではない。

あくまで可能性の議論だが、済子女王と平致光の密通の噂は、花山天皇の立場を苦しくするために関白兼家周辺から流されたものであり、その背景には、済子女王の周辺に関白家関係者の男女が多くいたという環境があったのではないだろうか。つまり、最終的には花山天皇の強制出家で終結する兼家による花山失脚計画の一つであり、滝口武者の平致光は、いわば実行犯として罪をひっかぶる代わりに、兼家の後継者である道隆やその子の伊周・隆家とも深い関係を築き、都ではともかく、各地で活躍する機会を得たのではないかと考えられる。

このように考えると、〈斎王密通事件〉は摂関家と、京の武者から地方豪族のまとめ役に転換し、傭兵的に自立していく人たちの関係を基に流された噂だとも理解できる。

ここ数十年、武士の起源を武装した在地領主と見るか、京の軍事貴族と見るか、つまり開発領主か暴力沙汰を引き受けた下級貴族と見るかという議論が続けられている。しかしこの平致光などを見ていると、京の上級貴族と在地の武装集団をつなぐ存在としての坂東平氏は、貴族でも武官でも領主ですらない、いわばこの時代らしいニッチ（すき間）を埋めた存在で、だからこそ余人ではできない仕事も引き受けられる存在だったように思える。彼らが地域の領主（中世史でいう在地領主という概念で括《くく》られる人たち）を率いるとき、その軍団こそが兵（ツワモノ）と呼ばれる武士団となるのではないか。

それは十世紀前半頃から現れてくる新しいニッチであり、いわゆる武士を生み出してくる重要な要素になったのではないだろうか。

第五章　躍動する『新猿楽記』の女たち

この時代の貴族女性たちの動きはいろいろと見えてきた。では、街中はどうだったのか。面白い素材を少し斜めに読んでみて、京の街角の、あるイベントデーを覗《のぞ》いてみよう。

『新猿楽記』に見える芸人たち

十一世紀半ばに作られた、平安京《へいあんきょう》の街の様子を描いた『新猿楽記《しんさるがくき》』という本がある。著者は藤原明衡《ふじわらのあきひら》という中級貴族で、紫式部《むらさきしきぶ》のほぼ同時代人である。明衡は文章道《もんじょうどう》（中国の詩文・歴史を学ぶ学問）の学者文人である。じつは大学者なのだが、晩年にやっと四位に上がれた程度、つまり紫式部の父親、藤原為時《ためとき》と同類の「恵まれない知識人」の一人だと思っていただきたい。

この本は何に分類できるかはよくわからない。活字本としては、東洋文庫（平凡社　一九八三年）や、『日本思想大系　古代政治社会思想』（岩波書店　一九九四年）に入っているが、そん

鼓を放り投げる芸人（輪鼓？）、びんざさら（パーカッション楽器）を持つ芸人、そして見物の人々　『年中行事絵巻（模本）』「祇園御霊会」（京都市芸術大学芸術資料館蔵）より

な堅い本ではない、というか、いわば路上観察を記したようなちょっと手の込んだエッセイだと思っていただければいい。

私が部分的にしか知らなかったこの本に詳しく接したのは、棚橋《たなはし》光男《みつお》『王朝の社会』（『大系日本の歴史四』小学館、一九八八年）という本の中だった。棚橋氏はこの本を記録文学の一つとして紹介されている。あまりに面白く、私はこれで『新猿楽記』という沼にはまった。

この本では、最初に十一世紀の都でおこなわれていた、いろいろな猿楽（大衆芸能）の芸とその演者が紹介されている。十二世紀に描かれた『年中行事絵巻《ねんちゅうぎょうじえまき》』にもこうした散楽《さんがく》（奈良時代に大陸から入ってきた物まねや軽業などの大衆芸能）集団は出てきており、当時の都は、本当に多様なパフォーマンスであふれていたようだ。

呪師《のろんじ》（呪術のモノマネ？）、田楽《でんがく》、傀儡子《くぐつし》（人形あやつり）、唐術《とうじゅつ》（中国風パフォーマンス）、品玉《しなだま》（ジャグリング）、輪鼓《りゅうご》（独楽《こま》みたいなものをロープにひっかけ、ロープを動かしながら回す芸、今は「ディアボロ」というらしい）、八玉《やつだま》（ジャグリング）、独相撲《ひとりずまい》、独双六《すごろく》（パントマイム）、無骨《むこつ》（軟体芸？）、有骨《ゆうこつ》（コキコキ動く芸？）などはまさに今でも通じるパフォーマンスである。

郡《こおり》の大領《たいりょう》（田舎の物持ち）、舎人《とねり》（小役人気取りのからいばり）、専当《せんとう》（ある仕事の責任者のからいばり）、琵琶《びわ》法師（路上ライブ）、千秋万歳《せんじゅまんざい》（ライブパフォーマンス）などに扮《ふん》して失敗するという、今のコントにそのまま使えそうなパターンで、人真似《ひとまね》して失敗する落語の『道具屋』『時うどん』や、ザ・ドリフターズのコントを思わせる。

飽腹鼓《あくはらつづみ》の胸骨《きょうこつ》（おなかポンポンのアバラ骨ガリガリ）、とか蟷螂舞《とうろうまい》の首筋（カマキリの着ぐるみの細い首筋）とか、福広聖《ふくひろひじり》の袈裟《けさ》求め（信者に袈裟をねだる徳のありそうな上人さま）、妙高尼《みょうこうに》の襁褓《むつき》乞ひ（ありがたそうな尼さんなのに私生児のおしめを欲しがっている）なんかはコスプレコントだろう。

京童の虚左礼《そらざれ》（都会っ子のキザがすべる）、東人《あずまひと》の初京上り（田舎者が都会に出てきて失敗する）になると、我々の世代なら、赤塚不二夫《あかつかふじお》『おそ松くん』の「イヤミ」や、川崎《かわさき》のぼる『いなかっぺ大将《たいしょう》』の「風大左衛門《かぜだいざえもん》」などを思い出すとだいたいのパターンが見えてくる。

さらに、拍子男どもの気色《けしき》や、事取り大徳《だいとく》の形勢になると、リズム系路上ライブの失敗ネタで、これは現在のバンドネタとして使える。かきふらい『けいおん』や、はまじあき『ぼっち・ざ・ろっく！』の世界である。

そんな「腸《はらわた》を断ち頤《おとがい》を解かずといふことなき」、つまり「お腹がよじれ、顎が外れる」ようなパフォーマンスがあちこちでおこなわれ、そこにたくさんのスターがいた。たとえば「県《あがた》井戸《いど》の先生《せんじょう》」(動きはいいが失言が多い)、「世尊寺《せそんじ》の堂達《どうたつ》」(天才だが喋《しゃべ》りが下手でアクビが出る)、「坂上菊正《さかのうえのきくまさ》」(出だしはつまらないが終わり方の盛り上がりがすごい)、「還橋徳高《もどりばしのとくたか》」(出だしはいいけどオチがだめ)などというスターがいて、しかも明衡は『新猿楽記』の中で辛辣な劇評もしている。おいおいSNSの話題かよ、と思うくらいの情報が飛び交っていて、貴族も庶民も楽しんでいたらしい。

前記棚橋氏は、「いやはや、現代最高の戯作者《げさくしゃ》、ことばの魔術師、井上ひさしの世界ではないか」と評されている。この紹介自体が非常に魅力的で、ぜひお読みいただきたいのだが、一つ気になっていることがある。それはこの本の構成である。

この『新猿楽記』の主役は、「西の京の右衛門尉《うえもんのじょう》」という人の一家である。棚橋氏は彼については「西の京に住む右衛門尉一家が猿楽見物にくりだすという見立てで、都市京都にうごめく人間模様を、職業尽し風にえがいた作品」とされ、その後の多くの紹介も、「猿楽を見物する右衛門尉の一家」としている。

しかし私にはそうは読めない。「右衛門尉一家」は、武官という堅物にオモシロ家族がついている、という「緊張と緩和」を狙った「一座」ではないかと思う。つまり「右衛門尉一家」というパフォーマンスで、その家族「妻三人、娘一六人、男九人」がすべてコントのキャラクターなのだろうなぁと思う。まあ、この家族が実在していたとは、みんな思っていないのではあるが。ただ、私はここで、女性が一九人、男性が右衛門尉を含め一〇人という一座の構成に注目したいのだ。

「あるある下級貴族」の日常コント

当時の都では、貴族の女性がほとんど人目に触れない生活をしていた一方、パロディのネタにされる女性たちがたくさんいたことを『新猿楽記』は示している。『日本思想大系』の解説を書いた家永三郎《いえながさぶろう》氏は「(中国から文章として入っていた男性中心の家族道徳は）日本人の実生活を規制する力をもち得なかった」とされているが、これ以降の文章で紹介する、右衛門尉一家の一人一人はまさにその実態だといえる。

第一の妻は六十歳で夫より二〇歳も年上の、アンチエイジング・マニアである。両親の財産を受け継いで裕福だったが、年をとっても夫の愛を得たいために神頼みをくり返している（リアルな〈老妻あるある〉の笑い）。

第二の妻は夫と同い年、「剛柔進退アリテ」、つまり立ち居振る舞いにそつがなく、しかも裁縫や染め物、張り物、織物、糸紡ぎなど、衣装関係なら何でも来いで、家をまとめるのもうまく、夫の武具や部下の手配までしてしまうオールマイティ（完璧奥さんに絶対頭が上がらない笑い）。

第三の妻は女房勤めをしている人で権力者にコネがある。年はなんと十八歳で、美人でいやし系、坊さんでも神主でも落ちるタイプなので、二人の妻に嫉妬されても、世間に馬鹿にされても右衛門尉はこの妻にどっぷりはまっている（美しく若い奥さんにいいようにされるおじさんの笑い）。

次に娘を見ていくと、

太君（長女）の夫は有名なギャンブラー。口上からサイコロの目の出し方から双六ばくちの秘術まで得意。字《あざな》（通称）は尾藤太《びとうた》、名は傅治《すけはる》というのは、当時モデルになるほどの有名なギャンブラーがいたのだろうし、取り柄が「一に心（平常心）、二に物（元手）、三に手（テクニック）、四に勢（勢い）、五に力（押しの強さ）、六に論（口のうまさ）、七に盗（最後はかっさらって逃げること）、八に害（いざとなったら命を取ること）」とか、いきなり笑いを取りに来る。

中君の夫は「天下第一の武者」で、合戦から夜討《ようち》まで負けたことがない。弓術や馬術の名手で、甲冑《かっちゅう》を着て弓矢、干戈《かんか》（ほこ）、太刀を使い、陣法も達者で負けたことがない。要するにケンカの強い乱暴者のネタである。

三の君の夫は、出羽権介田中豊益《でわのごんのすけたなかのとよます》といい、農業開発の名人で、他に能がない（名前がそのものだよね）。出羽国（秋田県・山形県）という超田舎で農地に親しんでいるというから、奥さんは京に置いて単身赴任かなぁと思う。何しろ彼は、農機具をそろえ、土地の生産力に合わせて開発をして、用水工事をおこない、小作を養い、いい米を作り、畑作もうまくて収穫がすごくて、干ばつや洪水にも遭わず、税もきちんと納めているという。じつは彼は、この時代の「田堵《たと》（平安時代の有力農民）」といわれる農地開発者の代表としてよく取り上げられるので、割合に有名なのだが、たぶん都の路上パフォーマンスでこの言い立てをするのが面白かったのだと思う。吉幾三《よしいくぞう》の「俺《お》ら東京さ行ぐだ」のイメージの笑いに近いものがあるような気がする。

どんどん個性的になる女性たち

長くなったが四の御許《おもと》に移る。四の君といわず四の御許というのは、少し尊敬している感じである。というのも彼女は職業婦人、覡女《げきじょ》（モグリの巫女《みこ》）なのである。卜《うらな》い、神楽舞《かぐらまい》、弓の弦《つる》を鳴らす神寄せ、死人の口寄せができて、ダンスも歌も琴や鼓の楽器もすごくて人気抜群、しかも夫は右馬寮《うまりょう》の史生《ししょう》（馬を飼う役所の下働き。つまり武者とのコネも多い）で、七条《しちじょう》より南あたりの保長《ほちょう》（京の下町の顔役）で、名前が金集百成《かなつめのももなり》、鍛冶《かじ》や鋳物師《いもじ》など、金属加工業もやっているという。バリキャリの彼女には町の顔役の夫までいるという「出来すぎた話」。

五の君の夫は学生《がくしょう》で、菅原匡文《すがわらのまさふみ》（いかにも学者らしい名前）という。紀伝道《きでんどう》（中国史）、明《みょう》法道《ほうどう》（法学）、明経道《みょうぎょうどう》（儒学）、算道《さんどう》（数学）の達人、詩人で法律家で名文家で算術の名手。あらゆる学位や資格をこれくらい取ってる者はちょっといない。今でいえば、文学博士で法学博士で社会学博士で数学博士、いや当時でもそんなやつおらんやろ、という笑い。

六の君の夫は有名な相撲人《すまいびと》で伯耆権介《ほうきのごんのすけ》の丹治筋男《たんじのすじお》という。相撲（今の相撲ではなく、打撃系もついた裸体格闘技。土俵はなく、投げられたり倒れたりしたら負け。上半身への蹴りも認められていたようだ）の名手で最手《ほて》（チャンピオン）に国家認定されて、税を納めなくていい田を八〇町（八〇ヘクタールくらい）ももらっている。技の名手で生きた金剛力士《こんごうりきし》のような男。母方の曽祖父は薩摩氏長《さつまのうじなが》という伝説的な強豪（今でいえば横綱琴桜《ことざくら》の孫の大関琴桜と技の名手の宇良《うら》を足したようなイメージか）。ちなみに相撲人は地域選抜代表で、このころには都周辺に定住する者が多かったので、田舎者ネタとも取れる。

七の御許はグルメ、というより大食いの呑《の》み助である。飯におかゆ、サバにイワシにタイにコイ、精進物は野菜や納豆や茹《ゆで》物やキノコ、餅や団子、熟した梅に黄色いキュウリ、酒に肴《さかな》。夫にはネコのようにこびこびして、食についてはイヌがガウガウやってる感じ。だから美人なんだけど、現金収入の多い馬借《ばしゃく》、車借《しゃしゃく》という運送業者の妻になりたいと思っていた。夫は越《おち》方部《かたべの》津五郎《つごろう》という字（通称）の津守持行《つもりのもちゆき》という運送業者で、琵琶湖《びわこ》から難波《なにわ》まで走り回るという。大食いの妻にこき使われる夫のギャグ。

八の御許の夫は、飛騨《ひだ》国（岐阜県北部）の人である。出身地だけで匠《たくみ》、つまり優れた大工の棟梁《とうりょう》だとわかる。案の定、大夫大工《だいぶだいく》、つまり五位の位を持つ大工で、名前が檜前杉光《ひのくまのすぎみつ》（ヒノキとスギ）、宮殿でも寺院でも何でも来い。体中が大工道具のサイボーグのような男だという。『ONE PIECE』の麦わら一味の、改造ボディーの船大工フランキーのようなキャラクターである。

九の御方の夫は、右近衛《うこのえ》の医師で和気明治《わけのあきはる》（和気氏は医者の家）という。毒でも薬でも、調剤も看病介護も、鍼《はり》も灸《きゅう》も、神仏の技で診察抜群。病の根源を見極めて治療する姿は伝説の医者の再来。ブラックジャックか。

十の君の夫は、陰陽道《おんみょうどう》の大家で賀茂道世《かものみちよ》（賀茂氏は陰陽道の家）という。占いの名人で物怪《もののけ》をあて、十二神将《じゅうにしんしょう》や三十六禽《さんじゅうろくきん》（三六種類の神鳥）などの超常キャラクターにも親しく、式神《しきがみ》を使い、呪符《じゅふ》の法で鬼神の目をくらませ、男女の魂も出し入れ自在、およそ陰陽呪術でできないことはなく、吉備真備《きびのまきび》が伝えたという伝説の陰陽秘術の継承者で、天文図など星占いにも強く、人の形をしているが、鬼神と話ができ、身は世間にあっても、魂は天地に広がっている超人である。まさに妖術使いのパロディ。

十一の君の恋人は音楽家で和歌の上手の柿本恒之《かきのもとのつねゆき》（歴史的歌人の柿本人麻呂《かきのもとのひとまろ》と紀貫之《きのつらゆき》を連想させる名前）。木管楽器も弦楽器も得意、囲碁や双六などのゲームや蹴鞠《けまり》のようなスポーツ、料理に至るまで万能で、なかでも和歌が抜群だという。イケメンくんがここで登場する。

十二の君の恋人はたくさんの貴族・官人たちで、ラブレターが波のように来るが、まだ心を射止める人はいない。楊貴妃に例えられる美人といわれている。モテ女コントである。

十三の君は逆に不美人で、延々とその様子が記される。いささか胸が悪いが、ひと昔前までは定番のコントネタ。

十一、十二、十三の君はトリオで出てきそうだ。

十四の君の夫は、不良のバカだという。思い上がりで悪口をいい、大声のやんちゃ者で大食いで貪欲《どんよく》、歯ぐきむき出しで大笑いをして、不真面目でツッパリで悪いことやギャンブルや泥棒の常習犯、親不孝で兄弟とも仲が悪い。ただ一つの取り柄があって十四の君を喜ばせているが、ここでは書かない（下ネタギャグである）。

十五の君は独り者で、お寺に通ってひたすら仏に祈る日々を送っている。女に産まれたことを嘆き、ひたすらに極楽往生を願っている（ぼっちキャラ）。

十四の君と十五の君は漫才ができそうだ。

十六の君は遊女の長者。江口《えぐち》・河尻《かわじり》、つまり淀川《よどがわ》河口部の遊郭の人気者で、歌も達者で美人ときている。でも、若いうちはいいけど、年を取ったらどうするのかね。

と、こんな感じで娘たちやその婿が紹介されている。この後に息子たちが出てきて、能書家、修験者、木工細工師、受領の郎党、天台宗《てんだいしゅう》の僧侶、絵師、仏師、商人、楽人の養子と出てくるが、じつは娘婿たちに比べてもキャラクターがあまりぱっとしない印象だ。

たくましい女性たちが語るもの

ここで描かれているパフォーマンスのイメージは、いわゆる「言い立て」だと思う。それぞれのコスプレをした芸人たちが、私の夫は、と自慢話をおそらく振り付きで語り、笑いを取るというものだ。日本舞踊には、「供奴《ともやっこ》」や「越後獅子《えちごじし》」、歌舞伎には「喋山姥《しゃべりやまんば》」など、自慢話や説明的な歌詞がついた下座音楽《げざおんがく》に合わせて、ややひょうきんさを出して踊る演目があるが、それのもっとベタなものと考えるとわかりやすいかもしれない。

しかしここで出てくる女性たちは、意外に働いていない。手に職を持つのは主に男性で、女性の仕事は巫女や遊女などに限られ、もっといていいような、たとえば女性の富農とか、金貸しとか商人は出てこない。いなかったわけはないのだが、笑いの対象にはなりにくかったのかもしれない。

とはいえ面白いのは、右衛門尉の娘たちが、それぞれ一芸に秀でた者たちと結婚しているという設定だ。仕事を持っている四の御許も、モグリの巫女の片手間で結婚していて、夫は官庁勤め、しかも下町の顔役だというから、仕事に都合のいい結婚相手を選択していることになる。七の御許や十四の君はその嗜好《しこう》を満たしてくれる夫を持っていて、三の君、六の君、八の御許は田舎出の甲斐性《かいしょう》のある男を捕まえている。これは地方から都に出てきた人たちが都に定住する方法として、物持ちに入り婿するというのが一般的だったことを示しているように思う。右衛門尉本人も、若いころは正妻の甲斐性に頼っていたのだ。

そして一方、仏道に志す十五の君や、享楽的人生の十六の君など、若い娘にもいろいろな選択肢があった。詳しくは書いていないが十二の君も宮仕えで多くの恋人に取り巻かれていたのだろうし、十八歳の三の妻はまさにそれで、おそらく父親よりも年上の右衛門尉をゲットしたわけだ。

この時代の貴族は、男の子には親の官職の余光（蔭位《おんい》という）で高い位を継承させて自立させ、女の子とその婿や子供には屋敷や財産を遺《のこ》すことが少なくなかった。『新猿楽記』で書かれる自称「右衛門尉」は、キャラクター設定としては武官の役職を買って宮廷にも地下官人として出入りできる町の有力者、というところだろう。そんな、下級貴族と庶民の中間に実際にいそうな富裕層の一家をリアルに描写し、さらに誇張してシャレのめしたのが、この一座の芸の新しさだと思う。つまり「金持ちあるある」の笑いである。それが作者の藤原明衡がこの作品を「新」猿楽記、つまり「新しい時代のモノマネ芸の記録」と名づけた理由ではないだろうか。

おそらく当時の都は、『源氏物語《げんじものがたり》』が描くより、もっと乱雑でにぎやかな光景があちこちで見られたのだろう。今でいえば新宿《しんじゅく》や渋谷《しぶや》のようなところはこの時代の京にも見られた。芸人さんたちはそこでいろいろなライブパフォーマンスを披露して、人々は笑い盛り上がり、その元ネタになるような女性たちは、そんな社会をしたたかに生きていたのである。

第六章　院政期の中心には女院がいた

「行き当たりばったり」白河天皇と母と妃と皇子たち

専制的な君主の政治は、行き当たりばったりから始まることがしばしばあるようだ。平安時代でいえば、奈良盆地から山城《やましろ》盆地の長岡京《ながおかきょう》、平安京《へいあんきょう》へ都を移し、時代の幕を開いた桓武《かんむ》天皇がまさにそのタイプだった。桓武は母の高野新笠《たかののにいがさ》が渡来系氏族の出身だったため、若かりしころは即位など夢のまた夢で、皇位に縁がなかったことは有名である。そのため、即位の後も新しい秩序を創るため、天皇を中華皇帝のように飾り、「軍事と造作」といわれる大事業を次々とおこなったことで知られている。

それに匹敵する第二の行き当たりばったりが、白河《しらかわ》天皇である。白河という人は、後三条《ごさんじょう》天皇の長男で、父天皇の譲位により順当に即位した。しかし、上皇（院）となり、院政と呼ばれた体制を敷き、権力をほしいままにして、後世「思い通りにならないものは鴨川《かもがわ》の水（治水）、双六《すごろく》のサイコロ、比叡山《ひえいざん》の山法師《やまほうし》（僧兵の強訴）」（『平家物語《へいけものがたり》』）といったと伝えられた姿に比べて、即位当初の権力には大きな制限がついていたらしい。それは、即位段階で後継者が定められていたことに由来する。東宮、つまり次の天皇予定者は弟の実仁《さねひと》親王、またはその弟の輔仁《すけひと》親王と定められていた。

この二人と白河は母親が違う。二人の母は源《みなもとの》基子《もとこ》といい源氏《げんじ》の出身で、白河の母は禎子《さだこ》内親王の協力者で兄の頼通《よりみち》と対立していた、かの藤原能信《ふじわらのよしのぶ》の養女で茂子《しげこ》という。茂子の実の父は権中納言藤原公成《きんなり》で、いわば中くらいの貴族である。しかし、その姉妹が能信の妻であったことから養女となり、後三条天皇が尊仁《たかひと》親王時代、成人に合わせて入内して東宮妃になった。とはいえ、先述したように、後冷泉《ごれいぜい》天皇がまだ壮年で、男子誕生の可能性があり、しかも関白藤原頼通に後援されている以上、尊仁親王の東宮の地位は、後冷泉に皇子が産まれれば取り上げられるのではないかというほどあやふやだったので、他に妃を入れる貴族はいなかった。そのため、妃一人の状態がしばらく続き、その間に能信も亡くなった。ところが、まさかのまさかで、後冷泉は男子を儲けることなく亡くなり、尊仁が三十五歳という（当時としては）高齢で、後三条天皇として即位する運びとなったのもすでに触れた通りである。しかしそのときには茂子は皇子一人と皇女四人を残して世を去っていた。その皇子こそ貞仁《さだひと》親王、のちの白河天皇である。

さて、茂子の実父の藤原公成は太政大臣藤原公季《きんすえ》の孫で養子になった人物だが、権中納言で終わったのは四十代で亡くなったからである。しかしもともと、この家はただの家ではない。

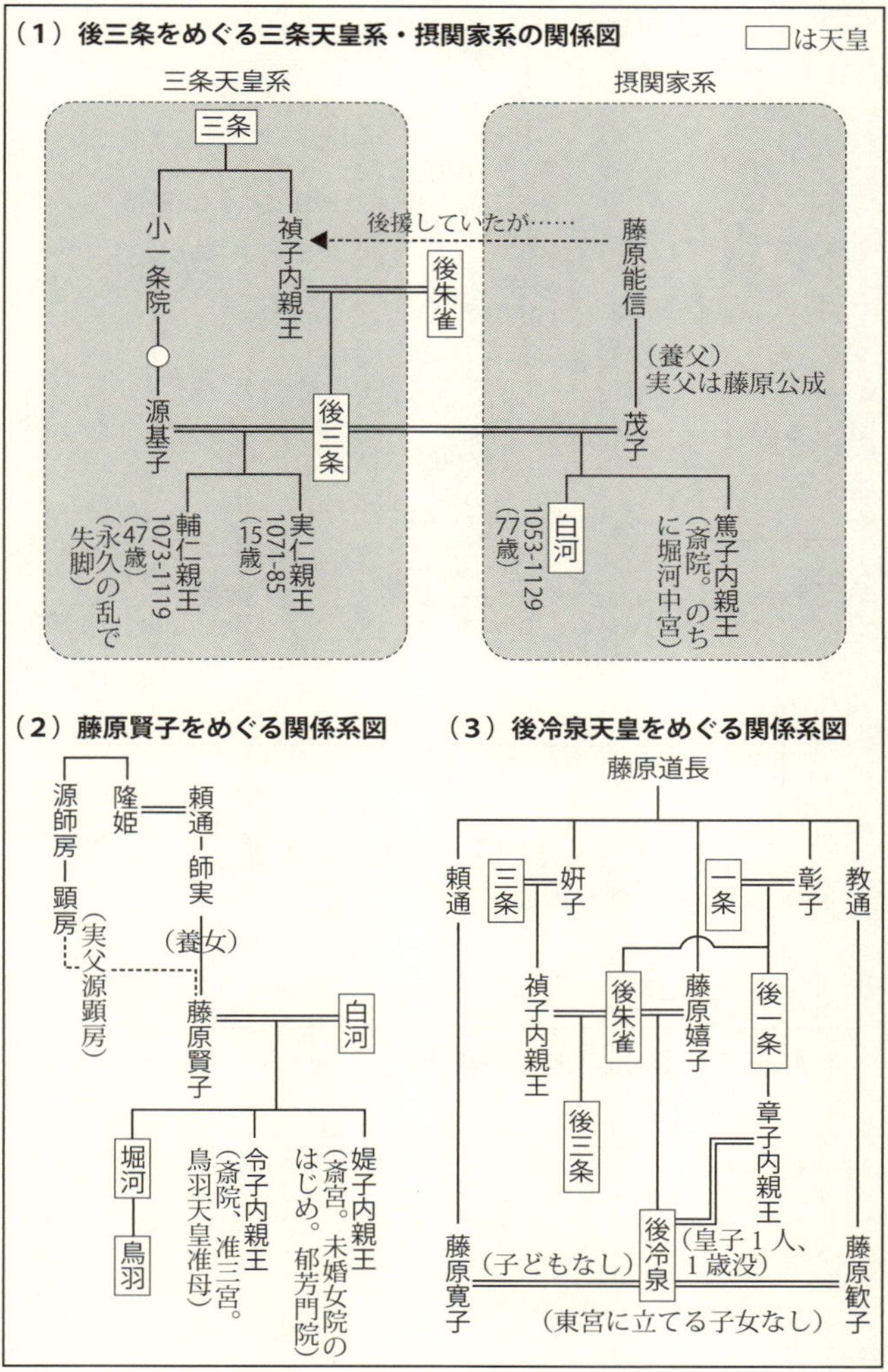
（1）後三条をめぐる三条天皇系・摂関家系の関係図
□は天皇
三条天皇系
摂関家系
三条
小一条院
禎子内親王
後援していたが……
藤原能信
後朱雀
（養父）
実父は藤原公成
源基子
後三条
茂子
輔仁親王
1073-1119
（47歳）
（永久の乱で失脚）
実仁親王
1071-85
（15歳）
白河
1053-1129
（77歳）
篤子内親王
（斎院。のちに堀河中宮）
（2）藤原賢子をめぐる関係系図
源師房
顕房
隆姫
頼通
師実
（養女）
（実父源顕房）
藤原賢子
白河
堀河
鳥羽
令子内親王
（斎院、准三宮。鳥羽天皇准母）
媞子内親王
（斎宮。未婚女院のはじめ。郁芳門院）
（3）後冷泉天皇をめぐる関係系図
藤原道長
頼通
三条
妍子
一条
彰子
教通
禎子内親王
後朱雀
藤原嬉子
後一条
後三条
章子内親王
藤原寛子
（子どもなし）
後冷泉
（皇子1人、1歳没）
藤原歓子
（東宮に立てる子女なし）

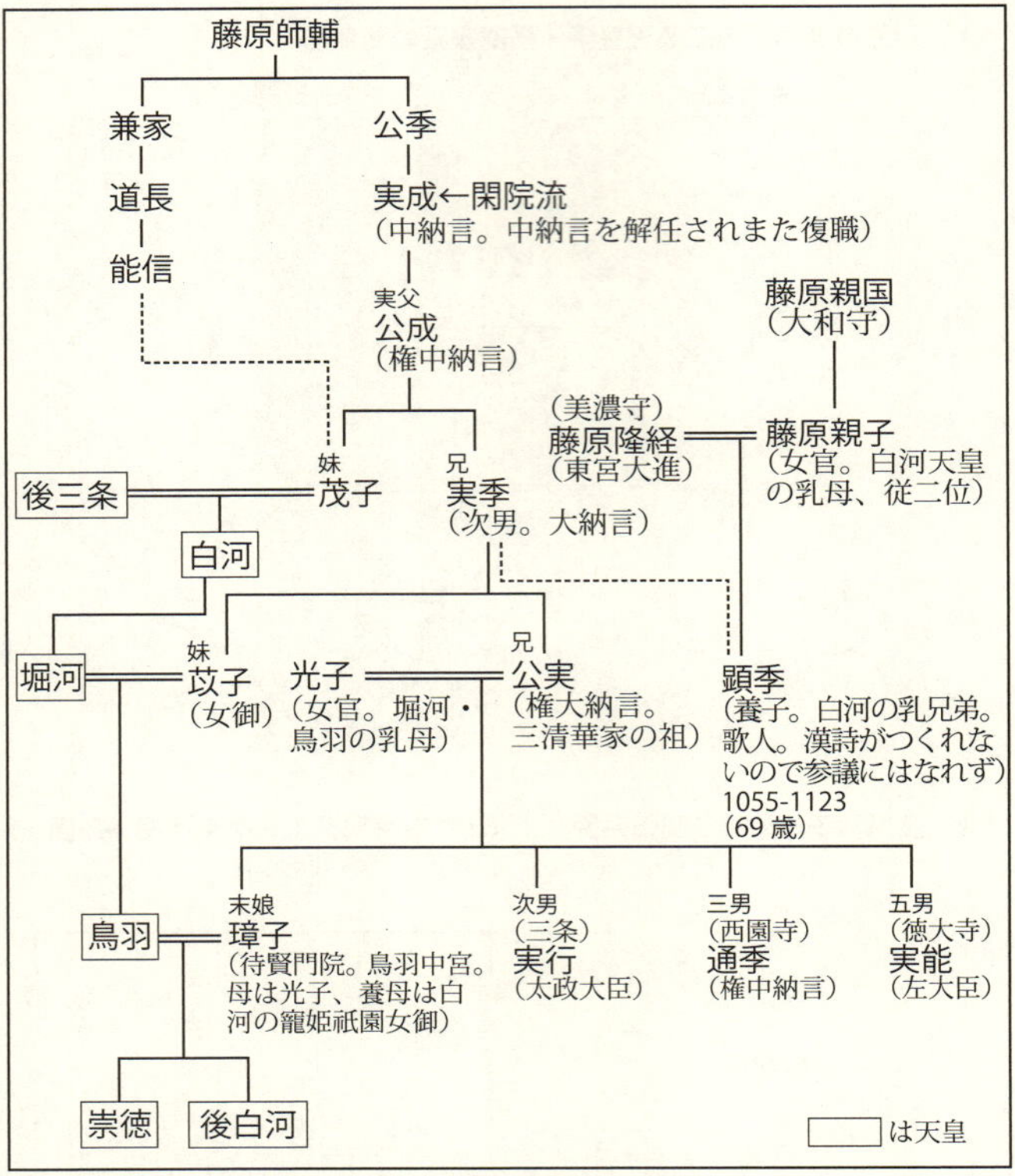

藤原茂子を中心とした閑院流藤原氏の系図

公季は道長《みちなが》の叔父だが、その母は醍醐《だいご》天皇の皇女、康子《やすこ》内親王、つまり公成は、摂関家の本流ではないが、醍醐天皇の孫の孫という特殊な立場の藤原氏だった。そして公成の子の実季《さねすえ》は、後三条天皇の即位により急速に昇進し、白河即位後に大納言に上る。藤原能信の跡取りの能長《よしなが》（養子。頼宗《よりむね》の子）も内大臣に上っているので、茂子への「養女育成」は、その子供世代に大きな成果を挙げたことになる。

一方、茂子亡き後、後三条天皇の寵愛《ちょうあい》を受けたのが、先述した源基子という女御だった。彼女は小一条院《こいちじょういん》の孫、つまり三条《さんじょう》天皇の血統の生き残りで、道長とは直接の血縁がない（なお母方の曽祖父は、あの中宮定子《さだこ》の弟、〈刀伊《とい》の入寇〉を防いだ藤原隆家《たかいえ》である）。そして茂子の生んだ第一皇女の聡子《さとこ》内親王の女房から立身したという。その背景には、三条天皇系皇族のゴッドマザー、陽明門院《ようめいもんいん》禎子内親王の引き立てがあったことはまあ間違いないだろう。そして基子は実仁、輔仁の二人の皇子を産んだ。

つまり白河には薄いながらも藤原能信を通じて道長家との関わりがあるが、実仁・輔仁親王にはそれがなかった。藤原頼通へのトラウマを持ちつづけた禎子や後三条にとって、愛《いと》しい子供や孫はどちらか明白だろう。そのため、白河体制の船出はじつは割合不安定なものだった。

しかしこの後、後三条の急逝により白河はいわば親世代のトラウマから解放される。そして関白藤原頼通、教通《のりみち》の後継者である師実《もろざね》、信長《のぶなが》の対立を煽《あお》りつつ、貴族たちの経済基盤である荘園の整理で経済的にも手かせ足かせをはめるなどして、摂関家を操りながら次第にアドバンテージを確保するようになっていたようだ（このあたりは院政期の政治史研究で多くの研究がある分野で、巻末の参考文献を参照されたい）。

一方で彼の皇太子時代には、師実の養女、藤原賢子《かたいこ》（源顕房《あきふさ》の娘、顕房は師房《もろふさ》の子なので、賢子は道長の娘藤原尊子《たかこ》の孫にあたる）が東宮妃として入り、即位後は中宮になっていた。ムチもアメも使い分けている感じで、そこに善仁《たるひと》親王（堀河《ほりかわ》天皇）、媞子《やすこ》内親王など五人もの子供が産まれた。いわば天皇と摂関家をつなぐ皇子皇女ができたわけである。しかし藤原賢子は若くして亡くなり、白河天皇は死のケガレも気にせず、そのそばを離れなかったという。

このエピソード一つからもわかるように、彼は間違いなく感覚人間である。桓武天皇以来の「第二の行き当たりばったり」君主だと思うゆえんだ。たとえば藤原道長の動向を冷静に書き残した『小右記《しょうゆうき》』の著者で有名な、データ主義者の藤原実資《さねすけ》などとは絶対に相いれない性格だったと思う。

しかし、この時代にも記録魔のようなデータ主義者はいた。藤原宗忠《むねただ》という。彼は藤原道長の次男（明子《あきこ》の長男）の右大臣頼宗の次男の右大臣俊家《としいえ》の次男の権大納言宗俊《むねとし》の長男（道長の玄孫）である。つまり道長の子孫だが摂関になれる立場ではない。ちなみに八十歳まで生きているが右大臣だったのは三年だけで、権中納言を一七年、権大納言を一〇年、内大臣を六年務めているから、叩《たた》き上げといえば叩き上げの人生だともいえる。そして右近衛少将《うこのえのしょうしょう》だった寛《かん》治《じ》元年（一〇八七）から出家引退する保延《ほうえん》四年（一一三八）まで、日記『中右記《ちゅうゆうき》』（中御門右大《なかみかどうだい》臣日記《じんにっき》）を書きつづけた。

この五〇年に及ぶ宮廷日常の記録は、実資の『小右記』と並ぶ平安時代の基本文献とされている。宗忠自身は実資ほど個性的なキャラクターではなく、その分淡々として面白みは少ない。しかし公的な歴史書がない時代に、同時代を生きた政治家が書き留めた「日常」はきわめて貴重で、冷静な目から見た同時代の個性的なメンバーの観察記録としてもなかなか面白い。そして最大の個性派、白河院を生で見聞きした記録として、なにより重要なのである。

その宗忠が「天下の盛権ただこの人にあり」と書き残したのが、白河院と藤原賢子の娘、後の郁芳門院《いくほうもんいん》、元斎王《さいおう》の媞子内親王である。女院について画期的成果を出している野村育世《のむらいくよ》の研究と、この時代の斎王についての私の新知見をもとに、郁芳門院をはじめとした女院について紹介していきたい。

未婚女院第一号、郁芳門院――白河天皇の暴走①

藤原賢子の忘れ形見である媞子は、『中右記』に「身体美麗《しんたいびれい》、風容甚盛《ふうようじんせい》」、つまり外観が美しく、雰囲気が華やかだとある。「伝え聞く」とあるので、当時まだ中納言にもなっていなかった三十代半ばの宗忠が彼女をナマで見たわけではないようだが、美女であることは当時の上流社会の共通認識だったようだ。そして彼女は、白河朝二人目の斎王だった。ここで面白いのは、白河朝初代斎王が、三条天皇の曽孫にあたる淳子《あつこ》女王だったということである。白河から見ると祖父の祖父（四代前）同士（円融《えんゆう》天皇と冷泉《れいぜい》天皇）が兄弟というべらぼうに遠い関係になる。しかしこの時期に、白河の姉妹はすでに皆、斎宮《さいくう》や斎院《さいいん》になっており、伯叔母《おば》世代でないと未婚の内親王はいなかったため、やむを得ない面があった。もっとも、別の見方をすると、淳子は白河の祖母の兄の孫、つまりはとこになり、こちらのほうがかなり近い。その白河の祖母は、かの禎子内親王だ。つまりここでも、白河には三条院系のカバーが掛けられたことになる。

しかし淳子は父の死去で帰京し、そのころには白河にも娘が生まれていた。それが長女の媞子なのである。権力の基盤を固めるには皇族の象徴である斎王や、彼女を取り巻くスタッフの協力は絶対必要だから、斎王は三条院系皇族から必ず取り返さなければならない。媞子の斎王就任はまさに白河の悲願を達成する第一歩だった。

こうして媞子は、承暦《じょうりゃく》四年（一〇八〇）、わずか五歳で伊勢《いせ》に群行した。そして彼女が斎王だった時代には、多くの貴族男女が斎宮の地を訪れていたらしい、天皇の寵愛《ちょうあい》の深い中宮の娘の斎王ならではである。彼女の祖母、つまり母の藤原賢子の実母の「右大臣北方」源隆子《たかこ》（源顕房の妻、醍醐源氏）など、わざわざ伊勢に下って斎宮を訪ね、そのときに詠んだ歌が『金《きん》葉和歌集《ようわかしゅう》』に採られている。もちろん幼い伊勢斎王が歌を詠み交わすのではなく、その周りに彼女と歌をやりとりできる女房たちがいたのである。おそらく斎宮の女房たちは選り抜かれて送られ、媞子のサロンを作る準備を進めていたと思われる。幼い媞子はそれほど優遇されていた。

ところが媞子の伊勢での暮らしは、応徳《おうとく》元年（一〇八四）に突然終わった。母の藤原賢子が急逝したのである。彼女の斎宮生活は四年、九歳で帰京したことになる。伊勢の記憶もほとんどない斎王だったといっていい。

そして彼女を待っていたのは、母、賢子の忘れ形見としての父の溺愛だった。彼女はもともと三歳で准三宮《じゅさんぐう》（皇后宮《こうごうぐう》・皇太后宮《こうたいごうぐう》・太皇太后宮《たいこうたいごうぐう》の三宮《さんぐう》に准ずる地位）に任じられるという、禎子内親王以来天皇最愛の皇女が進む王道ルートをすでにぶっちぎってきていたのだが、応徳三年（一〇八六）に白河が退位すると、さらに驚いたことが起こった。先に述べたように、後三条と母の陽明門院（禎子内親王）は、白河の後継者として弟の実仁、輔仁を指名していたが、皇太弟の実仁が応徳二年に急逝したことを受けて、翌年、白河は譲位して、弟の輔仁親王をすっ飛ばし、藤原賢子との間の皇子、つまり媞子の同母弟の善仁親王を天皇に立てた。堀河天皇である。

しかし善仁はまだ八歳だった。幼帝といっていい年である。当時幼帝には、諸々《もろもろ》の儀式に母后が同席することが当然とされていた。母后が天皇と一体になるのは、天皇を皇后・元皇后・上皇・皇后の父らで守る「護送船団《ごそうせんだん》」ともいうべき、奈良時代以来の集団指導の王権体制の名残であり、皇后の父、つまり外戚《がいせき》である摂関家が政治に深く関与する原因にもなっていた。

ところがここに二つの問題があった。一つはもちろん新天皇の堀河に母がいないことである。もう一つは、にもかかわらず八歳の堀河が、即位儀を一人でおこなってしまえたこと、つまりもう母の代理は必要ないともいえたことである。

しかし白河上皇は、即位の翌年に、いわば慣習に従い、母后の代理である准母《じゅんぼ》を指名した。それが、准三宮の媞子だったのである。彼女は未婚のままで准母、つまり母后の代理として、即位儀を終えた天皇の後見人となったのである。そして寛治五年(一〇九一)、堀河がすでに十三歳になっていたのに、白河院は彼女に未婚のまま中宮の身分を与えた。さすがにこれは、貴族たちにも「は!?」という話だったろう。もともと中宮は天皇の正妻である皇后の宮殿の意味だったが、九世紀には、天皇になった親王の母に与えられる称号になり、さらに十世紀には皇后と並立する天皇の妻の意味になっていた。白河はこうした経緯をもぶっ飛ばし、媞子が天皇の准母だからという理由で、後から中宮にしたのである。

おそらく白河は、成長してきた堀河の権力を制御する、いわば「幼帝のままに留める」ために、あえて媞子に中宮という高い身位《しんい》(皇族内の身分的な立場)を与えたのだろう。これによって彼女は、たとえばかつて上東門院《じょうとうもんいん》彰子が後一条《ごいちじょう》天皇と一緒に輦《こし》に乗り、高御座《たかみくら》に座すことで、父の藤原道長からも拝礼を受けていたのと同様、摂関以下すべての臣下から拝礼を受ける存在、つまり、結婚はしていないが身分は中宮という皇族になったのである。

そして彼女は寛治七年に中宮を卒業した。といっても中宮(皇后)の上の身位の皇太后になったわけではない。皇族中宮という立場を生かして、未婚のままで、より自由な立場を獲得する。郁芳門院という「女院」になったのである。こうして彼女は白河院の膝下《しっか》で、自由な権力者となった。

女院となった媞子は、前述のように、宗忠によると、天下の権勢はこの人にありといわれる状態だったらしい。実際、白河院が何かと出歩くときには、ほとんど彼女が同行していた。なるほど権力者の側でキラキラ輝く女院を見れば、彼女を通して白河院に取り入ろうと考える者が増えるのも無理はないだろう。

だが、そこには、女院としての独自の政治的個性のようなものは見られない。むしろ、院という家長の下で、結婚や家政などとは無縁に自由に羽ばたくイメージだ。その意味で彼女は白河院という「ただ一人のファン」のためのアイドルだったといえるのかもしれない。

しかし、彼女の人生は唐突に終わりを告げる、〈永長《えいちょう》の大田楽《だいでんがく》〉、嘉保《かほう》三年（＝永長元年、一〇九六）に発生した、貴賤《きせん》を問わず都を挙げての大仮装大会のさなか、いわば毎日が渋谷のハロウィン状態の狂奔の中で、彼女は急死し、ショックのあまり白河院は出家する。斎王から未婚のまま中宮に立ち、さらに女性の太上天皇ともいうべき女院になった彼女に、白河院がどのような未来を用意していたのかは謎のまま終わってしまった。しかしこの特別な女院の死は、後世に二つの大きな波紋を残すことになる。一つはいうまでもなく、未婚女院というよくわからない前例を作ったこと。もう一つは、白河院が彼女の菩提を弔うため、彼女の居宅だった六《ろく》条殿《じょうどの》を六条御堂《ろくじょうみどう》という寺に改装したことである。邸宅の寺院への改装といえば、藤原道長の御堂こと法成寺《ほうじょうじ》、あるいは藤原頼通の別荘の宇治殿《うじどの》改め平等院《びょうどういん》などが有名だが、これらの寺院の造営には多くの貴族や庶民が駆り出されている。なかでも財政的な負担を請け負ったのは受領層であったと見られ、『栄花物語《えいがものがたり》』には法成寺の造営に関わる人たちがこぞって奉仕する苦労が詳しく記されている。

おそらく六条殿も、白河院と郁芳門院のメモリアル施設として、浄土に旅立った女院のための極楽テーマパークとなっていたのだろうが、それに関わったことで白河院に認められた人物がいる、その名を平正盛《たいらのまさもり》という。平正盛は伊勢国で平致頼《むねより》と争いを起こした平維衡《これひら》の曽孫にあたるが、彼は伊賀《いが》国阿閇《あへ》郡の支配に介入し、その一角を鞆田荘《ともだのしょう》として六条御堂に寄進した。もともと伊賀は東大寺《とうだいじ》領が多く、伊勢神宮の神戸《かんべ》（奉仕をする人々の住むところ）もあり、それらが伊賀国府と対立を重ねるという、複雑に入り組んだ地域となっていたが、そこに白河院の権力を背景に割り込んで、伊勢から京に進出する足がかりを作ったのである。こうして正盛は郁芳門院の菩提に関わる武者というイメージを白河院に刷り込んだ。これが伊勢平氏《へいし》の中央進出のきっかけである。正盛の後継者は平忠盛《ただもり》、その子がかの『平家物語』の主人公の平清盛《きよもり》、そろそろ平安時代の終わりがチラチラしてきたころの出来事である。

未婚の高位内親王――白河院の暴走②

さて、郁芳門院のような特異な内親王は突然湧いた、というわけではない。高い品位《ほんい》を受けた内親王という点では、禎子内親王が内親王にする旨の宣下《せんげ》（天皇の命令）と同時に准三宮に

天皇の主な娘たち一覧表

村上《むらかみ》天皇の娘				
保子《やすこ》内親王	摂政藤原兼家妻	無品	既婚	
規子《のりこ》内親王	円融朝斎宮	無品	未婚	母、斎宮女御徽子《よしこ》女王
盛子《もりこ》内親王	左大臣藤原顕光妻	無品	既婚	母、源計子《かずこ》
楽子《やすこ》内親王	村上朝斎宮	四品	未婚	母、荘子《たかこ》女王
輔子《すけこ》内親王	冷泉朝斎宮	二品	未婚	母、中宮藤原安子《やすこ》
資子《すけこ》内親王	円融天皇准母	一品准三宮	未婚	輔子同母妹
選子《のぶこ》内親王	円融朝から五代の斎院	一品	未婚	輔子同母妹、大斎院
冷泉天皇の娘				
尊子《たかこ》内親王	冷泉朝斎院	二品	既婚	円融女御
円融天皇				
（娘なし）				
一条天皇の娘				
脩子《ながこ》内親王		一品准三宮	未婚	母、定子《さだこ》皇后
三条天皇の娘				
当子《まさこ》内親王	三条朝斎宮	無品	未婚	母、藤原娍子《すけこ》
禔子《ただこ》内親王	関白藤原教通妻	二品	既婚	当子同母妹

禎子《さだこ》内親王	後朱雀天皇皇后	一品准三宮	既婚	母、藤原妍子《きよこ》（道長女）
後一条天皇の娘				
章子《あきこ》内親王	後冷泉天皇中宮	一品准三宮	既婚	母、藤原威子《たけこ》（道長女）
馨子《かおるこ》内親王	後三条天皇中宮	二品准三宮	既婚	章子同母妹
後朱雀天皇の娘				
良子《ながこ》内親王	後朱雀朝斎宮	一品准三宮	未婚	母、皇后禎子内親王
娟子《うるわしこ》内親王	後朱雀朝斎院・源俊房妻	品位不明　無品？	既婚	良子同母妹
祐子《すけこ》内親王	大サロンの主人	三品准三宮	未婚	母、藤原嫄子《もとこ》（頼通養女）
禖子《みわこ》内親王	後冷泉朝斎院	品位不明	未婚	祐子同母妹
正子《まさこ》内親王	後冷泉・後三条朝斎院	品位不明	未婚	母、藤原延子《のぶこ》
後冷泉天皇				
（娘なし）				
後三条天皇の娘				
聡子《さとこ》内親王		一品准三宮	未婚	母、藤原茂子《しげこ》、白河同母姉
俊子《としこ》内親王	後三条朝斎宮	二品	未婚	聡子同母妹
佳子《よしこ》内親王	後三条朝斎院	三品	未婚	聡子同母妹
篤子《あつこ》内親王	白河朝斎院・堀河中宮	三品准三宮	既婚	聡子同母妹
白河天皇の娘				

媞子《やすこ》内親王	白河朝斎宮・堀河准母・中宮・郁芳門院	品位不明	未婚	母、藤原賢子《かたいこ》
善子《よしこ》内親王	堀河朝斎宮	品位不明准三宮	未婚	母、藤原道子
令子《のりこ》内親王	堀河朝斎院・鳥羽准后・皇后・太皇太后	品位不明	未婚	媞子同母妹
禛子《よしこ》内親王	堀河朝斎院	無品准三宮	未婚	媞子同母妹
官子《きみこ》内親王	鳥羽朝斎院	品位不明	未婚	母、源頼子《よりこ》
恂子《のぶこ》内親王	鳥羽朝斎宮	品位不明	未婚	母、藤原季実女《すえざねのむすめ》

なり、裳着《もぎ》とともに一品《いっぽん》という高い品位を受けたのはすでに述べたし、その娘の斎宮良子《ながこ》内親王は斎王在任中に一品准三宮になっている。もともと皇子女には桓武天皇のころから、品位や官位とはあまり関係なく安定した生活保障がおこなわれるようになり、斎王の場合も、無位無品と考えられる人が少なくない。

　しかし、表のように、十世紀以降そうした傾向に変化が出てくるようだ。

　このように、後朱雀《ごすざく》の時代になると、祐子《すけこ》内親王のように、未婚で『更級日記《さらしなにっき》』作者の菅《すが》原孝標女《わらのたかすえのむすめ》や『百人一首《ひゃくにんいっしゅ》』歌人の祐子内親王家紀伊《ゆうしないしんのうけのきい》（祐子内親王家に仕えた紀伊守を縁者に持つ女房、『百人一首』の読み癖では「ゆうしないしんのう」と読むのが通例）などの属した大サロンを形成しながら、品位は三品准三宮に止まる人が出てくる。その妹の斎院禖子《みわこ》内親王も品位は不明。藤原頼宗の娘、藤原延子《のぶこ》（つまり道長の孫）を母とする斎院正子《まさこ》内親王も品位が確認できなくなる。つまり、十一世紀半ばになると、摂関家系の内親王は高品位とは必ずしもいえなくなる。頼通周辺では未婚内親王の品位にはあまりこだわらなかったのかもしれない。

ところが十一世紀後半、後三条天皇朝にはまた異なってくる。

白河天皇の同母姉妹、つまり非摂関家系の聡子内親王は一品准三宮、斎宮俊子《としこ》内親王は二品、斎院佳子《よしこ》内親王も三品、やはり斎院だった篤子《あつこ》内親王は三品だが、堀河天皇の中宮になった。斎王の権威はこの時期に最も高まるのである。つまり後三条は、頼通があまり価値を求めなかった高位内親王を、天皇の権威を装飾するツールとして利用したかのようにも見える。斎王の権威が最も政治的に利用された時代ともいえるだろう。

このような経緯で、もともと白河天皇の姉妹には、高品位独身の内親王が再び多くなっていた。白河の姉妹だから、摂関家の直接の血縁ではない。白河院はこうした女性たちに、結婚もしていないのに天皇の准母という政治的な地位を与え、皇族の中で重要なポジションに位置づける、未婚女院まではもう一歩だったのである。

そしてこの問題を考えるときに、もう一人重要な人がいる。白河院の娘で郁芳門院媞子の同母妹、令子《のりこ》内親王である。彼女は准三宮で、弟の堀河天皇の賀茂《かも》斎院となり、退任ののち、鳥羽天皇の准母、即位に伴って皇后となった。このときの『中右記』の記事が興味深いのである。

まず、嘉承《かしょう》二年（一一〇七）閏《うるう》十月九日に、摂政藤原忠実《ただざね》邸で、立后についての議定《ぎじょう》（公《く》卿《ぎょう》会議）があった。そこで宗忠は、前斎院の令子内親王について「新天皇と輿《こし》に同乗する妃は必要である。しかし前斎院という身位だけでははばかりがある。わが朝では天皇・皇后・斎王（現役の伊勢斎宮、賀茂斎院）以外に輿に乗れる人はいないので、前斎院ではなく、皇后にして母后格としたほうがいい」と主張している。

ここでいう輿とは、鳳輦《ほうれん》や葱華輦《そうかれん》という天皇だけが使える乗り物を指すが、特例として天皇が普段使いにする葱華輦は、皇后（中宮）、つまり天皇の正妻と天皇の名代として神に仕える伊勢と賀茂の斎王に使用が許されていた。伊勢斎王は都から伊勢斎宮に下る五泊六日の旅や伊勢神宮への参詣にこの輿を使い、賀茂斎王は京の最大の祭だった賀茂祭の行列にこの輿に乗って参加する。宗忠のような上級貴族にとって、輿は斎王という特別な立場を象徴するツールだと認識されていたと見られる。

さらに十一月二十六日には、白河院が、「郁芳門院を立后させたとき、帝の母でなく帝の妻でもない人を皇后にしたので、伊勢神宮の怒りを買ったのではないか」と気にしていたのに対し、宗忠は「堀河天皇は八歳で即位し、数年後に無理をして郁芳門院を准母にしたので、天も道理がないと思ったのでしょう。しかし今度の天皇は五歳で、一人では輿に乗れず、しかも母后もおりません。だから立后があっても大丈夫です」と回答している。

つまり未婚立后とは、

《幼い天皇は一人では輿に乗れない↓しかし皇后はいない↓しかし輿に乗る資格を持つ斎

王経験者ならいる→だが「元」斎王というのが問題→ならば斎王経験者に皇后の身位を与えれば安心じゃないか》

という議論から生まれてきた制度だったのである。「斎王が幼女のときには斎王の乳母《めのと》が同乗していたのだから、天皇の乳母が抱いて乗ってもいいんじゃないか」という議論は起こらなかったところを見ると、どうもこの議論自体が、令子を未婚立后させたい白河院への忖度でおこなわれたようだ。しかし令子内親王は太皇太后になったものの、女院にはなっていない。彼女はそれ以前の未婚内親王と同じく、大きなサロンを構え、王権の中で文化的な役割を果たしている。また、白河院の異母弟の輔仁親王が最終的に政治的失脚をした永久《えいきゅう》元年（一一一三）の〈永久の変〉は、令子の御所で、鳥羽天皇暗殺の陰謀を記した落書が発見され、彼女が父院にそれを見せたことに始まる。令子もまた、姉の郁芳門院と同様に、政治にも影響を与えうる立場だったようだが、まだ「未婚女院」の名称で権威が明確になるほど、ポジションは確定していなかったらしい。むしろ媞子・令子姉妹の権威の源泉は、「前斎王」だったことだったようだ。すでに見てきたように、十一世紀になると、三条朝の当子《まさこ》内親王や後朱雀朝の良子内親王、あるいは五代の天皇の間賀茂斎院を務めた大斎院選子《だいさいいんのぶこ》内親王のように、天皇の代理として神に仕え天皇の権威をサポートするだけではなく、政治的なことにも関わる存在として発言を始める。いわば「顔を持った斎王」たちが現れるようになるのである。元斎王から「未婚女院」への動きも、内親王の地位の変化と、斎王の役割変化から生み出されてきたものといえそうなのである。

閑院流の姫、待賢門院と白河院――白河院の暴走③

しかし女院は内親王に独占されたわけではない。ここで白河院に関わる女院としてもう一人忘れてはいけない人を紹介しておこう。待賢門院《たいけんもんいん》である。崇徳《すとく》・後白河《ごしらかわ》天皇の母で、未婚女院ではない。本名を藤原璋子《たまこ》という。

彼女の父は権大納言藤原公実《きんざね》で、白河院の母、藤原茂子の兄弟の実季の子、つまり白河院の母方従兄弟で、摂関家の傍流、閑院流《かんいんりゅう》の藤原氏の出身である。白河と実季は同い年だったようで、公実は郁芳門院の弟である堀河天皇の近臣として仕え、その妻の光子《みつこ》（但馬《たじま》守藤原隆方《たかかた》の娘）は堀河・鳥羽《とば》天皇の二代にわたる乳母となった。光子は璋子の母でもあり、彼女は堀河天皇の乳姉妹ということになる。白河と公実には、公実の妹の苡子《しげこ》が堀河天皇に嫁いで鳥羽天皇を産むなど、二重三重の血縁があるが、実際には、璋子は白河天皇とその寵姫《ちょうき》の祇園女御《ぎおんにょうご》と呼ばれる（女御と呼ばれているのに女御の身分ではない）、白河院の愛妾《あいしょう》という以外、出自すらわからない女性に育てられたという。

ここまで書いて、祇園女御は、たとえば藤原宗忠のような貴族からは鼻持ちならないヤツと思われていただろうなと思った。『中右記』の長治《ちょうじ》二年（一一〇五）十月二十六日条には、院女御と「号する（つまり勝手にいってるっぽいニュアンス）」人が、祇園の南辺（巽《たつみ》＝東南の方角）に、金銀や珠玉で飾られ、描きようもなく華麗なお堂を建立し、丈六《じょうろく》の阿弥陀仏を安置したという。この供養儀式に宗忠は参加しなかったが、右衛門督《うえもんのかみ》藤原宗通《むねみち》、修理大夫《しゅりだいぶ》藤原顕《あき》季《すえ》などの院の近臣（院のお気に入りの側近。位・身分を問わない）が参加し、院の殿上を許されている貴族たちは正装の束帯《そくたい》で参加したという。つまり正式な宮廷儀礼と同様に礼服姿がずらりと並んだわけである。ところがその主賓の祇園女御は、藤原氏とも源氏とも王族とも伝わっていないのである。嫡流ではないとはいえ道長の次男頼宗の子孫でエリート貴族の宗忠が、この祇園女御という、謎めいた女性にいい感情を持っていたとは思いにくい。

白河は中宮こそ摂関家出身（藤原師実養女で村上源氏の源顕房の実娘）の賢子を置いたが、彼女の没後は祇園女御のような摂関家と関係ない女性たちを、気に入りさえすれば身分を問わず身近に置くようになったらしい。それは、道長の時代の常識だった「男は妻がら（男の価値は妻の身分で決まる。藤原道長の言葉）」ではなく、院という絶対権力が寵姫とその家族の政治的な地位を引き上げるというシステムを産むことになった。このあたり、婿取婚から始まる十世紀の貴族社会と少し違う様相がうかがえ、きわめて興味深い。中・近世によくいわれた「女は氏無くして玉《たま》の輿《こし》に乗る」（女性は家柄が良くなくてもルックス次第で貴人を射とめて出世できる）が起こりはじめているのである。

そうした社会でしたたかに頭角を現したのが、璋子の家、閑院流藤原氏なのである。この家はもともと右大臣藤原師輔《もろすけ》と醍醐天皇の皇女の康子内親王の子、つまり道長の叔父であり皇族の血縁でもあった太政大臣の藤原公季の子孫である。そして公季の曽孫が藤原茂子で、藤原道長の子の能信の養女となり、白河院を産んだのである。そしてこの系統からは、徳大寺《とくだいじ》・西園寺《さいおんじ》・三条《さんじょう》などの「家」が生まれていくが、これらの家はかの公実の子供（つまり待賢門院の兄）の太政大臣実行《さねゆき》（三条家の祖、崇徳天皇の時代に権力をふるう）、権中納言通季《みちすえ》（西園寺家）、左大臣実能《さねよし》（徳大寺家）と分かれ、通季、実能の子孫からは、西園寺公経《きんつね》（鎌倉幕府四代将軍藤原頼経《よりつね》の祖父）、徳大寺実定《さねさだ》（親頼朝《よりとも》派の左大臣）と、いずれも源頼朝時代の鎌倉幕府との窓口になって権勢を得た子孫が出ている。

つまり彼らは、摂関家とは違う流れの藤原氏グループを作り、摂関家が「五摂家《ごせっけ》」といわれる家に分立していく鎌倉初期に、武家と公家のつなぎ役として、それぞれのポジションを固めて男系子孫に継承させていくしくみ、「家」を造った、特に西園寺家は、寛元《かんげん》四年（一二四六）以降、鎌倉幕府との窓口である「関東申次《かんとうもうしつぎ》」を家の職として継承していく（近代の元老、西園寺公望《きんもち》はその子孫である）。彼らは、藤原「氏」がそれぞれの職を持つ「家」に分立していく時代の成功者なのである。

このように閑院流は、「治天《ちてん》」つまり「天皇の父として権力をふるい、天下を治める者」となった上皇（院）を支えて発展した藤原氏のグループといえるのだが、その根源こそが藤原璋子という存在なのである。白河院は最初、彼女を関白師実の曽孫の忠通《ただみち》と結婚させようとしたが、どうも彼女には身持ちが悪いとの噂があったようで、結局、父の従兄弟白河天皇の孫の鳥羽天皇の後宮に入る。なお鳥羽は、父公実の妹、堀河天皇の女御苡子の子なので彼女には従兄弟でもある。つまり天皇と閑院家という、摂関家とは異なる近親間でスキャンダルを処理した格好だ。

そして彼女は鳥羽天皇との間に崇徳天皇と後白河天皇を儲けた。その結果、いわば摂関家を排除した皇統ができてしまったのである。これによって摂関家の外戚政治の再興はほぼ絶望的になり、摂関と院の棲《す》み分けがほぼ完成する。つまり院と摂関が食い合うのではなく、別の「権門《けんもん》」として相互依存して生きていく体制ができていくのである。しかしこれがのちにさらに複雑な問題を残すことになる。

璋子は、白河が鳥羽を退位させ、保安《ほうあん》四年（一一二三）に崇徳を五歳で即位させたのに伴って、翌年、天皇の母ということで女院号を受ける。待賢門院と呼ばれるのはこれからである。そして白河院・待賢門院・崇徳天皇の強力なラインが、白河が世を去る大治《だいじ》四年（一一二九）までは続く。

そして彼女の御願寺《ごがんじ》（有力者がスポンサーになる寺院）である法金剛院《ほうこんごういん》（右京《うきょう》区花園《はなぞの》扇野《おうぎの》町《ちょう》）には、多くの荘園が集積され、彼女は一大荘園領主となった。ここで注意しておくことは、これらの荘園が白河院から譲られたものではなく、彼女に仕える女房や侍《さむらい》（六位級の官人）たちを通じて集められたものだということである。

この時代になると、荘園は八〜九世紀頃の、「貴族や王族や寺社が、一国の班田《はんでん》（国が開発した公地）の中の荒地を抱え込んで再開発した田地や、それを核にして拡大開発した墾田《こんでん》」のようなものではなく、「耕地と用水路と集落全体」、つまり中世的な「村」と同じようなものが増えてきていた。それがまとめて権力者に寄進されるようになり、太政官の会議はその利権を調整する場所となる。荘園は、いわば整理されるべき脱法的な開発地から、重要な社会基盤として位置づけられるようになっていた。

そして院や女院が造営する寺院には、こうした「村ぐるみの荘園」が大量に寄進されるようになる。寺院は個人ではないので代替わりの相続や遺産分割を気にしなくていいからである。その支配には、村単位の現地責任者の領主（下司《げし》という）、都から派遣された地域支配のまとめ役（荘官《しょうかん》・預所《あずかりどころ》・地頭《じとう》などという）、京での所有者（領家《りょうけ》などという）、その上の皇族・貴族・大寺社のような、いわば国家レベルの土地所有者（本所《ほんじょ》という）など、いろいろな人たちが関わって役割分担をしていた（199ページ表参照）。そして待賢門院の女房や侍は、荘園経営の中間窓口である預所などの権限（職《しき》という）を代々受けつぎ、独自の権力を持つようになる。つまり女院は、単なる院政の飾りではなく、政治・経済にも影響力を持つ、独立した経営体のトップ、今でいえば国が認可した「財団法人」に近い形になっていく。当時の言葉でいう「権門」である。

しかし白河院がいなくなると、「治天の君」と呼ばれるトップの上皇は孫の鳥羽院に替わり、少し状況が変わってくる。傍流藤原氏の「治天の妃」同士の争いが勃発するのである。

藤原親子と六条藤家──「天皇の乳母」の力①

その前にこの時代のもう一つの勢力について話をしておきたい。十一世紀の前半から、天皇の乳母は従三位という、大納言、つまり準大臣なみの高い位を受けるようになっていた。すでに見た紫式部《むらさきしきぶ》の娘、藤原賢子《さとこ》（後冷泉天皇乳母）が「大弐三位《だいにのさんみ》」と呼ばれたのはこのためだ。そして実の母より乳母子《めのとご》（育てた天皇）に密に接する乳母は、政治的な意味合いでも乳母子に大きな影響力を持つようになる。その典型が白河天皇の乳母、従二位藤原親子《ちかこ》である。

彼女は藤原北家《ほっけ》の奈良時代末期に分かれた末端での系統に生まれ、同族藤原顕季の母となった女性である。顕季は官位こそ正三位修理大夫、見たところありふれた中級貴族だが、大国の受領として財産を蓄え、白河天皇の母、藤原茂子の兄弟の実季の猶子、つまり待賢門院の父の公実の義兄弟となり、白河院の別当（副業マネージャー）で歌壇の主宰者でもあった。その一方で対抗勢力ともいえる、摂関家の師実・師通《もろみち》父子の家司も務めている。つまり顕季なくては院も摂関家も動かない。しかし政治家としては末端の公卿である参議にすらなれなかった。いわば廟堂《びょうどう》の外でその力を発揮する、ロビー外交にたけた人物だったようだ。その点でもまさに、太政官政治のレールから外れた、院の近臣らしい存在だといえる。彼の没後五〇年ほど後にできた『今鏡《いまかがみ》』という歴史物語には、漢詩を作れなかったので参議に推してもらえなかった、という話がある。本当ならまさに、漢文ができないと出世できない、という平安時代の常

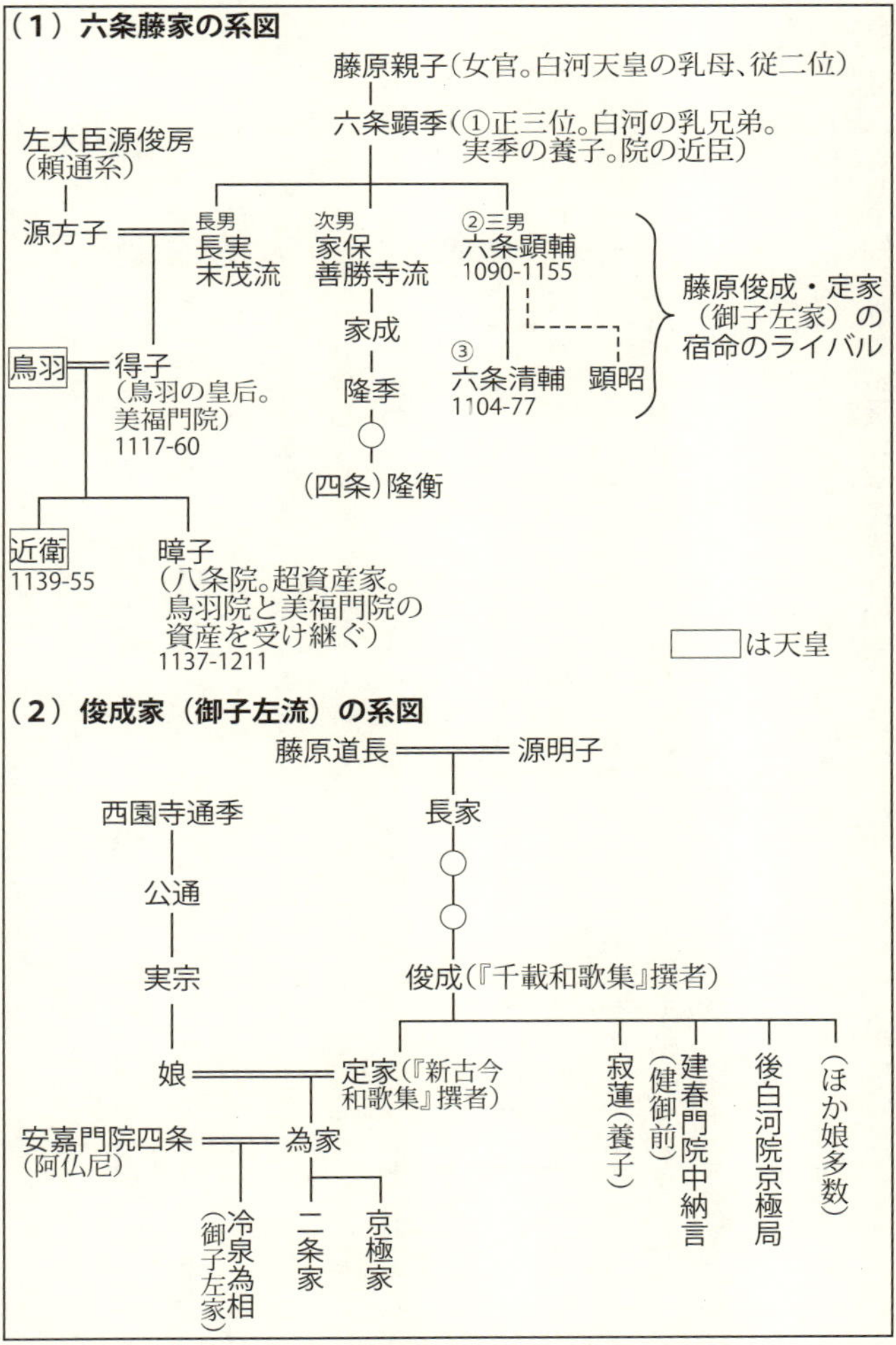

和歌の宿命のライバル派閥の系図

識を超えた人材といえる。そしてこの話には意外に信憑性《しんぴょうせい》がある。

六条藤家《ろくじょうとうけ》という言葉がある。顕季の一族やその子孫を指している。六条殿という大邸宅を造り、白河院の院庁《いんのちょう》（上皇の家政機関の事務所）として提供したという顕季の逸話《いつわ》からきているという。「六条藤家」は、じつは歌道の世界でよく通っている。和歌はもともと、貴族なら誰でも詠める前提でスタートした教養という点で、公文書に必要な漢文でつくる漢詩とは立ち位置が全く異なっており、平安前期では歌の巧みさで出世することはできなかった。しかし、平安後期になると、いうならば和歌の「家元《いえもと》」のような家がいくつか出てくるようになる。それまでのように、上流貴族が手なぐさみで詠む、あるいは歌を詠むのに優れた下級役人のスポンサーになり、歌合の場に出して競わせるという、貴族がトレーナーで歌人をポケモンのようにバトルさせる時代ではなくなった。優れた歌人は歌の道を語り、歌の作法を説き、秘伝を持ち、まさに自ら歌のブランドとなって、独自のネットワークを築こうとする。六条藤家はその道を切り拓いた一族で、漢詩が価値基準になる公卿の世界に入れないので、和歌を政治的なツールとして院という絶対権力者のサロンを中心として、政治の世界を動かそうとしたのである。もちろんそこには白河院に大きな影響力を持っていた藤原親子のコネクションが大きかった。

歌の家のもう一方の旗頭に、藤原道長の六男長家《ながいえ》の子孫がいる。これは貴族の中の貴族から生まれた流派である。あまりにも有名な藤原俊成《としなり》やその子の定家《さだいえ》、あるいは養子で『百人一首』歌人として知られる定長《さだなが》（寂蓮《じゃくれん》法師）、

寂蓮法師

むらさめの露もまだ干《ひ》ぬ槙《まき》の葉に霧たちのぼる秋の夕暮

（にわか雨の後、その露もまだ乾いていない杉や檜《ひのき》の葉から、霧が立ち昇っている秋の夕暮れ時よ）

などの有名どころが並んでいる。このグループを「御子左流《みこひだりりゅう》」（左大臣になった醍醐天皇の皇子、兼明《かねあきら》親王を「御子左」〔つまり天皇のお子様の左大臣〕といい、その邸宅を長家が継承したことからこの名がある）という。定家の弟子のネットワークが後鳥羽院《ごとばいん》から鎌倉幕府三代将軍源実《さね》朝《とも》に及んでいたのは有名な話だろう。その直系は御子左家と通称されるようになった。

対して六条藤家は、院に接近することで生まれた、ある意味新興の「家」で、顕季やその子孫の長実《ながざね》、顕輔《あきすけ》、清輔《きよすけ》、顕昭《けんしょう》などがそのメンバーである。この構図は平安初期の、学識があれば、参議にまで上ることも不可能ではなかった「どんな身分でも、大学で学び、学識のある官人として出世できる」ルートに藤原氏の傍流があふれ出して来て、学問の家の藤原氏が学識派の官人を淘汰《とうた》していく（その代表株が紫式部の父の藤原為時《ためとき》である）という学問の家の流れに似ている。もっとも歌学の場合、藤原氏本流と傍流の内部抗争ではあるが。

さて、歌学の世界では藤原顕季といえば、元永《げんえい》元年（一一一八）に始まった「人麻呂影供《ひとまろえいぐ》」

というイベントの創始者として知られている。このイベントは、儒教の世界で釈奠《せきてん》という、儒教の祖の孔子《こうし》など先師を祀《まつ》る儀式でその肖像を掛ける「影供」のパクリである。具体的には儀式の席に柿本人麻呂《かきのもとのひとまろ》の絵を掛け、つまり「お呼びして」その前で歌道の継承をおこなう「神《しん》前祭祀《ぜんさいし》」のような儀礼である。平安時代の和歌は、柿本人麻呂と紀貫之《きのつらゆき》を両巨頭としていた。紫式部の時代の文化人、具平《ともひら》親王（藤原頼通の妻の隆姫《たかひめ》女王の父）と藤原公任《きんとう》が、この二人のどちらが優れているかを論じあい、その結果、過去の優れた歌人ベスト36を選んだ「三十六歌《さんじゅうろっか》仙《せん》」が誕生したという逸話もある。しかし平安風を代表するのは、やはり『古今和歌集《こきんわかしゅう》』序文で和歌の歴史と神髄を文章にした貫之だったようだ。

それに対して、柿本人麻呂はより古典の、いわば和歌という形ができる時代を代表する歌人として位置づけられていた。その人麻呂を強調するのは、『万葉集《まんようしゅう》』に還《かえ》れ、という六条藤家の心意気を表しているといっていい。六条藤家は、新興であるがゆえに、「われこそは和歌の本道を知る家」とばかりに和歌の歴史、伝統を重んじて強く主張したのである。

御子左流の代表、藤原定家が編纂した（完成させたのは息子の為家《ためいえ》とも言われている）『百人一首』は、いわば宿命のライバル学派の看板作品だが、そこにさえ、

秋風にたなびく雲の絶え間よりもれ出づる月の影のさやけさ

藤原顕輔

（秋風に吹かれ流れる雲の切れ目より、漏れて来る月の光の、美しさといったら、ねぇ）

ながらへばまたこの頃やしのばれむ憂しと見し世ぞ今は恋しき

藤原清輔

（長く生きていけば、辛い今の時も懐かしく思い出されるかなぁ。辛いと思っていた昔も、今は恋しいのだから）

が採られていることからも、当時の六条藤家の盛況ぶりがうかがえるだろう。

このように、白河院の乳母を起点に、歌の家元ともいうべき新たな特権を武器にした家が、政界にのし上がってきたのである。

藤原光子と「夜の関白」——「天皇の乳母」の力②

同様に乳母から出てきた人に、堀河天皇・鳥羽天皇の乳母だった、待賢門院の母、藤原光子がいる。彼女の兄の藤原為房《ためふさ》もまた受領として、白河院の近臣として、そして摂関家の家司として活躍した人物である。

彼らは勧修寺流《かじゅうじりゅう》という、九世紀に清和《せいわ》天皇の摂政藤原良房《よしふさ》の弟の良門《よしかど》から摂関家より分かれた藤原氏である。九世紀には宇多《うだ》天皇周辺で右大臣定方《さだかた》などを出していたが、十世紀後半に

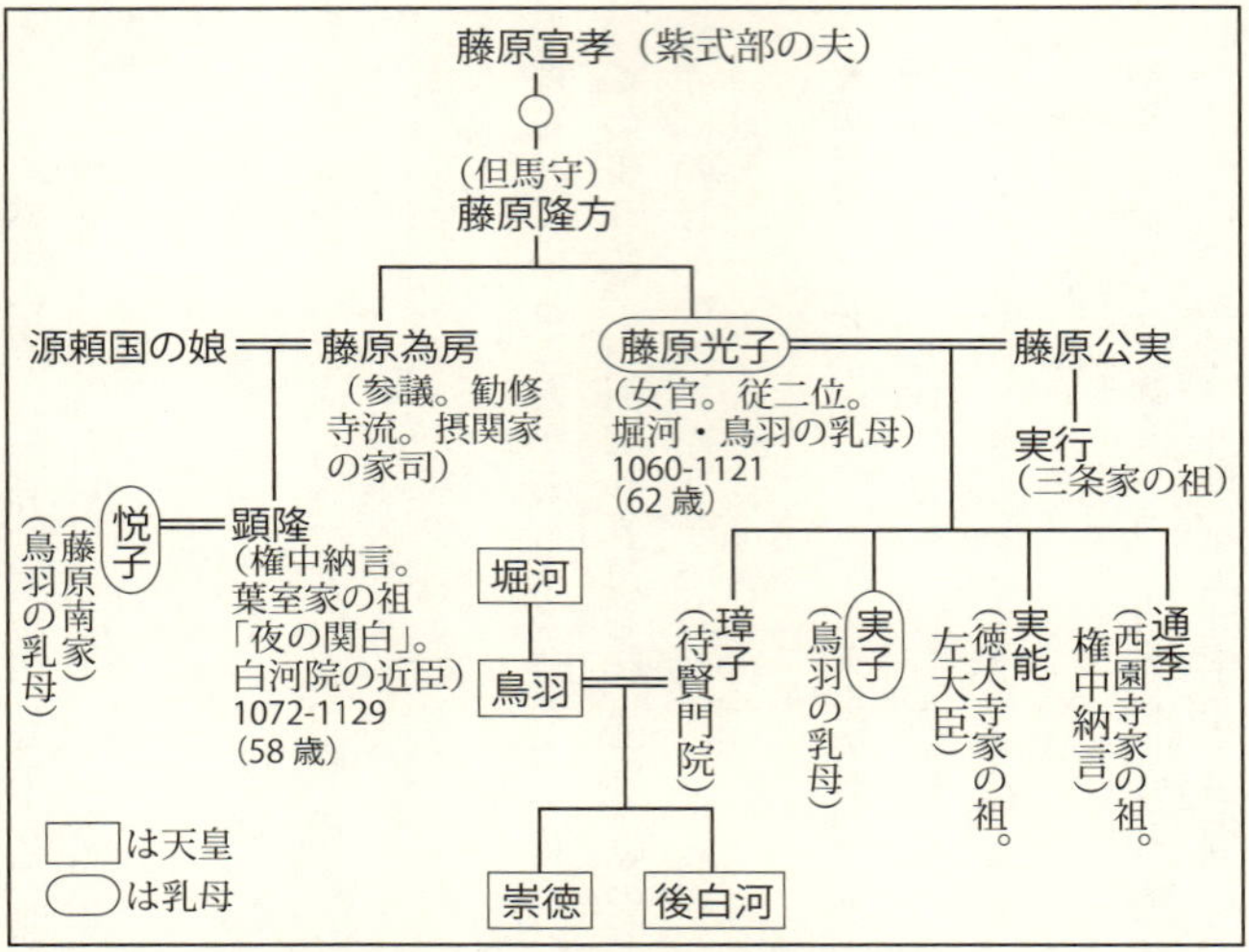

二代の乳母、藤原光子と鳥羽天皇の乳母たち

は紫式部などが出たことで知られる下級貴族の流派になっていた。早い話が、紫式部の夫、藤原宣孝《のぶたか》の別の妻の子の子孫である。しかし為房はついに参議、つまり公卿にまで昇進することができ、その次男の顕隆《あきたか》は正三位権中納言でありつつ、私撰歴史書の『今鏡』に「夜の関白」と書かれるほどの白河院の寵臣《ちょうしん》になっていた。公卿が仕事をするのは本来昼間だが、彼は夜に院を訪れて秘密事項を相談していたという。そのときに何があったのかは明確にしていないが、この時代なら男色の相手とも十分に考えられる。そしてその妻の藤原悦子《よしこ》もまた、鳥羽天皇の乳母で、奈良時代以来の藤原傍流、南《なん》家《け》の出身というから、摂関家基準なら全く他人レベルの、文章博士系藤原氏の流

派だった。しかし彼の子孫は鎌倉時代には「葉室《はむろ》」家を名乗り、大納言を世襲して、現在まで続く藤原氏の重要な流派となっている。

このように見ていただくと、ここまで見てきた西園寺、三条、六条《ろくじょう》、葉室など、一世紀前なら「藤原氏ばかり」といわれた藤原氏の中に埋没していた中から、新たな血統である「家」が次第に作られはじめていたことがおわかりいただけると思う。彼らは、摂関家ではなく、院とスポークス・パーソン、和歌の家元、秘密相談役などいろいろな形で特別な愛顧関係を結び、その立場を直系子孫に継承させることで、摂関とは違う個性の「家格《かかく》」を作り、生き延びていくことに成功した人たちである。

彼らの登場は、摂関をトップとした、平安前期以来の「藤原ピラミッド」とでもいうべき貴族体制が、摂関を最高峰としつつも、いくつもの小さな山頂を持つ、「藤原アルプス」ともいえるような体制に変わってきたことを意味しているように思う。富士山《ふじさん》一人勝ちから、北アルプスの中で、槍ヶ岳《やりがたけ》や穂高岳《ほたかだけ》や剱岳《つるぎだけ》や野口五郎岳《のぐちごろうだけ》がニョキニョキと高さを競っているような感じに変わったというと理解がしやすいかもしれない。

このように、天皇の乳母は強力な権力の源泉となった。しかし注意しておくべきは、乳母本人が権力者となったわけではないことである。乳母はあくまで媒介者《ばいかいしゃ》で、天皇を操る権力者ではない。その点が准母となる未婚女院とは大きく異なるところだといえる。

鳥羽院と「九尾の狐」にされた傍流藤原氏の美福門院

白河院は、大治四年（一一二九）に世を去った。このときに藤原宗忠の『中右記』は、彼の時代を実に要領よくまとめている。簡単に要約すると、

「（白河院は）後三条院が亡くなってから、五七年（天皇として一四年、退位後四三年）の間、政治をおこない、法に縛られない人事を好きなようにおこない、郁芳門院の死去により出家をした。その権威は四海を満たし（日本の隅々まで広がり）、天下は彼に従った。幼い天皇三代を立て、娘六人を伊勢と賀茂の斎王とした。名君で長く統治をした主だが、正しいか間違っているか、賞するか罰するかの決断には好き嫌いが露骨に表れていた。男女の寵臣もそうで、天下の秩序を破りまくり、誰もその制御ができず、関白藤原忠実でさえ保安元年（一一二〇）に内覧《ないらん》（天皇より先に法案を見て意見をいう立場）の特権を停止され、摂関家の衰退を招いた」。

同時代を同世代として生きた宗忠による評伝は、白河院の性格と政治的な歪《ゆが》みを明確に表しているだろう。七十七歳まで生きた白河院の権力には前例がなかった。現役の天皇（崇徳天皇）の曽祖父（白河院）が生きていて、しかも権力者だった状態はきわめて異例だったのである。そのため、亡くなったときに壮麗な葬儀がおこなわれることになったが、全く先例がなかったのである。院は特に法に縛られない君主なので、同等の立場を男女問わず探すと、上東門院と陽明門院の前例しかなかった。その提案をしたのはかの宗忠である。彼は家長としての女院の権威をよく知っていて、それを白河院に当てはめたわけだ。白河院の行き当たりばったり

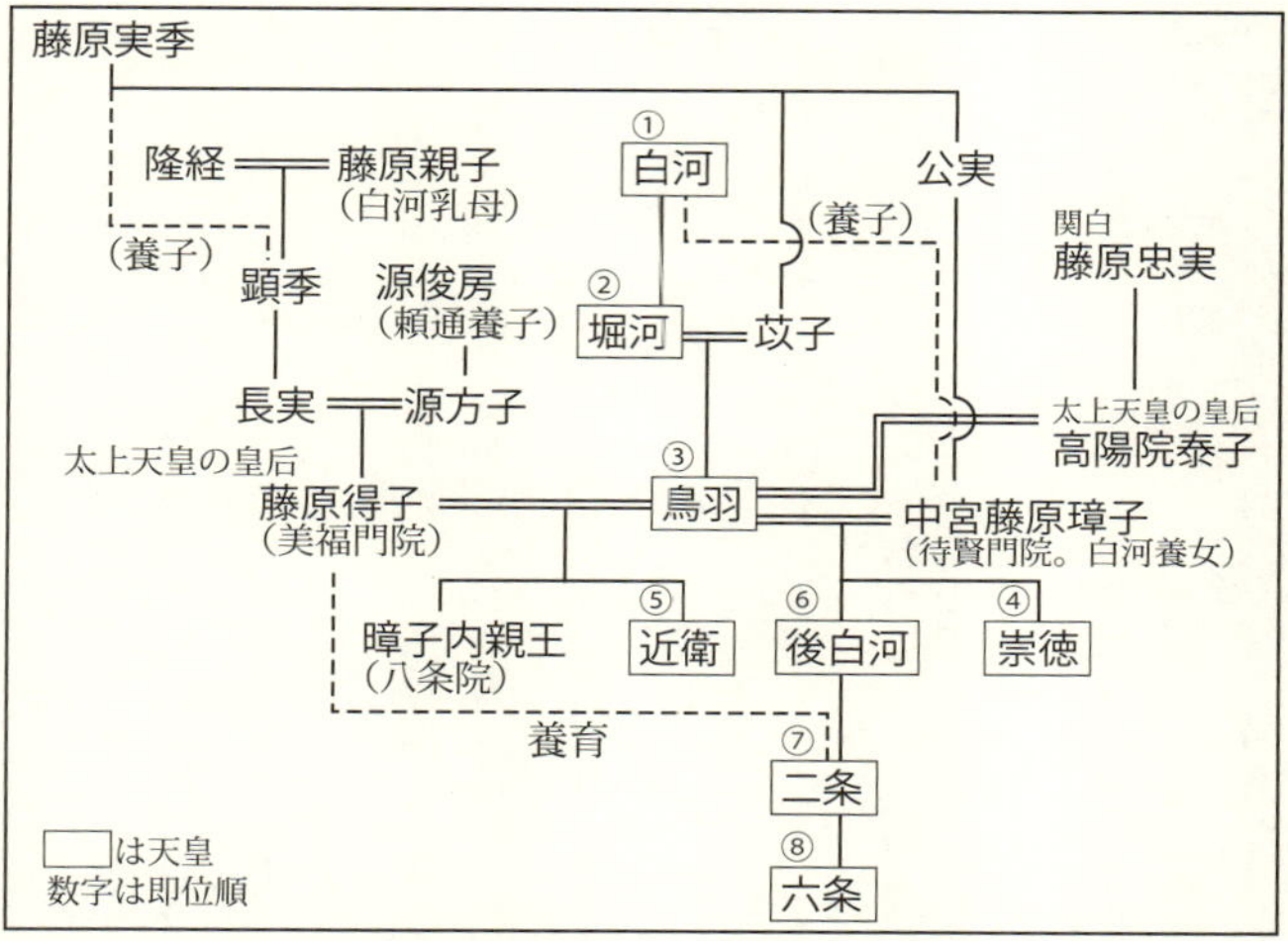

鳥羽天皇と美福門院の関係系図

（前例がないこと）は、その最後の儀式まで続いたのである。

さて、院の権力の根源は、家長として自分の好きな人物に権力を与え、国家の最高決定機関である太政官を無力化することができるという点に尽きるだろう。そして院の元に集まる好きな人物とは、有能な受領として経済面で頭角を現して、摂関と天皇と院の調整を進められる能力のある者、つまり財産持ちでありつつ、学があったり、弁が立ったり、武力を持ったりしている人ということになる。だから彼らが院のお気に入りでありつづけるためには、荘園に代表される資産を院に寄進しつづけることが重要である。つまり権力のある院は、荘園整理をおこなっていた側（天皇）から、大荘園領主（院）になっていくのである。

そうした荘園を寄進されるのは、何も院本人とは限らなかった。白河院の次の天皇家の家長、つまり治天となった鳥羽天皇の場合にそれが顕著になる。

前節でも述べたが、鳥羽天皇は待賢門院璋子との間に多くの子を儲けていた。しかし白河院が世を去ってからはどうも寵が薄れたらしい。それに対抗してのし上がってきたのが藤原得子《なりこ》という女性である。

得子は白河院の乳母だった藤原親子《ちかこ》の曽孫にあたる。くり返すが、親子の子で白河の乳兄弟なのが六条藤家の顕季、その長男の長実の娘が得子なので、まさに院政の申し子のような存在だったと思われる。得子は退位した鳥羽院の寵を一身に集め、上皇の愛人として産んだ皇子が近衛《このえ》天皇として即位したことにより、天皇在位中の女御でもないのに、きわめて異例の皇后となった。

もともと奈良時代以来、天皇は即位とともに中宮（皇后）と東宮（次の天皇予定者、皇太子とか皇太弟）を置くのがよいとされていた。しかし実際には、上皇、摂関家も含めて「護送船団」といえる複合権力を取ることが多く、中宮も東宮も定まっていないことがしばしばあった。ただしその場合でも、天皇在位中に東宮を決めておくのは当然とされ、上皇になってから生まれた皇子が東宮になった前例は、十世紀の冷泉上皇の子で、他に東宮候補がいなかった三条天皇を除いて存在しない。三条天皇の母は藤原兼家《かねいえ》の娘（つまり道長の姉）の超子《とおこ》だが、権力者の娘ながら女御止まりだった。このあたりからも、十二世紀の院がいかに好き勝手できる立場だったかがわかるだろう。そして皇后の次のステップが女院なので、彼女は美福門院《びふくもんいん》となる。待賢門院と並んで、院政の申し子が皇族女性のトップに立ったのである。

彼女の大きな特徴としては、安楽寿院《あんらくじゅいん》とその所領の問題があるだろう。鳥羽院は自分と美福門院のために、鳥羽に巨大な離宮、鳥羽殿を造営した。白河院の白河殿と同様の、郊外副都心といえる。その中心となる宗教施設が安楽寿院で、鳥羽院と美福門院の菩提を弔うために生前に造られた、上皇による特定目的の寺院、「御願寺《ごがんじ》」である。

安楽寿院には数多くの荘園が集積された。そして大荘園領主となった安楽寿院には、鳥羽院と美福門院の遺体を安置する予定の三重塔が造られ、鳥羽院はその塔の下に葬られた。この発想は中尊寺《ちゅうそんじ》金色堂《こんじきどう》の壇の下に葬られた奥州藤原氏三代と同じ、というより藤原三代がこれを真似《まね》たもので、安楽寿院がその走りなのである。

ところが美福門院は自分用の塔に入るのを拒否し、火葬されて高野山《こうやさん》に葬られた。そのため空いた塔には二人の間に産まれて夭折《ようせつ》した近衛天皇が入ることになった。一方、美福門院も、自分の御願寺である歓喜光院《かんぎこういん》を造営し、そこに荘園を集積させていた。

美福門院の奔放ともいえる人生は、多くの貴族にとって不可解であり、恐るべきものだったのだろう。彼女の没後二〇〇年ほど経《た》って語られはじめる、天竺《てんじく》（インド）、唐《とう》（中国）、日本の三国を伝来して国王をたぶらかして世を乱し、ついに日本で退治されたという「金毛九尾《きんもうきゅうびの》狐《きつね》」の化身、玉藻前《たまものまえ》のモデルは美福門院だと伝えられてきたのである。

そして面白いのは、鳥羽が安楽寿院領を、近衛の同母姉である暲子《あきこ》内親王に相続させたことである。暲子は美福門院領も継承し、ここに大資産家の未婚内親王というかつてない存在が誕生する。それが八条院《はちじょういん》であるが、これは章を改めてお話ししたい。

女院の熊野詣

女院の話をいったん閉じるにあたって、一つ付け加えたいことがある。それは女院の熊野《くまの》詣《もうで》である。

紀伊《きい》国（和歌山県）の南端、熊野の地は大峰山《おおみねさん》から続く山岳修験《さんがくしゅげん》の霊場で、その地に古代以来鎮まる熊野神社は、単なる地域信仰から、高野山・吉野山《よしのやま》から大峰山を経て浸透してきた真言宗と結びついて、この世の異界として来世の幸福を求める人々の信仰を広く集め、熊野本《くまのほん》宮《ぐう》・新宮《しんぐう》・那智《なち》大社《たいしゃ》に青岸渡寺《せいがんとじ》を加えた「熊野三山」として確立する。

十世紀半ばごろに活動し、十一世紀前半まで生きていたらしい、増基《ぞうき》という修行僧で歌人の僧侶が書いた歌日記『いほぬし』という本がある。その中には最古の熊野への旅日記があり、那智周辺で修行者が、極楽往生を祈願して写経を地下に埋納する経塚《きょうづか》（要するにタイムカプセルのようなもの）を造っている様子が描かれている。

それと同じころにおこなわれたのが寛弘《かんこう》四年（一〇〇七）の藤原道長の大峰山参詣である。当時高野山は一時的に衰退していて、道長は往生を祈願する場として大峰山を選び、多くの貴族たちを引き連れ、山上ケ岳《さんじょうがたけ》に多くの宝物とともに金銅の経筒に納めた自筆の経典を埋納している。そして大峰山系は金峯山《きんぷせん》、あるいは金《かね》の御嶽《みたけ》と呼ばれるようになり、南大和《やまと》から南紀州に至る山々の連なりは、十一世紀には貴族から庶民までが憧れる聖地になっていた。「蟻《あり》の熊野詣」と呼ばれる熊野ブームの下準備はこうして整えられる。

そして熊野参詣と不可分なのは白河院である。平安時代の天皇はいわば一挙手一投足に至るまで規則に包まれていて、英邁《えいまい》（とっても優秀）な君主とは動きが綺麗《きれい》なことが第一条件とされていたほどだ。ところが上皇になるとそうしたタブーから途端に自由になる。そして白河院は「治天」と呼ばれる現世の最高権力者になったわけだが、タブーから解放されたことで、極楽往生を求める気持ちが強くなったようだ。そこに入り込んだのが、来世への足がかりとなる熊野への信仰だったらしい。白河院が熊野信仰に本格的にハマったのは永久四年（一一一六）、六十三歳の第二回目の参詣からである。そして白河院は生涯に九度の熊野詣を行う。

その後の院の熊野詣は、鳥羽院二一度、後白河院三四度、後鳥羽院二八度などと過剰なまでに続いていくのだが、本書で取り上げたいのは女院の熊野詣だ。待賢門院は白河院と、その孫である鳥羽院とともに四回、その後鳥羽院と七回など合計一三回も熊野に参詣している。注目したいのはこの中の二回は誰かに連れて行ってもらったのではなく、自分で参詣していることだ。

また、美福門院も鳥羽院とともに参詣しているほか、久安《きゅうあん》五年（一一四九）に多くの貴族を伴って単独で熊野詣をおこなっている。面白いのはこのときのメンバーが相当ヤバい奴《やつ》らだったことである。筆頭の子分が大納言藤原成通《なりみち》、道長と源明子の子、頼宗の子孫で、超人的な蹴《け》鞠《まり》の名手として『古今著聞集《ここんちょもんじゅう》』という説話集に出てくる。武士の肩の上に立って蹴鞠をしても気づかれなかったとか、蹴った鞠が雲まで飛んだ、とか、もはや人間ではない。蹴鞠に凝りすぎて大臣になれなかったのではないかと思えるほどの蹴鞠マニアである。次の子分が右近衛中将源師仲《もろなか》、村上源氏で隆姫女王の弟の源師房の曽孫、斎院娟《うるわし》子《こ》内親王と駆け落ちした俊房《としふさ》の孫である。歌僧として有名な西行《さいぎょう》作と仮託された『撰集抄《せんじゅうしょう》』という説話集では、西行が吉野《よしの》の山奥で人造人間作りに失敗して、その理由を教えてもらいに行ったのがこの人で、すでに何人も成功していて、なかには出世している者もいるとある。つまり伝説のネクロマンサー（死者を操る人）だった。

もちろんどちらも「お話」であるが、こういうお話が後にできるような個性的な人、つまり平安中期なら伝説の「安倍晴明《あべのせいめい》」にあたるような人が美福門院の取り巻きにいたというのが面白い。さすが三国渡来の九尾の狐のモデルになった人である。この熊野詣、さぞかし楽しかったろうなぁと思う。

こうした高貴と認識されていた女性は、平安中期までは京を出ることはほとんど考えられなかった。右大将道綱母《うだいしょうみちつなのはは》は『蜻蛉日記《かげろうにっき》』で近江《おうみ》国の石山寺《いしやまでら》や大和国の長谷寺《はせでら》への参詣を記し、清少納言《せいしょうなごん》や紫式部は父の赴任に伴って地方暮らしも経験しているなど、中・下級貴族クラスの女房には稀にはあったようだが、皇族や摂関家の姫になると、伊勢神宮に仕えた斎王を除くと、ほとんどないといってよかった。しかし待賢門院や美福門院の時代になると、状況はがらっと変わってくる。

その契機になったと思うのが、『栄花物語』に見られる上東門院彰子《あきこ》の摂津《せっつ》国難波《なにわ》の四天王寺《してんのうじ》への参詣である。長元《ちょうげん》四年（一〇三一）に京を立った女院には頼通以下の親族が加わり、石清水八幡《いわしみずはちまん》に参詣。さらに美麗にしつらえた船で淀川《よどがわ》を下り、四天王寺と住吉《すみよし》神社に参詣している。比較的慎《つつ》ましやかな彼女にしては珍しく、その華美さが批判されるほどの旅であった。おそらく平安後期の四天王寺に詣《まい》って難波津《なにわづ》に沈む夕日を見て、極楽往生を願おうという「日想観《にっそうかん》」ブームのさきがけになったのではないだろうか。熊野詣も難波からスタートするのである。

女院という大きな権力がイベントに力を入れることの始まりは上東門院の末期、それを受け継いでより華やかなものにしていったのが待賢門院、美福門院と考えれば、十一世紀半ばころから、女院は活動するもの、という意識が育まれていたということになるだろう。

女院は摂関政治と院政を結ぶツールとして考えていかなければならないと思う。

第七章　源平の合戦前夜を仕切った女性たち

奥州合戦と安倍氏と藤原経清の妻

十世紀後半、東北地方と北海道以北の交易が盛んになった。いわゆる北方交易である。南からは鉄や米、須恵器《すえき》など窯で焼く硬い土器、北からは砂金、馬、矢羽根《やばね》（矢につけて飛行を安定させる部品）に使うワシやタカの羽根、ヒグマの皮、昆布などの海産物。京に運ばれてくる多様な交易物が東北北部から、さらにその北の北海道にも渡っていたことが知られている。北方交易は宝の山であり、武人貴族たちが戦をしてまで手に入れたい旨味があった。平安時代前期に北方交易を取り仕切っていたのは多賀城《たがじょう》（宮城県）を基盤にしていた陸奥国府《むつこくふ》（行政機関）や鎮守府《ちんじゅふ》（軍事機関）だったが、より交通ルートを整備するために、この時期に岩手《いわて》郡（現岩手県盛岡市北部、北上《きたかみ》平野と呼ばれる地域）を置く。十一世紀中頃に、鎮守府将軍として源　頼義《みなもとのよりよし》（河内源氏《かわちげんじ》、源頼信《よりのぶ》の子、頼光《よりみつ》の甥の武人貴族）が、息子の義家《よしいえ》とともに赴任したころの鎮守府はどうもこのあたりだったらしい。そして岩手県北部以北および秋田県北部以北、今

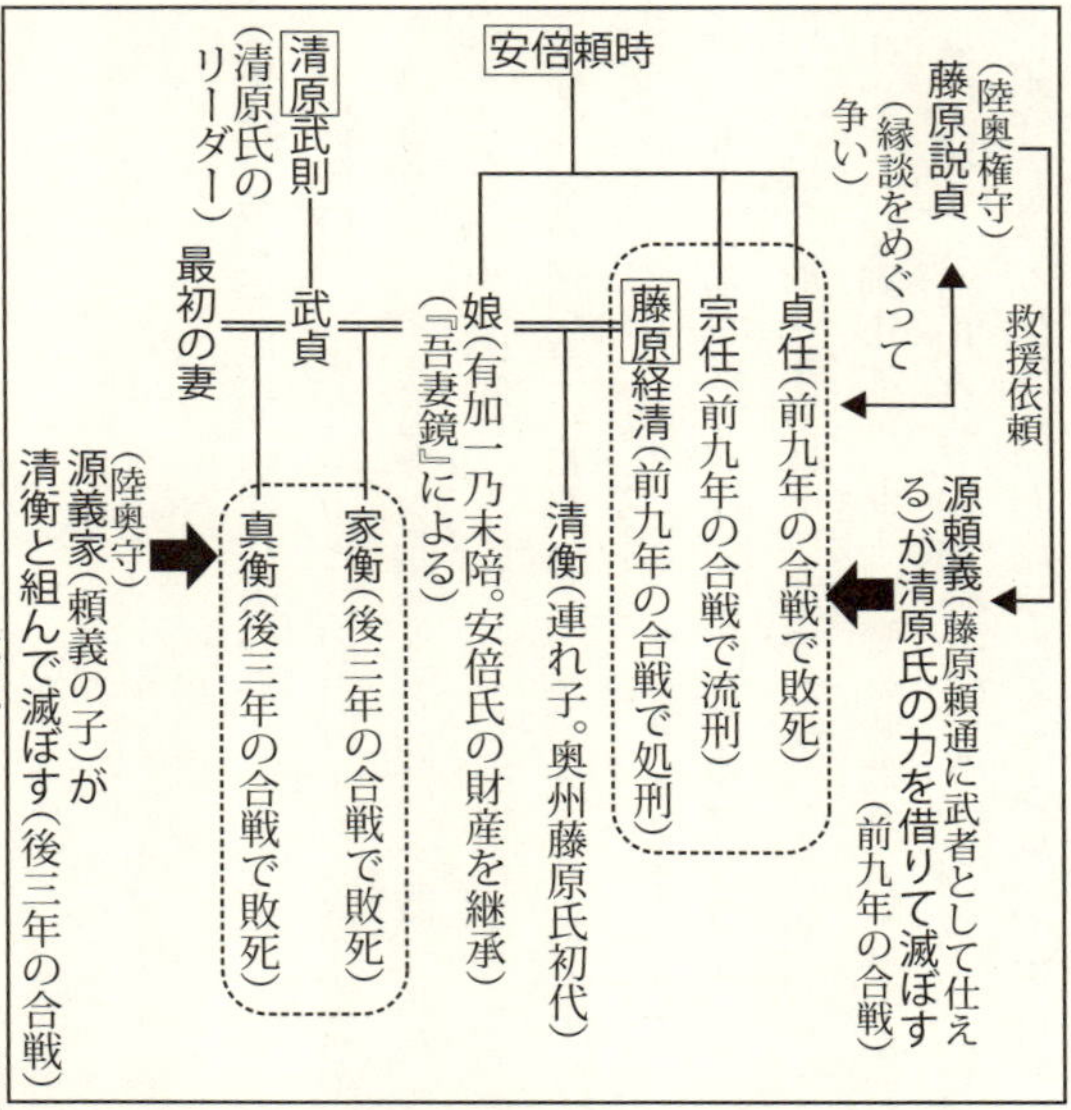

陸奥の安倍氏、清原氏、藤原氏の関係系図

の青森県域はまだ「日本」の領域ではなく、蝦夷《えみし》の社会との境界の最前線だったようだ。

朝廷がこの領域に初めて大規模な侵攻をおこなったのは、延久《えんきゅう》二年（一〇七〇）、後三条《ごさんじょう》天皇の命令による。天皇親政を目指した後三条は「軍事と造作」をスローガンにして東北に侵攻した桓武《かんむ》天皇を真似て、おのれの権威を高めようとしたのだともいわれている。その将軍となったのが大和《やまと》源氏の源頼俊《よりとし》で、頼光の弟、頼親《よりちか》（第四章で清原致信《きよはらのむねのぶ》を殺した「殺人の上手」）の孫、頼義には従兄弟の子である。清和《せいわ》源氏源満仲《みつなか》（清和天皇皇子貞純《さだすみ》親王の孫、じつは陽成《ようぜい》天皇の子、元平《もとひら》親王の子孫だとする史料もある）は〈藤原純友《ふじわらのすみとも》の乱〉の鎮圧に関わった源経基《つねもと》の後継者として頭角を現し、摂関家の手足となっていた武人貴族で、息子の頼光が摂津《せっつ》、頼信が河内（大阪府東部）、そして頼親は大和に勢力を持っていたので大和源氏と呼ばれた。彼らいわば上級貴族たちを守る護衛兵力は、このような形で遠国に勢力を伸ばそうとしていたのである。

頼俊が出張ってくる少し前に、主に今の岩手県・山形県あたりを中心に、前九年《ぜんくねん》の合戦と呼ばれる長い戦いがあった。この地域にそのころ勢力を持っていたのは、陸奥国（福島県・宮城県・岩手県・青森県）では安倍《あべ》氏、出羽《でわ》国側では清原《きよはら》氏であったらしい。八世紀から九世紀にかけての東北三十八年戦争の後、東北支配は、多賀城（宮城県、太平洋側）と秋田城（秋田県、日本海側）を拠点に、重要な地点に城柵《じょうさく》（行政施設を兼ねた軍事拠点。移住した開発民の退避場所にもなった）を置いておこなわれていたが、これらの施設はどうやら十世紀中後半には衰退に向かっており、安倍氏・清原氏は、その後に土着したと考えられている。

安倍氏と清原氏は、前九年の合戦をテーマにした軍記物語で、十一世紀後半頃に成立した『陸奥話記《むつわき》』などに「東夷《とうい》の酋長《しゅうちょう》」「俘囚《ふしゅう》の長」とされた記述がある。東夷とは東北の野蛮人、俘囚とは投降した蝦夷を指す言葉であり、中央からは異民族扱いをされていたと理解できる。しかし近年の研究の進展により、東北地方は一つの文化圏としてまとまっており、その地域を「日本国」が南からじわじわと取り込んでいったのが東北の古代史だったというのが学界共通の見解となりつつある。そして安倍氏や清原氏は、地方官として赴任した中央の安倍氏や清原氏が土着した勢力と考えられる。とすれば、武人貴族の一族が蝦夷系の有力豪族に婿入りして、名士を迎えたその一族が安倍・清原を名乗るという、坂東《ばんどう》における平氏《へいし》定着のパターンに似ているようにも思う。いずれにしても、彼らは地域有力者より一段高いポジションにはいたようだ。

さて、前九年の合戦は、永承《えいしょう》六年(一〇五一)に始まるとされるが、鎮守府将軍として赴任した源頼義と安倍氏の長、安倍頼時《よりとき》との戦いは、天喜《てんぎ》四年(一〇五六)に始まる。近年では頼義が頼時の支配に介入したという見方が有力である。その原因は安倍頼時の息子の貞任《さだとう》と陸奥権守藤原説貞《ときさだ》の娘の結婚話のもつれというから、やはり地域権力と受領《ずりょう》貴族《きぞく》の婚姻による結びつきは重要だった。

源頼義はそうした関係に介入したが、安倍氏には歯が立たず、出羽の清原氏を頼り、ようやく滅ぼすことができた。その際に安倍頼時の娘婿で在庁官人出身だったらしい藤原経清《つねきよ》という人物が処刑されている。普通ならそのまま一族が滅ぼされても不思議ではないのだが、経清の妻だった安倍頼時の娘は清原氏のリーダーだった武則《たけのり》の子の武貞《たけさだ》の妻となった。そして、経清の子を連れ子にして、その後、武貞との間に清原家衡《いえひら》を産んだ。こうして安倍氏が滅んだ後、清原氏は出羽と陸奥の北部に勢力圏を広げたが、武貞の次世代には清原真衡《さねひら》(最初の妻の子?純系清原氏)、藤原清衡《きよひら》(継室《けいしつ》安倍氏の連れ子。清原氏の養子で藤原氏と安倍氏のハーフ)、清原家衡(清原氏と安倍氏のハーフ)という複雑な三兄弟ができた。

ここで考えておきたいのは「安倍頼時の娘」の立ち位置である。安倍頼時は前九年の合戦途中で戦死し、後を継いだ安倍貞任は頼義とその子の義家に滅ぼされ、弟の宗任《むねとう》は投降して西国に流されたので、安倍氏の実質的なリーダーは「安倍頼時の娘」とその子の藤原清衡になったものと思われる。そして清原武貞が彼女を娶《めと》ったのは、清原氏による安倍氏の遺領への関与を強めるためと考えられる。おそらく彼女は安倍氏の敗残者、戦争捕虜ではなく、相続人と認められており、武貞は、「故頼時の娘婿の藤原経清」の後家だった彼女に婿入りすることで、安倍氏の遺領の支配に割り込めたのではないかと思う。そして源頼義も、清原氏の前九年合戦での功績により、この結婚を認めざるを得なかったのではないか。

こうして作られた清原氏の複雑な関係はいろいろなひずみを生み、清原氏内紛から永保《えいほう》三年（一〇八三）に始まる後三年《ごさんねん》の合戦と暴発をくりかえし、ついに陸奥守として赴任した源義家の介入を呼び込む。そして清原氏は滅ぼされ、勝ち残ったのは義家と組んだ藤原清衡だった。しかしこの戦は私戦とされ、陸奥国からの官物（要するに受領が収めなければならない税）の貢納より私利私欲の戦いを優先したと認識された義家は、陸奥守を解任され、東北に影響力を残せないまま去ることになる。結局安倍・清原氏の支配権は清衡のものになった。彼こそが奥州藤原三代の栄華を築いた初代、藤原清衡なのである。

つまり蝦夷との交流の最前線で築き上げた安倍氏と清原氏の勢力を、奥州藤原氏につないだのは、「安倍頼時の娘」という女性だった。二〇〇年後の鎌倉時代に書かれた歴史書『吾妻《あずま》鏡《かがみ》』では彼女の名を「有加一乃末陪《ゆかいちのまへ》」としている。「有加」は地名、「一乃末陪」は「一の前」ということで、「御前《ごぜん》」という意味だろうか。本名はもとより、通り名さえ正しく漢字変換できないうろ覚えで伝わっていたような女性が、奥州藤原氏の繁栄の基礎となっていたのである。

〈保元・平治の乱〉と女性たち

さて、都に目を転じてみよう。この時代に待《たい》賢門院《けんもんいん》堀河《ほりかわ》という女性がいる。『百人一首《ひゃくにんいっしゅ》』歌人で、女院に仕える女房である。私がこの人に興味を持ったのは、江戸時代に作られた手描きの『百人一首』のカルタからである。彼女は繧《うん》繝縁《げんべり》の畳の上に座っていた。『百人一首』カルタをご存じの方なら、繧繝縁の畳の上に座るのは、天皇・親王・内親王だけだということは常識だろう。つまりこれを描いた絵師は、待賢門院と付いているので、皇族だと勘違いしたわけである。このカルタでは、同じように二条院《にじょういん》讃岐《さぬき》や殷富門院大輔《いんぷもんいんのたいふ》なども繧繝縁の畳に座っていたのだが、彼女が特に目についたのは、前章で述べた待賢門院璋子《たまこ》の重要性と関係する。

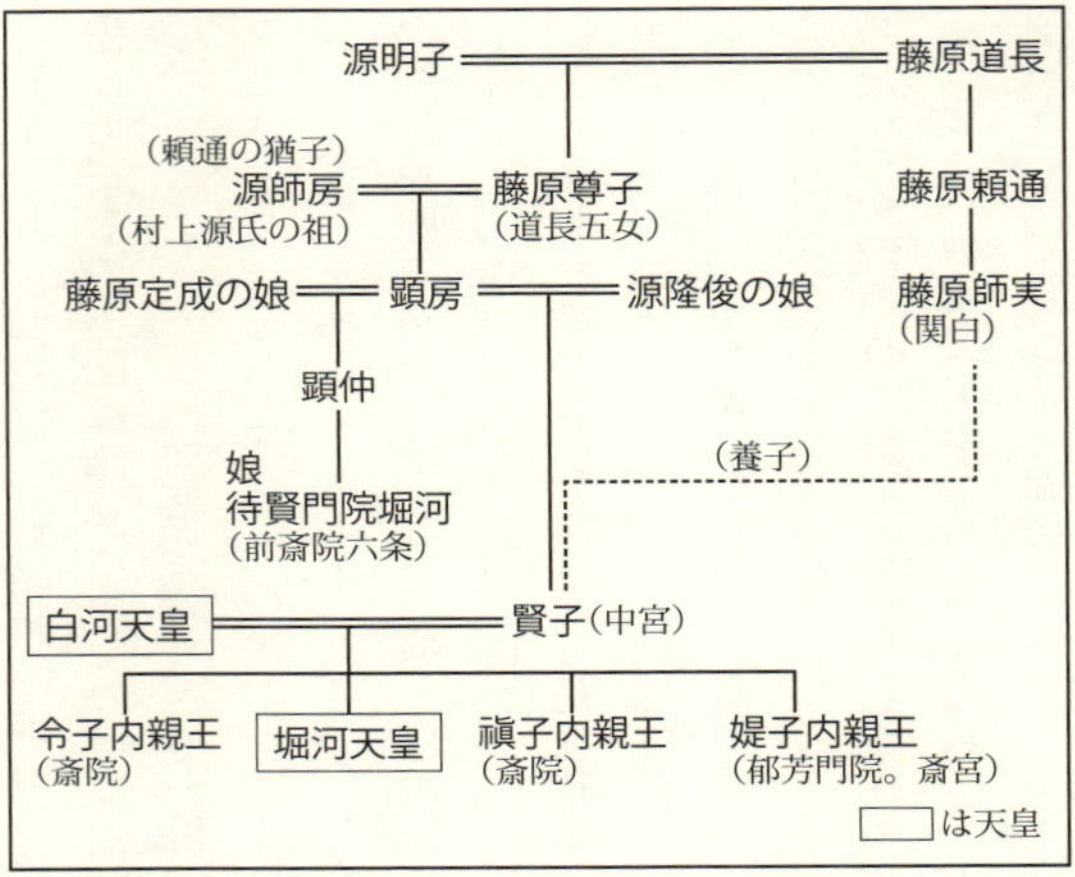

源賢子と村上源氏の系図

私たちの世代でこのころに興味を持つ者ならたいてい目を通しているのが彼女についての角《つの》田文衞《だぶんえい》氏の研究である。璋子の生涯を詳細に追った力作だが、最大のポイントは、崇徳《すとく》天皇が鳥羽《とば》天皇の子ではなく白河《しらかわ》上皇の子であることを論証しようとしたことだろう。待賢門院という名前が強烈なインパクトとともに脳裏に刻み込まれた。じつは私は現在、この仮説には同調していないのだが、待賢門院が平安後期を考えるときに重要な存在であるという点は角田説に激しく同意している。

だから待賢門院堀河から入る。『百人一首』では、

待賢門院堀河

ながからむ心もしらず黒髪の乱れてけさは物をこそおもへ
（末長く変わらぬという心も知りがたく、この黒髪が寝乱れているように、今朝は心が乱れて思いにふけっている）

という官能的ともいえる歌で知られる彼女は、神祇伯《じんぎはく》源顕仲《あきなか》という人物の娘である。顕仲は村《むら》上《かみ》源氏で藤原頼通《よりみち》の猶子だった源師房《もろふさ》の孫で、白河の女御の藤原賢子《かたいこ》（藤原師実《もろざね》の養女なので藤原氏）の異母弟だというから、郁芳門院媞子《いくほうもんいんやすこ》内親王やその妹の賀茂斎院《かもさいいん》だった令子《のりこ》内親王には叔父、白河院にもごく近い立場で、堀河は郁芳門院姉妹の従姉妹ということになる。そして

彼女はもともと「前斎院六条《さきのさいいんのろくじょう》」と呼ばれた歌人だったらしい。前斎院とは令子内親王のことで、従姉妹のサロンから歌人生活をスタートさせたらしい。このあたりも血縁と私情の世界である。令子の女房には、摂津（小野宮《おののみや》系の摂津守藤原実宗《さねむね》の娘）、大弐（大弐三位《だいにのさんみ》の孫、つまり紫《むらさき》式部《しきぶ》の曽孫という）、肥後《ひご》（肥後守藤原定成《さだなり》の娘）など多くの中級貴族層の歌人がおり、六条もこのサロンで揉《も》まれて頭角を現したようだ。

そして彼女は白河院の娘のサロンから、その甥の鳥羽院の中宮のサロンに移籍したようだ。令子内親王と待賢門院の亡くなった年は一年違いで（令子一一四四年、待賢門院一一四五年）、おそらく移籍は両者の生前のことらしく、当時の女房勤めにはそういう気軽さもあったようだ。まあそれ以上に待賢門院のサロンが魅力的だったのかもしれない。郁芳門院に仕えていた郁芳門院安芸《あき》（安芸守藤原忠俊《ただとし》の娘）という女房も待賢門院のサロンに移籍したことが知られている。郁芳門院のところで述べたように、彼女の周辺には、まだ斎王《さいおう》だった幼女のころ、祖母の「右大臣北方」源隆子《たかこ》が伊勢《いせ》に下ったときに歌を詠み交わすようなサロンがすでにあった。安芸はそうした人たちの代表といえるだろう。

そして待賢門院堀河の妹には、上西門院兵衛《じょうさいもんいんのひょうえ》という女房がいた。上西門院は待賢門院と鳥羽天皇の娘で、名を統子《むねこ》内親王といい、後白河天皇の准母として立后、そして未婚女院になったが、もともとは崇徳朝の斎院である。ここでも斎院のサロンが女房歌人の受け皿になっている。

さて、『金葉和歌集《きんようわかしゅう》』には、令子内親王のところに美濃《みの》という女房が出仕したときの歌がある。この美濃という女性は、摂津源氏源仲政《なかまさ》の娘である。仲政は酒呑童子《しゅてんどうじ》退治の伝説で知られるあの源頼光の曽孫で、京の武者の家に育った人である。頼光の子孫は歌人として知られた人も多く、彼女の兄弟には、源平の合戦の当初、以仁王《もちひとおう》とともに戦った源三位《げんざんみ》頼政《よりまさ》がいる。頼政の娘には二条天皇に仕えた歌人で『百人一首』の、

二条院讃岐

わが袖は潮干に見えぬ沖の石の人こそ知らね乾く間もなし

（私の袖は干潮でも見えない沖に沈む石のように、人には知られていないが、涙に濡《ぬ》れて乾くまもない）

で知られる二条院讃岐がいる。斎院令子内親王と、その甥の堀河天皇の曽孫の二条《にじょう》天皇とは、こういう関係の結びつきがあったことになる。院や女院など、この時代の富や権力を代表する組織に伴うサロンにおいて、武力や経済力で院を支えた摂津源氏の女性たちも天皇や皇族女性と結びついていたのである。彼女らはサロンの担い手であるとともに、その親族である下級貴族や武人貴族と院を仲介する存在でもあった。

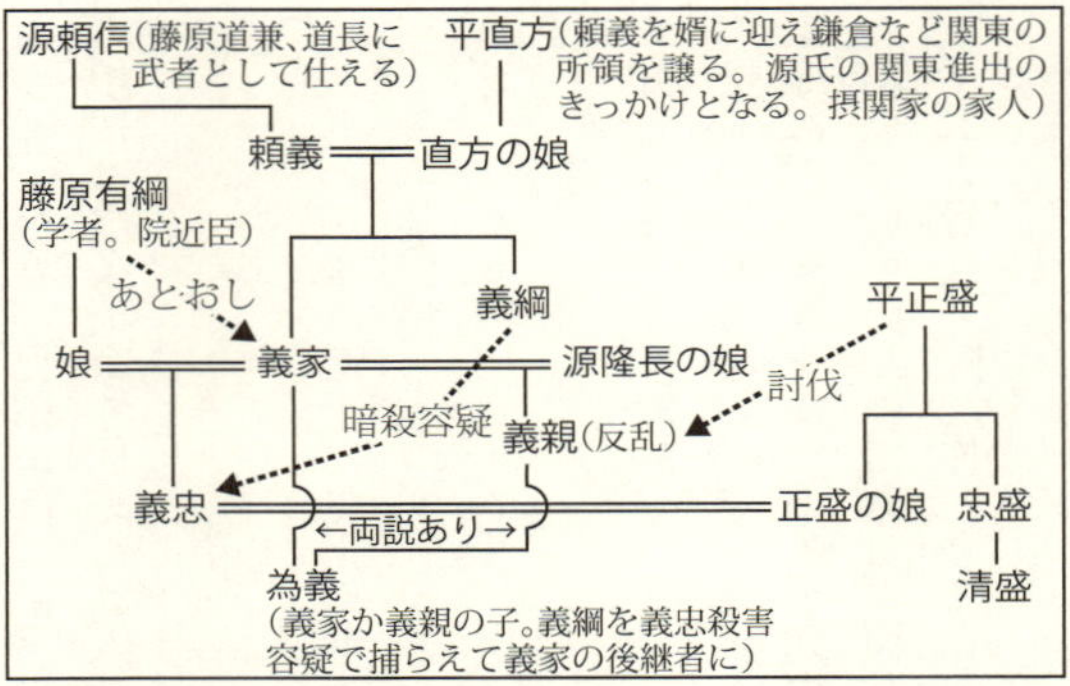

武人貴族平氏と源氏系図

源義家から平忠盛へ

さて、少し前の時代に戻ろう。東北で戦った源義家の母は、藤原頼通の家司であり、受領級貴族として坂東にも影響力を持っていた平直方《たいらのなおかた》の娘だという。平直方は先に触れた伊勢平氏の元祖、維衡《これひら》の兄の孫で、長元《ちょうげん》元年（一〇二八）に安房《あわ》（千葉県南部）国府を焼き討ちにした平忠常《ただつね》の反乱が起こると、追討使《ついとうし》として派遣された。しかし結局収拾できず、代わって追討使になった源頼信が忠常を降伏させ、直方は頼信の息子の頼義を婿に迎えて、本拠の鎌倉を譲ったという。河内に本拠を置く清和源氏の一族が坂東に進出する基盤はこうしてできたという。

頼義の子の義家の正妻は白河院に仕えていた中宮亮《ちゅうぐうのすけ》藤原有綱《ありつな》という、大学頭や文章博士を務めた学者の娘である。彼は中宮藤原賢子に仕え、さらに娘の令子内親王の家司でもあったから、白河院にきわめて近しい立場だった。彼が中宮亮になったころから、義家が白河院の護衛となる記事が貴族日記に見られるようになり、このことは『中右記《ちゅうゆうき》』では、きわめて異例と記されている。義家はこうして白河院に接近するが、〈後三年の合戦〉が私戦とされてからは、その昇進は停滞したようだ。

その一方で白河院が新たに目をかけはじめたのが、郁芳門院の菩提寺、六条寺《ろくじょうじ》への所領の寄進を立身の手がかりにした平正盛《まさもり》だった。義家が白河院の邸宅の正殿に上がれる資格である院昇殿《いんしょうでん》を得たのは承徳《しょうとく》二年（一〇九八）だが、正盛は同時期から受領として経済的基盤を固めるとともに、義家の後継者の義忠《よしただ》を婿に取ることで京武者としての社会的地位も上昇させていく。そして嘉承《かしょう》二年（一一〇七）に、出雲《いずも》（島根県東部）で反乱を起こした源義親《よしちか》（義家の次男。当初追討使に指名されたのは義忠だったが、相手が異母兄なので辞退した）を討ち、武人として義家流源氏に並ぶ地歩を固めていく。

そして正盛の子の忠盛《ただもり》は、女房サロンのネットワークにも渡りをつけていた。忠盛もまた歌人として崇徳院の歌会に出仕し、待賢門院の政所《まんどころ》別当《べっとう》、つまりマネージャーを務めたこともあった。武者が歌人として院とのつながりを持つ、というルートに忠盛も乗っていたのである。そして忠盛はこのパイプを利用して院の信用をかちえて、多くの大国の受領として財力を蓄え、武力と財力、多くの部下、そして貴族的な教養を兼ね備えた人物と評されるようになっていく。

一方、清和源氏では当主義忠が暗殺され、為義《ためよし》（義家の子とも義親の子ともされる）が後継者となったが、めぼしい動きはほとんど見られず、それが両者の差に直結していたようである。しかし為義の子の世代になると、遅まきながら顕著な変化が見られるようになる。先述した鳥羽院皇女の上西門院統子内親王の蔵人《くろうど》には、〈平治《へいじ》の乱〉で流罪になる以前の源頼朝《よりとも》が仕えている。そして二条天皇の中宮である高松院姝子《たかまついんよしこ》内親王（鳥羽天皇皇女、美福門院《びふくもんいん》の娘で統子内親王の猶子）には、頼朝の兄の源朝長《ともなが》が出仕していた。二人の父、源義朝《よしとも》もまた、女房サロンのネットワークに連なろうとしていた。

〈保元《ほうげん》・平治の乱〉に関わる人々は、このように皇権の象徴である斎王経験者をつなぎにした、女院たちのネットワークに連なっていたのである。

祇園女御という謎

さて、平忠盛を考える上で外せないのが、先述の祇園女御《ぎおんにょうご》というよくわからない女性だ。姓名不明、生没年不明、わかっているのは晩年の白河院に愛されたらしいということだけである。

彼女が歴史から消えたことについて『平家物語《へいけものがたり》』では、白河院より平忠盛に下されたからとしている。院が彼女の元にお忍びで向かう雨の夜、その前を銀色に光る怪物が通り過ぎた。院が忠盛に命じて取り押さえさせたところ、蓑《みの》を着てともし火を持って歩いていた堂守《どうもり》の僧だった。うかつに斬りかからず冷静に対処した忠盛に、院は恩賞として祇園女御を与えた。そのとき彼女は懐妊していたので男が生まれたら忠盛の子に、女が生まれたら院の子にと約束して、生まれたのが男の子だったので、その子は忠盛の長男として育てられた、これが平清盛《きよもり》だという「話」である。

吉川英治《よしかわえいじ》の小説『新平家物語《しんへいけものがたり》』では、祇園女御は白河院の子である清盛を産んだ後、経盛《つねもり》、教盛《のりもり》などの子を産むが忠盛との貧乏暮らしに耐えかねて出て行くという設定になっている。もちろんこれはフィクションで、清盛以外の子は彼女の子ではない。そして清盛の父が誰なのかについては、現在も論争が続いている。その出世が異常に早いからである。

さらに、滋賀県多賀町《たがちょう》の胡宮《このみや》神社が所蔵する『仏舎利系図次第《ぶっしゃりけいずしだい》』という文書には「祇園女御の妹が清盛の母で、祇園女御は彼を猶子にした」ともあり、しかもこの姉妹の表記が本文とは異筆だとわかったから、話がさらにややこしくなっている。

本書はこの問題には深入りしないが、私が注意しておきたいのは、どんな資料も祇園女御について「某《なにがし》の女」や「某の娘」という書き方をしていないこと、そして清盛の周辺に、母の係累と見られる有力者（たとえば後述する妻の平時子《ときこ》周辺の有力者のような）の影が見られないことである。これは彼女が有力な貴族や院の近臣の娘ではなかったことを意味しているのではないか。たとえばこの時代には、〈承久《じょうきゅう》の乱〉の原因になった白拍子《しらびょうし》（今でいえば男装してアカペラで歌うシンガー&ダンサー）亀菊《かめぎく》（伊賀局《いがのつぼね》）のような、出自のよくわからない女性が出てくる。源義経《よしつね》の愛人の静《しずか》（静御前《しずかごぜん》）や、架空ではあるが『平家物語』の祇王《ぎおう》・祇女《ぎじょ》姉妹なども白拍子だ。祇園女御もそうだとはいわないが、この時代には遊女を母親とした皇子女もしばしば見られる（たとえば後鳥羽院の娘の斎王熙子《ひろこ》内親王の母は、石《いし》という白拍子で丹波局《たんばのつぼね》と呼ばれている)。「祇園」の名から宗教的性格を読み取ることももちろん可能だ。祇園社は比叡山延暦寺《ひえいざんえんりやくじ》の配下で、寺院でもあり神社でもあり、このころには牛頭天王《ごずてんのう》を祀《まつ》る陰陽道《おんみょうどう》の施設としての性格も強くなっている。もともと病魔を祓《はら》って長命を得ることを目的とした現世利益《げんぜりやく》的な都市信仰なので、白河院がこれにハマったとしたら、それに関わる、たとえば巫女のような女性が、院の信頼を得て祇園女御と呼ばれた可能性だって考えられる。彼女は、神おろしなどもおこなっていたという白拍子とは紙一重なのかもしれない。

ここで注意をしておきたいのは、この時代になると、そういう得体の知れない女性たちがしばしば歴史上重要な立ち位置にいることである。これは皇后、女院、斎王など、これまで取り上げてきた女性たち、その高貴さゆえに独自の社会的地位を持ち得た女性たちとは大きく異なる、ある意味で新しい時代の女性たちなのである。すでに触れたように、この時代は「女、氏無くして玉の輿に乗る」が発生し、そうした女性の一人である美福門院得子《なりこ》からは「金毛九尾の狐」の伝説が生まれた。

一見すると女性が社会を動かしているように見えるが、ことはそう単純ではない。女性の栄華は待賢門院でも美福門院でも祇園女御でも一代限りであり、あくまで、「檀那《だんな》(夫ともスポンサーともタニマチ=贔屓筋《ひいきすじ》ともいえる)」である白河院や鳥羽院の権力が「天皇の上に立つ院(治天《ちてん》)であり武人貴族を駆使できるという点」で突出していたので、その寵愛を受けた者も突出したと考えておく必要がある。実際、院の寵愛を受けた者は女性とは限らない。歌人や荘園の寄進者や芸能に優れた者にもそうした人々はいた。それがこの時代の特質である。

平滋子と平時子――「平氏」から「平家」を生み出した女性たち

また少し時代をさかのぼる。十一世紀に後朱雀《ごすざく》天皇と中宮藤原嫄子《もとこ》の間に生まれ、藤原頼通の後援で巨大なサロンを持った祐子《すけこ》内親王を覚えておられるだろうか。そのサロンに紀伊《きい》と通称される女房がいた。当時は有名な歌人で、『百人一首』にも入っている。

祐子内親王家紀伊

音にきくたかしのはまのあだ波はかけじや袖のぬれもこそすれ

（噂に高い、高師《たかし》の浜のいたずらな波のように浮気なあなたの言葉は心にかけません。そんなことをしたら袖が波に濡れるように泣くことになりますから）

このように有名な歌人なのだが、出自はよくわからない。情報の少ない時代なのである。しかしどうやら平氏の出身らしい。といっても、平忠盛とは直接関係しない。

そもそも平氏は源氏に比べてずっとマイナーな氏族である。源氏は嵯峨《さが》・仁明《にんみょう》・文徳《もんとく》・清和・陽成・光孝《こうこう》・宇多《うだ》・醍醐《だいご》・村上・花山《かざん》・三条《さんじょう》など思いつくだけで二ケタの天皇から出ているのに、平氏は桓武、仁明、文徳、光孝の四系統で、しかもまともに残っているのは桓武の

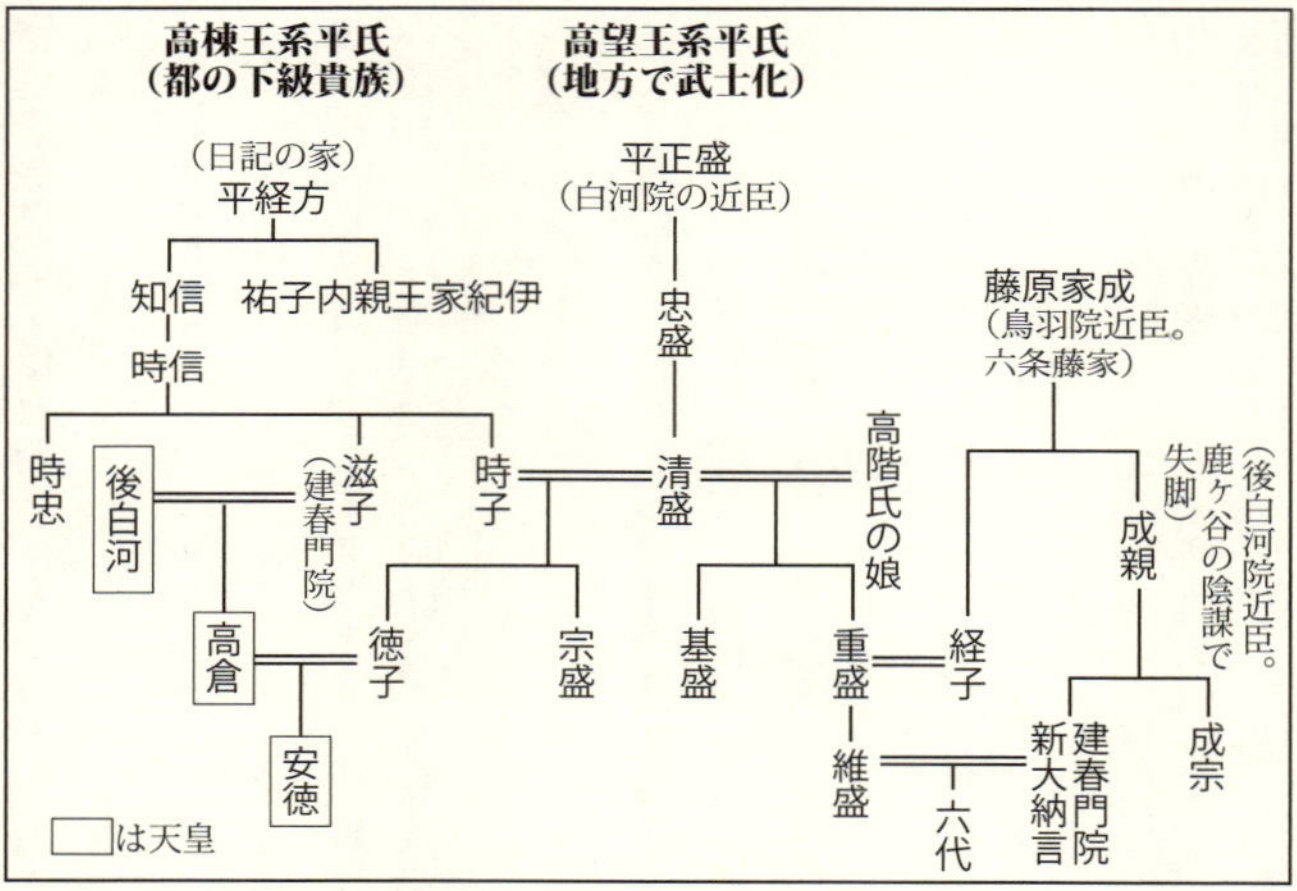

二つの平氏（文人と武人）

子孫の、高棟王《たかむねおう》と高望王《たかもちおう》の二系統だけである。ところがその二系統には大きな特徴がある。高望王は桓武の孫とも曽孫ともわからない弱小王族で、子孫は地方に降って開発領主として武装した。これまで出てきた「平」姓の武人、つまり武人平氏《ぶじんへいし》はほぼこの系統だ。ところが高棟王の系統は全く違う展開を遂げた。彼らは五位相当の下級貴族として、貴族の中間層を、出世も没落もせず、地道に生きていたのである。これを文人平氏《ぶんじんへいし》と呼んでおこう。ところが十二世紀という時代には、文人平氏にも陽《ひ》が当たるようになってくる。

紀伊の父ではないかといわれる人の一人に平経方《つねかた》がいる。肩書きは従五位上民部大輔《みんぶのおおすけ》という、まあ貴族としては、平々凡々な人である。しかしその子、つまり紀伊の兄弟かといわれる人物に平知信《とものぶ》という人がいた。知信からその子の時《とき》信《のぶ》にかけて、この家は日記をつけることを家の職として、摂関家に接近していく。つまり摂関家の記録係である。そして時信には平滋子《しげこ》、時子という娘がいた。滋子は先に見た鳥羽院皇女の上西門院統子内親王の女房として職歴をスタートさせ、〈保元・平治の乱〉のころ、なんとまあその弟の後白河院《ごしらかわいん》の目に留まってしまったのである。

滋子は天皇ではなく、後白河上皇の恋人であり、下級貴族の出身で上級貴族の養女になったわけでもないので女御にはなれなかったが、その寵愛の余沢《よたく》はその兄弟姉妹にも及んだらしい。それが姉の平時子と、兄の平時忠《ときただ》、そして時子の夫、高望王系平氏の平清盛である。

そう、つまり後白河院と平清盛は、時子・滋子を通じてもつながっていたのである。平時子は平清盛の継室、つまり二度目の正妻らしい。清盛の最初の妻は高階氏《たかしな》（もとをたどれば一条《いちじょう》天皇の皇后定子《さだこ》の母、高階貴子《たかこ》を出した氏族）だったようで、長男重盛《しげもり》と夭折した次男基盛《もともり》を産んでまもなく亡くなったと見られている。興味深いのは清盛が高階氏と文人平氏、つまり院や摂関家を実務レベルで下支えしてきた中流の行政貴族と関係を結ぼうとしていたらしいことで、おそらく清盛は時子の向こうにある、父の時信や弟の時忠など、院や摂関とつながる文人平氏の隠れた実力をわかっていたのだろう。そして時子の妹、滋子が後白河院のお手つきになってしまったことで、なんと時子は守仁《もりひと》親王（後の二条天皇）の乳母に抜擢《ばってき》され、〈平治の乱〉を鎮圧した清盛の立場も一層引き上げられる。

つまり伊勢平氏忠盛流の武人貴族だった清盛は、宮廷貴族である文人平氏の時子との結婚により、後白河院とも二条院ともより強いパイプを得て、ランクアップを果たしたのである。清盛が白河院の落胤《らくいん》だったかどうかはともかく、この伝説が語られる背景には、同時代に彼がただの平氏ではないと思われていたことがあっただろう。その「ただ者ではなさ」は、武人平氏と文人平氏の合一によるパワーアップにもよるのではないかと思われる。

つまり平清盛と平時子の結婚は、下級貴族の「平氏」を合体させ、清盛、時子、滋子、時忠、重盛、宗盛《むねもり》など、武人と文人の連合体である一流の軍事貴族「平家」を生み出したのである。

こうして貴族である「平家」が誕生した。『平家物語』の「平家」が平氏ではなく「平家」なのはこのためだと考えられる。

フィクサー藤原成親と女性たち

さて、先ほど院の寵愛を受けた者は女性とは限らないといったが、ここでそのことに触れておきたい。取り上げたいのは藤原成親《なりちか》である。源平合戦期の歴史に興味がある人なら、この名前は有名ではないだろうか。この時代の大きな事件の随所に出てくる人物だが、この藤原が「どの系統の藤原」か知っている方は少ないのではないだろうか。

まず成親の人生を紹介しておくと、六条藤家《ろくじょうとうけ》の家成《いえなり》の子として生まれた。この家のスタートといえるのは白河院の近臣の正三位修理大夫《しゅりだいぶ》顕季《あきすえ》で、その子の家保《いえやす》は従三位参議に至り、その子の家成は正二位中納言、その子の成親は最終的に正二位権大納言、つまり政治家の最高位近くに至る。院の近臣で和歌の家として知られた六条藤家が、太政官の中核に近づいていたことがうかがえるだろう。

彼は鳥羽院の側近で、鳥羽院なきあとは美福門院ではなく後白河院に接近した。〈平治の乱〉では首謀者だった藤原信頼《のぶより》と組んで参戦して敗れたが、妹の経子《つねこ》が平清盛の長男、重盛の妻だったので、右近衛中将の官を解かれたのみで、重く罪には問われなかった。

しかし成親は、次に起こった後白河院と二条天皇の親子対立にも巻き込まれる。二条天皇は後白河院の子ではあるが、育てたのは美福門院なので、後白河とは反りが合わず、永暦《えいりゃく》二年（一一六一）には二条の弟で平滋子が産んだ憲仁《のりひと》親王（高倉《たかくら》天皇）を皇位に就けようとした陰謀があったとして後白河院の側近が罪に問われるという事件が起こる。このとき、平滋子の異母兄の平時忠らとともに、成親も再び右近衛中将の官を解かれる。二条天皇が亡くなり、六条《ろくじょう》天皇の後に高倉天皇が即位すると再び政界に復帰するが、今度は比叡山延暦寺とのトラブルが起こる。

嘉応《かおう》元年（一一六九）に尾張《おわり》国で国府と延暦寺領荘園のトラブルがあったことを発端に、延暦寺が強訴（大衆《だいしゅ》、要するに僧兵が延暦寺を守護する日吉社《ひよししゃ》の神輿《みこし》を担ぎ、神仏の怒りと称してデモ行進をおこなうという武力アピール）を起こした。この強訴の目的が、尾張国の知行国主《ちぎょうこくしゅ》、藤原成親の流罪だった。知行国主制とは、十一世紀の終わりごろから始まった、院政が強くなって、本来の政治決定のセンターだった太政官の役割、特に人事が形骸化《けいがいか》してきたのに対応するために、国司人事を個別の有力者に分割する制度である。具体的には、すでに十世紀からあった院宮分国制《いんぐうぶんこくせい》（上皇や女院などに特定の国の国司の任命権を分割して、その国の収入の一部を彼らの私産とすることを認める制度）をより広く適用したものだ。これによって、斎王など皇族や有力貴族にも国司の人事権が与えられることになり、行政権が分割されて天皇権力の弱体化が進む結果になる。

特定の国を知行することは、統治することであり、そこに派遣する国司（受領）は知行国主の代理人となる。その人事もおこなえるのだから、国司になりたい者はこれまでのように太政官に運動するのではなく、知行国主にいろいろと働きかけることになる。つまり、知行国主にだけ忠誠を尽くす部下が生まれ、いわば中央政府の支配が及ばない国々ができることになる。

そんなことで、尾張は後白河院から知行国を分けてもらった成親の私領のようになっていた。そして後白河院は延暦寺とは同じ天台宗《てんだいしゅう》でも不倶戴天《ふぐたいてん》の敵になっていた（この経緯は複雑なので省くが、要するに主導権争いである）園城寺《おんじょうじ》（三井寺《みいでら》）を信仰していた。延暦寺が成親に喧嘩《けんか》をふっかけたのは、成親が後白河院のパシリだったからでもある。そして後白河院と延暦寺の抗争により、成親は流罪にされたり、また取り消されたりをくり返し、結局は後白河院に庇護されて復活し、安元《あんげん》元年（一一七五）には権大納言に昇進する。

そしてこの間、彼は、〈保元の乱〉の首謀者で戦死した元左大臣藤原頼長《よりなが》の子で、後白河院の庇護によりその後継者として、当時内大臣になっていた藤原師長《もろなが》に娘を嫁がせ、息子の成宗《なりむね》

（師長妻の同母兄弟）を師長の養子に送り込むなど、摂関家内の勢力ともつながりを作っている。さらに別の娘を妹婿の平重盛の嫡男の維盛《これもり》（母は成親の妹ではない）に嫁がせ、別の娘をその弟の清経《きよつね》（母は成親の妹）に嫁がせているなど、重盛との二重三重の関係により、平氏政権とも深くつながる。さらに、六条藤家の系統にもかかわらず、当時の歌壇の最高位におり、崇徳院や美福門院などにも多くの関係を持っていた御子《みこ》左《ひだりりゅう》流の藤原俊成《としなり》の娘を二人、妻にしている。しかもこの二人は、後白河院と八条院《はちじょういん》というこの時代の最高級権力者のサロンの女房だった。このように成親は結婚を通じて平家、摂関家、歌壇とも深い関わりを作っていたわけだが、この関係の根本に後白河院がいることはいうまでもない。いわば彼は後白河院の意を受けたフィクサーとして権力者の間を立ち回っていたのである。

そして最も重要なことは、彼が後白河院の男色の相手の一人だったということである。この時代において、男色は貴族には通常のたしなみで、武家においても普通の行為であり、むしろ肉体関係によって結合を強める意味も持っていた。女性関係が子供を作り血縁のつながりを強化することを目的としたものであるなら、男性関係は個人同士の関係強化のためにおこない、それぞれ違った目的があったということだ。バイセクシュアルであることは政治的にも有利なわけで、成親は〈保元の乱〉以前には、これもバイセクシュアルで有名な藤原頼長の日記『台記《たいき》』にも名前が出てくる、その相手の一人だった。ちなみに成親は一一三八年、後白河院は一一二七年、藤原頼長は一一二〇年の生なので、成親は寵童《ちょうどう》の立場だったということだろう。

このように、成親は後白河院の公認の愛人として権力の座に近づきつつあった。

しかし安元元年に発覚した「鹿ヶ谷《ししがたに》の陰謀」で逮捕され、備前国《びぜん》（岡山県東部）に流され、現地で死去する。『平家物語』では、左近衛大将《さこのえのたいしょう》を所望したところが、平重盛、宗盛の兄弟に先を越されたことを不満として軍事クーデターを企画し、流罪に処せられ、現地で惨殺されたとするが確証はない。『愚管抄《ぐかんしょう》』によると、後白河院の近臣「成親・西光《さいこう》・俊寛《しゅんかん》など」が首謀者として密謀をしていたとするのみで、後白河院の関与もよくわからない。ちなみに西光は阿波国《あわ》（徳島県）出身の僧侶で、元は藤原信西《しんぜい》の側近。藤原家成の猶子で成親の義弟である。俊寛は村上源氏出身の僧侶で、『平家物語』では鬼界島《きかいがしま》に流された悲劇の人となっている。延暦寺の強訴も活発化しており、後白河院が延暦寺への攻撃を重盛、宗盛に命じていたときで、いろいろな可能性が考えられる。

まず、処刑されたのが成親と西光のみ（公的に処刑されたのは西光の一族のみ）だったことは、延暦寺への配慮だった可能性を示唆している。西光はその子の加賀守《かが》藤原師高《もろたか》が現地で延暦寺の末寺だった白山《はくさん》とトラブルを起こしていたこともあり、いわば親子二代で延暦寺の宿敵となっていた。そして延暦寺のトップ、天台座主の明雲《みょううん》は後白河院や清盛の出家にあたり戒師（出家する者に戒律、つまり仏に仕える者としての決まりごとを教える者）を務めるなど関係が深かったが、この件に関して後白河は明雲を逮捕させている。清盛は院と延暦寺の板挟みになっていた。

ならば後白河と延暦寺を和解させるために清盛が成親を延暦寺に突き出してスケープゴートにしたようにも理解できる。

一方、後白河院の寵姫であり、清盛との有能な仲介役だった建春門院《けんしゅんもんいん》平滋子の死により、二人の関係がギクシャクしていたことが気になるところだ。滋子は、清盛、時子、時忠、重盛、宗盛ら「平家」の主要メンバーと後白河院を結びつけるつなぎ役だった。とすれば、平家の中ではそのポストの後継者をめぐる対立があったのではないかと考えることができる。そこで想定できるのは、「滋子の姉で清盛の妻の時子とその子の三男宗盛」、そして「後白河の近臣であり、自身も成親と二重三重の婚姻関係を持っていた長男重盛」の二つのパターンである。両者を比べると重盛が後白河院により近い路線を採るだろうことは想像がつく。

そして清盛は、摂関家の相続に介入していた。具体的には、摂政藤原基実《もとざね》(関白藤原忠通《ただみち》の子。近衛《このえ》家の祖)が永万《えいまん》二年(一一六六)に亡くなった後、その妻である娘の盛子《もりこ》を介して摂関家領を一時管理するようになっていたのだが、基実の長男で盛子が養育していた基通《もとみち》(実母は別)の成長により、相続問題が再び生じて、後白河院とも緊張関係を抱えるようになっていた。

このような状況を考えると、清盛は滋子の築いたラインを継承する時子・時忠・宗盛の路線を選択して、その結果成親に連なる重盛流が打撃を受けてもやむを得ないという選択をしたのではないか。事実、鹿ヶ谷の事件の後、重盛は左近衛大将を辞任している。

成親は後白河院・清盛両方に強いつながりを持って立身を遂げたが、結局両者からトカゲの尻尾切りにされたように思える。院政期のネットワークは、男女関係・男男関係という、政界の外側の私的関係で形成されていたが、それは平安中期に比べて、決して強くはなく、突然政界の中核に入った者も、いつ失脚し、首が飛ぶかわからない不安定な時代だった。成親の人生はそれを象徴しているように思えるのである。

そしてこれから、すべての価値観が崩れていく〈治承《じしょう》・寿永《じゅえい》の乱〉、つまり源平の合戦に突入していくことになるが、本書が次に触れるのは、この合戦期間に戦乱の外側にいた女院の話である。

第八章　多様化する女院と皇后、そして斎王たち

女院が歴史に埋もれたのはなぜか

さて、女院といってもいろいろある。女院制度は明治維新《めいじいしん》の直前まで続いていたので、天皇や院と同じように、時代によって変化していくものなのである。なかでもこの十一世紀後半はさまざまな変化のはじまりともいえる時期であり、あたかも雨後の筍《たけのこ》のように多様な女院が現れるようになる。しかし彼女らの多くは今まで、歴史的にはそれほど重視されてこなかった。専制支配者といえる治天《ちてん》の院の権力を背景に、世の中を動かす富と力を得た女院たちが歴史に埋もれたのはなぜなのかをまずは追ってみる。

ここまで触れてこなかったこの時期の女院には、次のような人がいる（次ページ表参照）。

このうち、①高陽院泰子《かやいんやすこ》は摂関家当主の藤原忠実《ふじわらのただざね》の娘である。忠実は白河院《しらかわいん》に政治的にはかなり押さえ込まれていた。そして鳥羽《とば》天皇の譲位後の皇后という変則的な立場で、子供もいなかったので、彼女は美福門院《びふくもんいん》の陰に隠れていた。

その他の女院一覧表

名前	出身　経歴	生没年	結婚	両親
①高陽院《かやいん》 皇后泰子《やすこ》	藤原氏・鳥羽上皇の皇后	１０９５～１１５６（62歳）	有	父、藤原忠実（摂関家当主、保元の乱を起こす） 母、源師子（祖父は藤原頼通の猶子、源師房）
②皇嘉門院《こうかもんいん》 中宮聖子《きよこ》	藤原氏・崇徳天皇の中宮、近衛天皇の准母	１１２２～１１８２（61歳）	有	父、藤原忠通（忠実の次男、摂関家当主、五摂家の始祖） 母、藤原宗子（北家中御門流）
③上西門院《じょうさいもんいん》 統子《むねこ》内親王	元斎院・後白河院の准母・未婚皇后	１１２６～１１８９（64歳）	無	父、鳥羽法皇 母、待賢門院璋子
④九条院《くじょういん》 中宮呈子《しめこ》	藤原氏・近衛天皇の中宮	１１３１～１１７６（46歳）	有	父、藤原伊通《これみち》（太政大臣、藤原宗子の兄、優れた政治家） 母、藤原立子（父は「夜の関白」顕隆） 美福門院の養女となり、後に藤原忠通の

				養女として入内
⑤高松院《たかまついん》 姝子《よしこ》内親王	二条天皇中宮	1141〜1176（36歳）	有	父、鳥羽法皇 母、美福門院得子 上西門院養女
⑥殷富門院《いんぷもんいん》 亮子《すけこ》内親王	元斎宮 安徳天皇・後鳥羽天皇・順徳天皇の准母・未婚皇后	1147〜1216（70歳）	無	父、後白河院 母、藤原成子（後宮女官、高倉三位）・同母弟妹に式子内親王、以仁王ら
⑦建礼門院《けんれいもんいん》 中宮徳子《のりこ》	平氏・高倉天皇の中宮、安徳天皇の母	1155〜1214（60歳）	有	父、平清盛（武人平氏） 母、平時子（文人平氏） 後白河院・平重盛の養女として入内

②皇嘉門院聖子《こうかもんいんきよこ》も忠実の次男で摂関家当主忠通《ただみち》の娘だが、やはり子供がいない。そして夫の崇徳院《すとくいん》は〈保元《ほうげん》の乱〉で流罪になってしまった。

③上西門院統子《じょうさいもんいんむねこ》は鳥羽天皇と待賢門院《たいけんもんいん》の皇女で、元賀茂斎院《かもさいいん》である。弟の後白河《ごしらかわ》天皇の准母を経て、未婚のまま皇后になった。この経緯は郁芳門院《いくほうもんいん》ともよく似ていて、元斎院《さいいん》という経歴が物をいったのか、後白河院政期から源平合戦期にそれなりの勢力を持っていた。

一方、④九条院呈子《くじょういんしめこ》は『中右記《ちゅうゆうき》』の藤原宗忠《むねただ》の従弟で中御門流《なかみかどりゅう》の太政大臣藤原伊通《これみち》の娘だが、摂関家の姫ではない。しかし美福門院《びふくもんいん》の養女として育ち、さらに忠通の養女として入内している。ところが夫の近衛《このえ》天皇が早世したので、子供はいない。

　このように摂関家系の皇后で女院になっても、天皇になった子供がいないと権力者にはなれないようだ。その点は、皇子を天皇にできなかったので院政を敷けなかった崇徳院にもよく似ている。待賢門院璋子《たまこ》（崇徳・後白河天皇母）や美福門院得子《なりこ》（近衛天皇母、二条《にじょう》天皇養母）のように我が子を天皇にできた女院とは格段の差があるといえそうだ。

　不幸なのは⑤高松院姝子《たかまついんよしこ》である。彼女は鳥羽天皇と美福門院の娘で、美福門院が育てた二条天皇と後白河院の対立緩和のために入内したらしい。そして後白河院の同母姉で仲のいい③上西門院統子内親王の養女にもなっており、美福門院と後白河院という両権力者のかすがいともいうべき重要な存在だった。しかし〈平治《へいじ》の乱〉の後、二条天皇と後白河院の仲が悪化した時期に彼女は二条院と別居し、出家してしまう。かすがいが役に立たなかったのである。その理由は、彼女に付せられた中宮職《ちゅうぐうしき》で実質的に権力を握っていたのが、〈平治の乱〉の首謀者で乱後に処刑された、後白河院の寵臣で権大夫《ごんのたいふ》の藤原信頼《のぶより》だったことが考えられる。信頼は伝統的な宮廷警固役のトップの右衛門督《うえもんのかみ》でもあったので武士を統率できる立場でもあった。そしてこの中宮職で実際に武力を担当できたのは、少進《しょうしん》（第四等官）の従五位下　源　朝長《みなもとのともなが》だった。詳しくは後で述べるが、彼は清和源氏《せいわげんじ》のトップの源義朝《よしとも》の次男で頼朝《よりとも》の異母兄であるとともに、母が文人貴族藤原範兼《のりかね》の娘（『吾妻鏡《あずまかがみ》』は坂東《ばんどう》武士波多野義通《はたのよしみち》の妹とするが、後述するように違うと考えられる）だったようなので、院の近臣に近い立場でもあった。つまり中宮姝子は信頼、そして朝長の父の義朝という後白河派の強力な宮廷武力で守られていたことになる。しかしその朝長も〈平治の乱〉で信頼・義朝とともに死んでしまった。つまり中宮姝子を守っていた組織はこの段階で実質的に消え去ったと考えられる。

　そして夫の二条天皇は〈平治の乱〉で、信頼たちに確保された後に平清盛《たいらのきよもり》の元に脱出するなどひどい目に遭ったので、二人の立場は全く食い違ってしまったのである。彼女は永暦《えいりゃく》元年（一一六〇）に出家して、同年に母の美福門院を失うことで政治的には全く無力になる。高松院の院号宣下はその後、二条天皇の在世中におこなわれた。それは摂関家系の姫である藤原育子《むねこ》を中宮にする際に、普通なら姝子を皇后に格上げするところが、皇后には忻子《よしこ》（後白河天皇の中宮。藤原氏）がおり、皇太后には呈子（近衛天皇の中宮。藤原氏）、そして太皇太后には「二代の后」と呼ばれた多子《まさるこ》（近衛天皇の皇后。藤原氏）がいて、空きポストがなかったためのくり上げである。それは彼女の権力とは全く別の次元の政治的判断だった。

⑥殷富門院亮子《いんぷもんいんすけこ》は後白河院の皇女で、後白河朝の伊勢斎王《いせさいおう》（ただし群行はしていない）。後白河院没後に出家したが、それなりに大きな勢力を保ち、そのサロンには多くの才女が集まっていた。勅撰集に入った歌人としては「尾張」（賀茂在憲《かものありのり》の娘）、「新中納言」（藤原信頼の娘）、そして『百人一首《ひゃくにんいっしゅ》』歌人の殷富門院大輔《いんぷもんいんのたいふ》などがいる。

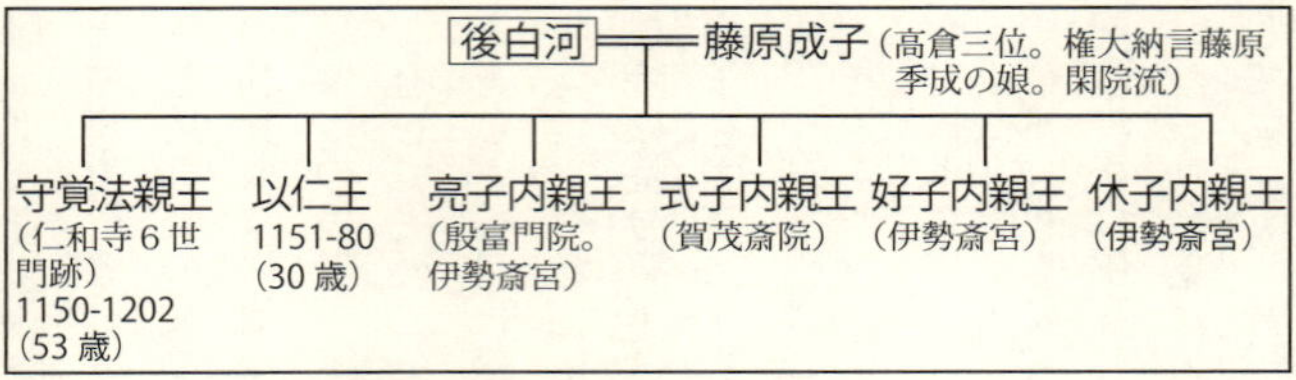

高倉三位（藤原成子）の子どもたち

見せばやな雄島《おじま》のあまの袖だにも濡れにぞ濡れし色は変わらず

殷富門院大輔

（お見せしたいものです。陸奥《みちのく》の松島《まつしま》にある雄島の海人《あま》の袖でさえ、いくら濡れても色が落ちないのに、私の袖が涙に濡れて色が変わってしまったことを）

亮子内親王の母は高倉三位《たかくらのさんみ》と通称される藤原成子《しげこ》という人で、閑《かん》院流《いんりゅう》に生まれ、後白河に仕えた典侍《てんじ》、つまりお手つき後宮女官である。しかし成子は待賢門院の姪でもあり、後白河の寵愛が長く、仁和《にんな》寺《じ》のトップになった守覚法親王《しゅかくほっしんのう》（法親王は天皇の子で皇位継承に関わらせない男子を、幼児のときに出家させてから親王身分を与える制度。白河院のころから定着する。なお法親王がトップに立つような寺を門跡《もんぜき》寺院といい、法親王本人も門跡と呼ばれた。守覚の場合は、仁和寺門跡と呼ばれる）、以仁王《もちひとおう》、賀茂斎院式子《のりこ》内親王（二条朝に斎王となる）、伊勢斎宮《いせさいくう》好子《よしこ》内親王（二条朝斎王）、伊勢斎宮休子《のぶこ》内親王（六条《ろくじょう》朝斎王。群行せず、十五歳で早世）などを産む。ほとんどの子が寺社に関わっていることから見ても、また成子自身が女御にもなっていない点から見ても、成子には院の愛人という特権的な権力はなく、従って亮子内親王にも強いバックはなかったと考えられる。しかし亮子の強みは、第一皇女で元斎王という立場から安徳《あんとく》・後鳥羽《ごとば》二帝の准母となれたことだったろう。そのため未婚皇后となり、院号を宣下されることになる。興味深いのは、彼女が以仁王の同母姉なのに〈以仁王の乱〉の二年後に安徳の准母に、そして安徳の准母なのに、彼の立場を否定するために擁立された後鳥羽の准母にもなり、さらに女院となり、出家もしてから、院となった後鳥羽の要請により、その子の順徳《じゅんとく》の准母にもなっていることである。おそらく亮子内親王は摂関家や平家と関わりがなかったので、院の切り札として使いやすい元斎王の准母・女院だった。つまり彼女のバックは後白河院本人で、後白河や、その権力を引き継いだ後鳥羽の立場を強めるために都合のいい持ち駒とされたものだろう。後鳥羽の母は藤原道隆《みちたか》の子孫の信隆《のぶたか》（坊門家《ぼうもんけ》を称する）の娘の殖子《たねこ》、順徳の母は藤原南家《なんけ》の範季《のりすえ》の娘の重子《しげこ》で、どちらも院近臣の家で摂関家ではない。それは皇后になれる立場ではなかったことを意味している。母の身分が低いので内親王で元斎王である准后・女院という立場と権威は必要とされた。亮子は清盛や後白河院に元斎王の女院という権威をうまく利用させたことにより、賢く内乱の時代を生き抜き、安定したサロンの経営をしたものと考えられる。

⑦の建礼門院徳子《けんれいもんいんのりこ》は、平清盛の娘、安徳の生母として有名である。『平家物語《へいけものがたり》』のラストを飾るヒロインで、高倉《たかくら》天皇の中宮として平家政権の象徴となったが、平家都落ちとともに都を

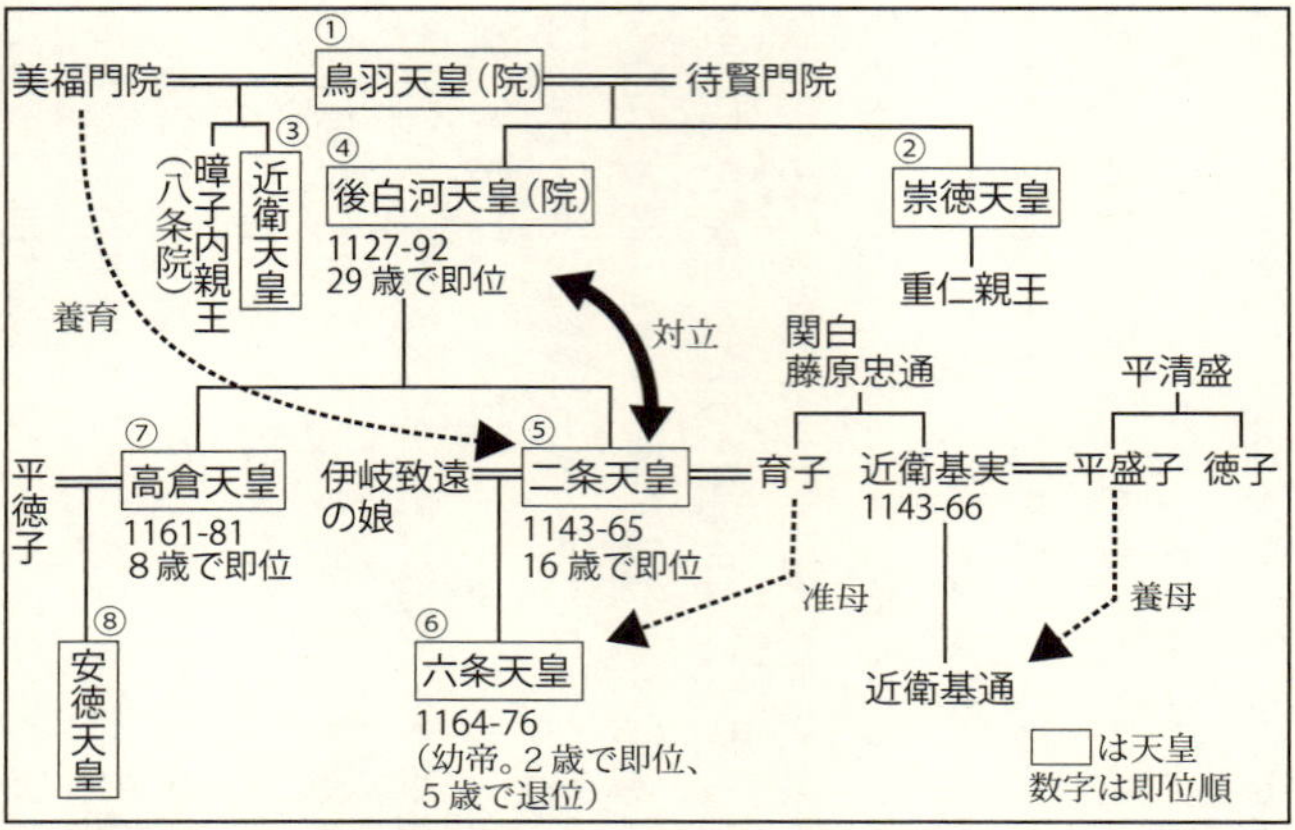

二条天皇 vs. 後白河院関係系図

離れ、壇《だん》ノ浦《うら》の戦いで安徳と一族をなくして、帰京後は後ろ盾もなく歴史の表舞台から消える「悲劇の女院」である。

この時代の女院は夫や子供の立場に左右されただけではなく、一口にまとめられない多様性を持っていたのである。

二条天皇と育ての親、美福門院

さて、これまで歴史に埋もれた女院について書いてきたが、同じように〈保元・平治の乱〉の中心にいたのにほとんど知られていない天皇がいる。しばしば名を挙げてきた二条天皇である。この二条天皇を知ると十二世紀後半の政治史が大変わかりやすくなる。そして彼の人生は、女院たちと切っても切れない。

二条天皇は後白河院の第一皇子、守仁《もりひと》親王として生まれた。後白河院にはわかっている限りで十一人の男子がおり、その長男である。皇位を約束された皇子のように見えるが、決してそうではなく、皇位に就けるかどうかは、誰がバックに付くかにかかっていた。

後白河院、即位前の雅仁《まさひと》親王はそもそも鳥羽院の第四皇子で、母は待賢門院璋子、兄は崇徳院である。鳥羽院の晩年には、璋子との結婚関係は実質的に破綻しており、鳥羽は崇徳の次の天皇に新しい寵姫の美福門院得子が産んだ近衛天皇を即位させた。つまり雅仁（後白河）が天皇になるとは誰も考えていなかったのである。彼本人もまた、帝王学や和歌・漢詩など天皇に必要な教養を身につけず、流行歌である今様《いまよう》にハマって喉をつぶすという、今なら学問そっちのけでバンド活動やカラオケに熱中するような青春時代を送っていたのは有名だ。当時の権力者の信西《しんぜい》入道（藤原通憲《みちのり》）なども、とても王の器ではないと見ていたらしい。守仁（二条）はその遊び人時代に生まれた長男なのである。しかし母の源懿子《よしこ》（白河院の弟輔仁《すけひと》親王の孫。じつは藤原経実《つねざね》の娘）が産後すぐに亡くなったことにより、遊び人で頼りない父親から引き離され、鳥羽院と、すでに最強の愛人になっていた美福門院の養子となり、二人の最高権力者の後援を受けることになる。これが二条天皇の権力の根源である。雅仁（後白河）の子だから偉い、というわけではなかったのだ。

ところが近衛が十七歳で早世したことで、話が大きく動き出す。帝王学を学んでいない自由人の雅仁（後白河）が次の天皇に指名されたのである。

近衛天皇に代わる天皇には、三人の候補がいた。崇徳の息子の重仁《しげひと》親王（十六歳）、近衛の

〈保元の乱〉（院と天皇の戦い）1156年

		皇族	貴族	武士
勝	天皇方	弟・後白河天皇	藤原忠通（関白）	源義朝 平清盛
敗	上皇方	兄・崇徳上皇（流罪）	藤原頼長（藤原氏長者。戦傷死）	源為義（処刑） 平忠正（処刑）

異母兄雅仁（後白河、二十九歳）、そして鳥羽院と美福門院の娘暲子《あきこ》内親王（のちの八条院《はちじょういん》。十九歳）である。当時最も発言権が大きかったのは、亡き近衛天皇の母の美福門院である。そして彼女は、もともと近衛を崇徳の中宮、②皇嘉門院聖子の養子にしていたのに、崇徳上皇には院政を開かせなかったほど嫌いだったようで、当然崇徳の子の重仁親王を天皇にする気はなかったらしい。そして将来守仁（二条）を即位させるために、鳥羽院と謀って守仁（二条）の父である雅仁（後白河）を後継者に指名させ、守仁（二条）を皇太子にと考えた。後白河はいわば息子の守仁（二条）の威を借りて、東宮になることなく異例の即位をおこなったのである。

〈平治の乱〉（院の近臣の内紛）1159年

	貴族	武士
勝	藤原通憲（信西） （殺害）	平清盛 平重盛 平頼盛
敗	藤原信頼 （処刑）	源義朝（殺害） 源義平（処刑） 源頼朝（流罪）

ここまで書いておわかりのように、美福門院得子と二条天皇には直接の血縁関係はない。しかし二条は、待賢門院の孫なのに、待賢門院派か美福門院派かといえば、紛れもなく美福門院派なのである。そして得子は、保元元年（一一五六）に実の娘の姝子内親王（⑤高松院）を東宮妃にした。姝子は後白河天皇の同母姉の統子内親王（③上西門院）の猶子でもあり、このあたりの

関係はかなりややこしいが、この結婚で、美福門院も後白河院も来るべき二条新帝を補佐していくグループに入ったといえる。

そしてこのグループは、〈保元の乱〉で崇徳院・藤原頼長《よりなが》一派を討滅したことでポスト鳥羽院の政界の中心を握ることになる。そして保元三年、待望の二条天皇即位がおこなわれ、後白河は上皇（院）となる。ところがその翌年、後白河院を中心とした体制の内部分裂から〈平治の乱〉が起こる。その首謀者である藤原信頼、源義朝は対立する信西を討ち、後白河院と二条院を確保したが、二条は信頼から離反した藤原（大炊御門家《おおいみかどけ》。十世紀に摂関家から分かれた北《ほっ》家《け》・閑院流の一派）経宗《つねむね》、藤原（葉室《はむろ》家。九世紀に摂関家から分かれた北家・勧修寺《かじゅうじ》流《りゅう》の一派）惟《これ》方《かた》によって内裏を脱出し、平清盛による勝利を呼び込んだ。彼らは二条天皇の成人に伴い、その親政を期待する勢力だったが、いわば信頼から手駒を横取りしたのである。

このあたりの中世政治史は、信頼できる文献が少なく、後白河院と二条天皇の親子対立については不明な点も多いのだが、翌永暦元年（一一六〇）に、さらに衝撃的な出来事があった。美福門院得子が亡くなり、政界の地図が大きく変化したのである。

美福門院の女院としての後継者は、近衛の後継者候補にも擬されていた八条院暲子内親王だが、彼女には中宮・皇后はもちろん、斎宮・斎院の経験もない。二条天皇の即位に際して准母となっただけであり、経験不足のまま女院になった人だった。つまり天皇としての基礎教育を受けないまま即位して「治天」となった実父の後白河院と、未婚のまま社会に出たこともなく、しかもすでに出家していた准母の八条院が、親政に意欲を見せる二条天皇を挟んで重要なポジションに座るという、政治力、経験値とも乏しい三者が並び立つ、きわめてバランスの悪い事態が〈平治の乱〉の後に起こったことになる。

この状態は二条が永万《えいまん》元年（一一六五）に早世するまで続き、その間に藤原経宗・惟方ら二条派の重臣が後白河院を敵視し、その反動で失脚させられ、二条が摂関家と組んで反撃するなどの事件もあった。二条が長生きをしていたら彼のめざした天皇親政はどのようになっていたのか、結局それはわからないのだが、一つだけいえることがある。

それはこの期間「アナタコナタ」（『愚管抄《ぐかんしょう》』の表現）、つまり各勢力の調整役として動き回っていた人物に、すべての勢力が掌握されてしまったということだ。〈平治の乱〉の後で参議に昇進し、気が付けば権大納言に、そして二条の死去の翌年には、内大臣に出世する男、彼こそ平清盛である。女院に支えられていた二条親政の権力は、気が付けば平家に乗っ取られることになった。

二代の后になった若き太皇太后多子

さて、話は少し戻る。内乱の時代には、宮廷女性にもいろいろ悲惨な目にあっている人がいたことが知られている。

まず、〈保元の乱〉は、藤原信頼、源義朝らによる、後白河院・二条天皇・上西門院・高松院らがいた院御所の三条殿《さんじょうどの》への焼き討ちに始まる。『今鏡《いまかがみ》』によると、このときには火に追われて多くの女房が井戸に身を投げたという。木曽義仲《きそよしなか》が後白河院の院御所の法住寺殿《ほうじゅうじどの》を焼き討ちしたときにも同様のことがあっただろうと考えられる。平氏《へいし》滅亡の壇ノ浦の戦いでも多くの女房が平時子や建礼門院徳子とともに海に身を投げただろう。女院のサロンに参加していた女性たちやその身内にも戦火は決して他人事《ひとごと》ではなかった。

また、サロンを持つような皇后であっても、女院になれなかった恵まれない人がいる。近衛天皇と二条天皇の二人に入内し、二代の后といわれた藤原多子である。

藤原多子は摂関家に次ぐ藤原北家ナンバー2の閑院流に属する徳大寺《とくだいじ》家の右大臣藤原公能《きんよし》の娘として生まれた。祖父は、待賢門院の兄で、藤原氏の中でもいち早く自分の一族の血統財産をまとめて徳大寺家を創始した、左大臣藤原実能《さねよし》である。そして彼女は実能の婿だった藤原頼長（当時、左大臣で久安《きゅうあん》六年〔一一五〇〕、藤原氏の氏長者《うじのちょうじゃ》になる）の養女となり、この年に近衛天皇に入内している。近衛天皇には先述の九条院呈子も藤原忠通（摂政で氏長者、この年に摂政と氏長者を止められ、関白になる）の養女として三ヶ月の後に入内し、多子は皇后、呈子は中宮となった。

忠通と頼長は年の離れた異母兄弟で、忠通は頼長を養嗣子《ようしし》にしていたが、忠通に康治《こうじ》二年（一一四三）に四男基実《もとざね》が生まれて嫡子となったため、二人の関係は崩れていた。そして養女同士の競い合いが火に油を注ぎ、摂関家内の対立がより激しくなった。

しかし近衛天皇は久寿《きゅうじゅ》二年（一一五五）に十七歳で亡くなり、代わって異母兄の後白河天皇が即位する。後白河の中宮にはやはり徳大寺家出身で、多子の姉の忻子がなったので、呈子は皇后に押し出され、多子は皇太后になる。そしてこの後に〈保元の乱〉が起こり、養父の藤原頼長が戦傷死してしまう。実父の徳大寺公能は〈保元の乱〉の翌年権大納言になっているので、公能・多子父娘にはこの戦乱の直接の被害はなかったようだが、中宮忻子がいる以上、彼女の価値の低下は否めないだろう。そして保元三年（一一五八）に統子内親王が未婚立后して皇后になると、彼女は十八歳で后の位としては最高位の太皇太后となる。最高位といっても押し出されて上がっただけの位で、もはや彼女の役割はなく、あとはただ年を重ねるだけのはずだった。

ところが近衛天皇の甥にあたる二条天皇が即位すると、彼女に再び入内の要請が出される。頼長はすでにいないので、二条としては徳大寺家（多子の実父公能とその子の権中納言実定《さねさだ》）との接近を意識したものとも考えられる。いずれにしても「綸言《りんげん》汗の如《ごと》し（王者の言葉は止めることができない）」という。多子は「太皇太后のまま」で再び後宮の人となる（『平家物語』は「二代后《にだいのきさき》」という一節をわざわざ設けて、多子がその美しさのために前代未聞の二人の天皇の后になり、近衛天皇と死に別れたときに出家をしなかったことが国の乱れの素《もと》となったなど、決して好意的には描かなかった）。

そして二条天皇もまもなく亡くなると、彼女は今度こそ出家し、世を去るまで三七年の間、誰からも女院に推されることもなく、激動の時代にほとんど歴史の表に出ることはなかった。

このように皇后経験者であっても、政治的状況によっては出家しても女院にならないケースは、先の令子《のりこ》内親王と同様だといえる。太皇太后であっても、女院になることは必ずしも「お約束」ではなかった。

六条天皇准母藤原育子、外戚のいない天皇の母として

続いて、二条天皇のもう一人の中宮、藤原育子を取り上げよう。育子は前述したように、二条天皇の最初の中宮高松院姝子内親王が、〈平治の乱〉の後に二条天皇と別れて、女院に押し出された後、応保《おうほう》元年（一一六一）には関白藤原基実の猶子として入内し、中宮になった。

しかし藤原氏の中宮なのに、彼女の出自はよくわからない。閑院流の徳大寺実能の娘とする文献と摂関家の藤原忠通の娘とする文献があり、確実ではない。なお基実は忠通の嫡男で、のちにその子孫が近衛家となる。しかし二条天皇は彼女との間に子をなせないまま四年ほどで急死した。彼が後継者に指名したのは順仁《のぶひと》親王（六条天皇）という皇子で、母は大蔵大輔《おおくらだいぶ》伊岐致遠《いきのむねとお》（善盛、兼盛、義盛とする文献もある）という下級貴族の娘の内裏女房である。平安時代前期の嵯峨《さが》天皇の時代なら宮女に手をつけて産ませた子供は源氏になっている。そのレベルで、とても即位できる立場ではなかった。

ところが院政期には准母という便利な制度がある。伊岐氏は無名の小貴族だが、おそらく、

神祇官に勤めて宮主《みやじ》、つまり海亀の甲羅を焼く占いの亀卜《きぼく》などをおこなう役職の家柄、壱岐卜部《いきのうらべ》氏の一族で、上級貴族の生活にも深く関わる技術職の家と考えられる。また、致遠については、徳大寺家と関係が深く、家司を務めた下級貴族という指摘もある。

とすれば、宮廷実務に深く関わる家の娘を母に、徳大寺家出身で摂関家の養女の育子が准母になって六条が即位し、二条が院政をおこなえば、摂関家か徳大寺家が実質的に天皇の外祖父、つまり外戚になれる美味《おい》しい話なのである。なんとも複雑な政界文様だ。

しかし実際には、二条は在位のままで亡くなり、さらに基実までが亡くなってしまい、結局後白河院政下で六条は退位に追い込まれ、その叔父で、文人平氏出身の平滋子《しげこ》（建春門院《けんしゅんもんいん》）の子、つまり摂関家と関わりを持たない高倉天皇が即位することになる。かくして下級貴族の娘を母にした天皇は六条一代きりで終わった。

そして高倉天皇には、建礼門院徳子が入内する。軍事貴族（平家）出身の唯一の女院である。

悲劇の女院、建礼門院徳子、そして斎宮・斎院をめぐる変化

京都大原《おおはら》の観光名所、寂光院《じゃっこういん》は建礼門院徳子の隠棲地《いんせいち》である。彼女は平清盛と平時子《ときこ》の娘、つまり都の警固役「武人平氏」と院の近臣「文人平氏」の合体から生まれた「平家」の姫だった。高倉天皇の母、後白河院の寵姫、平滋子は平時子の妹であり、高倉と徳子は母方のいとこになる。

徳子が高倉天皇に入内したのは承安《しょうあん》元年（一一七一）、十七歳で、高倉は六歳年下の十一歳、そして翌年には中宮になった。なお彼女は、清盛がすでに出家していたこともあり、清盛の長男の大納言平重盛《しげもり》の猶子となり、さらに異例なことに後白河院の猶子ともなって入内したようで、当時の最も詳しい公家日記である、摂関家の右大臣九条兼実《くじょうかねざね》の『玉葉《ぎょくよう》』には、平氏の姫ではなく、わざとらしく「後白河院の姫君が入内した」と書かれている。摂関家の妬《ねた》み嫉《そね》みにもかかわらず、治承《じしょう》二年（一一七八）には第一皇子の言仁《ときひと》親王（安徳天皇）が産まれる。

清盛は後白河院の影響力を排除するため、同四年に三歳の言仁を皇位に就けて高倉天皇に院政をおこなわせようとした。こうして徳子は国母となったが、高倉は同五年（一一八一）に病に倒れ、清盛も同年に死去する。

徳子は同年十一月に建礼門院《けんれいもんいん》号を下されたが、それは、中宮、あるいは国母としての彼女の政治への関わりが排除されたことにすぎない。

結局彼女は、国母としても、女院としても、その権威や立場をほとんど活《い》かせないまま、平家とともに没落したのである。

このように平安末期には中宮や女院という立場を活かしきれなかった人たちがいくらでも出てくる。それは女院の価値が相対的に下がってきたということだが、同時に、その母体となる皇権の象徴である斎宮や斎院への意識の変化も見逃せない。

この時期の伊勢斎宮は、殷富門院となった亮子内親王の後、好子、休子内親王と後白河院と藤原成子（高倉三位）の皇女が続くが、好子の帰京路は準備不足で困難を極め（花山《かざん》天皇の子孫、神祇伯顕広王《じんぎはくあきひろおう》の日記『顕広王記《あきひろおうき》』による）、休子は六条天皇の譲位により野宮《ののみや》から退下している。そして二人は亮子の妹なのにその後には出てこない。その次は異母妹の惇子《あつこ》内親王だが、承安二年になんと斎宮で亡くなってしまう。十世紀の天延《てんえん》二年（九七四）の隆子《たかこ》女王以来、約二〇〇年ぶりの異常事態である。その次は高倉天皇皇女の功子《いさこ》内親王だが、母の死去で野宮から退出。そして源平合戦の混乱期に入る。このため伊勢には惇子の死後、一五年にわたり斎王がいなくなる。

一方、賀茂斎院は式子内親王の後、二条天皇皇女（六条天皇異母姉）の僐子《よしこ》が二年足らずで病で、鳥羽皇女の頌子《のぶこ》も病で一年弱で退下、そこから七年空いて高倉皇女の範子《のりこ》内親王（後に坊門院《ぼうもんいん》）が着任したが足掛け三年で高倉譲位により交替する。そして次の、そして最後の斎院になる、後鳥羽天皇の皇女の礼子《いやこ》内親王（後に嘉陽門院《かようもんいん》）が卜定《ぼくじょう》されたのは元久《げんきゅう》元年（一二〇四）のことである。

つまり、一一七〇年代から一一八〇年代半ばまで、いわば平家政権の時代には、斎王がほとんど機能していないのである。それは未婚女院を生み出す基盤の一つだった斎王制度のぐらつきでもあり、実際、賀茂斎王はそのまま衰退していくのである。しかし同時にこの時期、女院は不思議な絶頂期を迎えていた。

第九章　究極のお嬢様——八条院暲子内親王と源平合戦

いきなり女院の八条院

八条院暲子内親王《はちじょういんあきこ》は鳥羽院《とばいん》と美福門院得子《びふくもんいんなりこ》の娘、つまり崇徳院《すとくいん》・後白河院《ごしらかわいん》の異母妹であり、近衛《このえ》天皇の同母姉である。歴史物語『今鏡《いまかがみ》』には、近衛天皇が立太子したとき「若宮は東宮になった。私は東宮の姉になったのよ」と喜んだというエピソードがある。『今鏡』は彼女が生きていたころに成立したらしいから、かなり本当の話として信じられていたのだろう。当時三歳、まさに専制君主と寵姫の女院の間の「生まれながらの超お嬢様」である。

彼女は「超お嬢様」らしく、わずか十歳で准三宮、皇后級の身分となるが、鳥羽院の死去の後、二十一歳で出家する。つまり女院となるより先に尼になっている（社会生活から一抜けた、である）。法名を金剛観《こんごうかん》という。このうら若い尼が源平合戦期の重要人物になる。

彼女は若くして出家したから、斎王でもなければ皇后でもない。そうした前歴なしで東宮守《もり》仁《ひと》親王（二条《にじょう》天皇）の准母になる。

歴史物語としての「鏡物」のリスト

文献	文体	扱っている時代	成立年代	作者（官職は最高位）
『大鏡』	和文	850〜1025	11世紀末期頃	右大臣源顕房？
『今鏡』	和文	1025〜1170	12世紀後期頃	藤原為経（歌僧寂超）？
『水鏡』	和文	神代〜840年代	12世紀末期頃	内大臣中山忠親？
『増鏡』	和文	1180〜1333	14世紀後半頃	摂政関白太政大臣二条良基？

しかしそれ以前に重要なことがある。『今鏡』によると、近衛天皇が亡くなり、後白河天皇が即位するとき、つまり久寿《きゅうじゅ》二年（一一五五）段階で、彼女は後白河らとともに天皇候補の一人だったのである。『今鏡』の成立年代は後白河即位とそう離れていない。

この記述は、史実かどうかはともかくとして、女帝を選択する可能性が平安時代後期でも支配者層の中で生きていたことを示すものだと思う。私は平安時代に女帝がいなくなるのは、皇族皇后が出なくなり、皇族最年長になる女子が藤原《ふじわら》氏出身の皇后や皇太后になったから、と理解している。ならば院政期となり、郁芳門院《いくほうもんいん》や八条院暲子内親王ら皇族出身の未婚女院は「天皇の母（准母）」として皇族最年長になれば即位の可能性もあったといえる。そして暲子内親王は四歳のときに鳥羽上皇から安《あん》楽寿院《らくじゅいん》領、つまり国家領の中の私有地である荘園を集めまくった巨大な財産を譲られたほど愛されていた。ならば聖《しょう》武《む》天皇と孝謙《こうけん》（称徳《しょうとく》）天皇（彼女もまた独身の女帝だった）の関係のように、専制君主鳥羽院と寵姫美福門院の娘の暲子なら、たとえば中継ぎ的な預かり役として、女帝即位の可能性もかなり具体的だったのでは、と思う。

佐伯智広《さえきともひろ》氏は、二条天皇と姝子《よしこ》内親王（暲子の同母妹の高松院《たかまついん》）の間

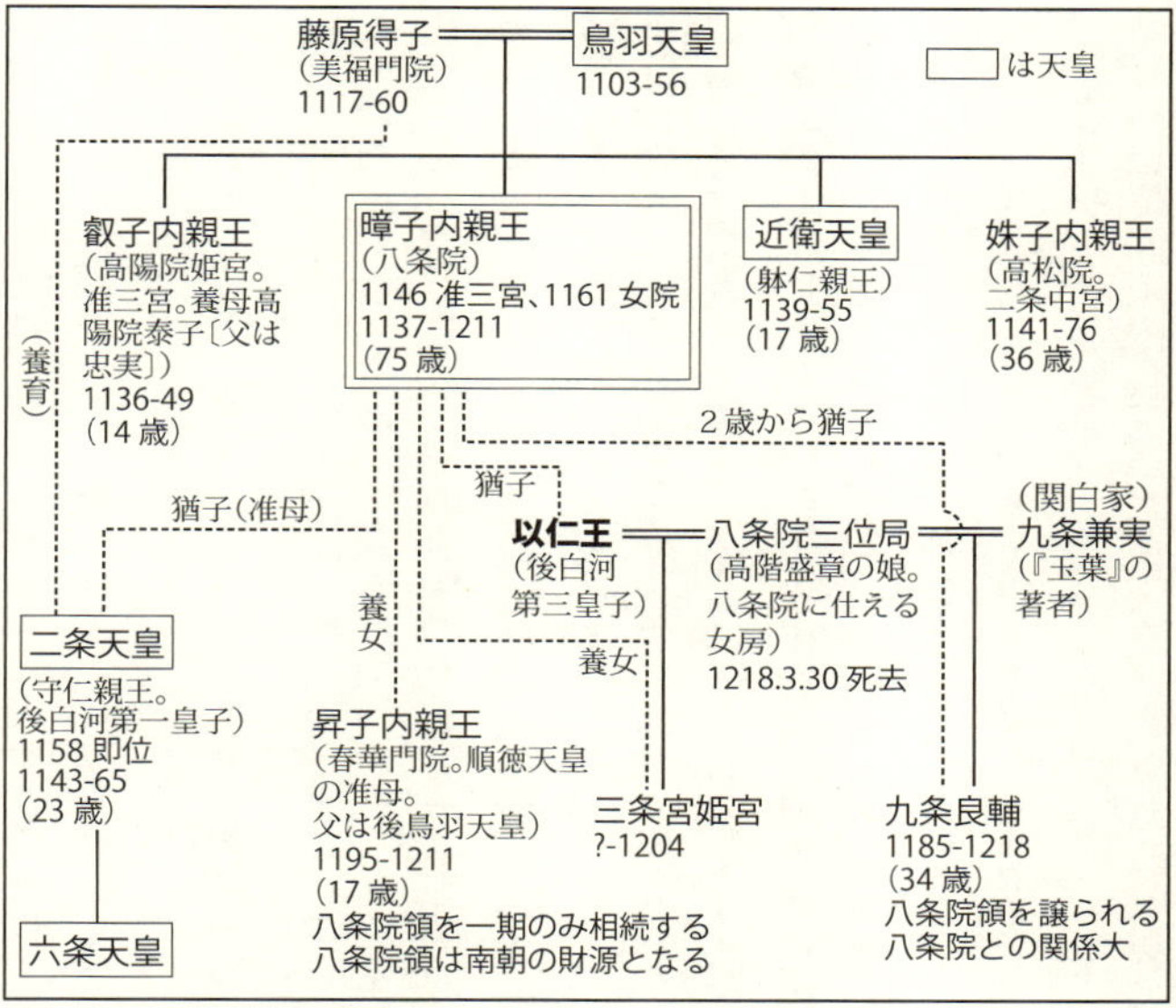

八条院の周辺系図

に男の子が産まれれば、その子を即位させ、八条院と高松院が継承した荘園をここに結集させようとしたのではないかと指摘している。なるほど八条院は鳥羽院の財産を継承した皇女だから、院の分身という点では、斎王と変わらない存在だったともいえる。もしも高松院が皇子を産んでいたら、二条天皇早世の後に、再び八条院が即位して皇子の成長を待つ後見として、再度女帝の議論が出てきた可能性もあったのかもしれない。

さらに彼女は母の美福門院が二条天皇の養母だったこと、その美福門院が前年に亡くなったことから、両親の財産も継承した大資産家になっていた。ここで注意しておかなければばならないことは、荘園を相続するということは、それを管理していた機構や人々も相続するということだ。つまり八条院は多くの事務官僚を家産管理のために抱えることになった。

それらの人々は摂関家の家司の「ようなもの」で、家司が表の仕事として受領などの宮廷官職を持っていたように、彼女には多くの貴族たちが別当（本務を別に持つという建前で働く人々）として仕えていたが、なかでも目立つのが六条藤家《ろくじょうとうけ》と御子左家《みこひだりけ》、当時の歌壇を二分していた両家の人々である。両家は別当だけでなく女房としても多く出仕していて、藤原俊成《としなり》の娘で定家《さだいえ》の姉の健《けん》（寿《じゅ》）御前（建春門院中納言《けんしゅんもんいんちゅうなごん》、八条院中納言とも）と呼ばれた人が書き残した『たまきはる』という日記には、八条院のおおらかな様子が建春門院（平滋子《たいらのしげこ》）のきっちりした様子と比べて活写されている。またこうした女性たちは八条院が継承した、あるいは八条院に寄進された荘園の領家（実質的な支配者）となることもあった。たとえば八条院の懐《ふところ》刀《がたな》的な役割を果たし、他の権力者との仲介・交渉に当たっていた三位局《さんみのつぼね》という女房は、八条院が庇護していた甥の以仁王《もちひとおう》の子を儲けるほどの関係であり、山城《やましろ》国（京都府南部）や讃岐《さぬき》国（香川県）に所領を持つ領家だった。もちろん本所（頂点となる支配者）は八条院である。また八条院高倉《たかくら》という女房は、河内《かわち》国高向《たかむこ》荘を所領としているが、ここは現在も大阪府河内長野《かわちながの》市に所在する天野山金剛寺《あまのさんこんごうじ》という、八条院が帰依した大寺院に近い。金剛寺の地位の確立には、八条院大弐局《だいにのつぼね》こと浄覚《じょうかく》という尼僧が深く関わったという。そして高倉は、八条院の同母妹である高松院姝子内親王が二条天皇に先立たれた後に、藤原信西《しんぜい》の子の澄憲法印《ちょうけんほういん》という高位の

この時代の荘園のざっとした構造

	どういう立場か	どんな人がなるか	備考
本所（ほんじょ）	本家の中でも最も強力で、実際の荘園支配に当たる者	院や摂関家など、ほとんど国家レベルの土地所有者	実質トップ。預所という役職を指定して、荘官を指揮する
本家（ほんけ）	領家から寄進を受けるより上位の権力者	院や皇族、摂関家、大寺社など	現代なら会社役員クラスでそれほど大きな権限はない
領家（りょうけ）	開発領主から私有地の寄進を受けて荘園とする者	中央の有力貴族や寺社	現場との窓口になる中間管理職で、それほど大きな権限はない。預所になることが多い
荘官・下司（げし）・公文（くもん）	国府の許可を取った開発領主	地域の有力者（在地領主）	武士であることも多い。地頭などはこの階層から出てくる

僧と密通して生まれた隠し子、つまり八条院の隠し姪で、歌人としても活躍が残されている。八条院に仕え、サロンの構成者だった有力女房たちは、権力者に仕えて庇護される者ではなく、自らも荘園領主だった。

そして八条院には大きな特色がある。彼女には、二条天皇の准母となった後には、たとえば建春門院滋子のように、一族の代表として権力の中心に近づき、夫である後白河院との関係をつなぎとめるために「自らを磨くような義務」がなかった。つまり、鳥羽院と美福門院の遺した膨大な資産の継承者ではあるが、それをブラッシュアップしていくような組織は特に必要ではなく、義務もなかったことである。彼女は莫《ばく》大《だい》な財力を背景にした潜在的な権力者だったが、権力を発動する機構、子である天皇や夫である院、太政官を動かす貴族などを持ってはいなかった。

八条院の財産と武力

さて、それとともに注目しておきたいのは、この時代の荘園が、自立した村の集合体になっていたということである。奈良時代に成立したころの荘園（初期荘園）の多くは東大寺などの寺院や皇族・貴族の持ち物だった。彼らは班田として一般庶民に配られていた整然とした水田（条里制《じょうりせい》水田）の周りに墾田（開発田）を作ったり、荒廃した田や水路を抱え込んで再開発したりした。そして実際に開発をしていたのは、雇用された地域有力者や開発のプロ（彼らを田堵《たと》という。第五章で紹介した『新猿楽記《しんさるがくき》』に出てくる田中豊益《たなかのとよます》は大手の田堵のイメージで語られている）であった。農業は奈良時代以来の「戸《こ》」という単位の家族（戸籍を見ると、一戸が五〜二〇人くらいで構成されることが多い。奈良時代の農村は、数軒の竪穴住居《たてあなじゅうきょ》のまとまりと考えられている）でおこなわれ、戸を五〇戸集めて単位とした里《さと》（または郷）が村（散村《さんそん》という）の単位で、国からもらった班田を耕す。班田は整然と作られた条里制の水田を機械的に分配しているから、家から遠いこともあり、田植えや稲刈りの時期には自分の班田の近くに仮庵《かりお》（仮の住居）を作って泊まり込む人も多かったという。

ところが十一世紀後半になると、そういう働き方から、複数の家族の家（このころには竪穴住居はなくなり、掘立柱《ほったてばしら》建物、要するに普通にイメージできる小屋になっていたらしい）が集まった集落（集村《しゅうそん》という）に住み、その周りの田や用水をその集落全体で管理するという、いわば現代の村に近い形に変わっていく。つまり平安後期に、村は「自活《じかつ》・自弁《じべん》・自己救済《じこきゅうさい》の人と土地の集合体」になる。

それがさらに集まって、最終的には、より強力な存在、つまり「国土の領有権を持つ」院や摂関家にいろいろな権利を預けて本所になってもらって、いわば財産権を保障してもらう。そのプロセスの中で、地域の有力者は下司や公文《くもん》といった現地管理者としての身分を保証してもらい、本所が任命した預所《あずかりどころ》や領家（摂関家の家司など部下の下級貴族が務めることも多い）の監視下で支配の実務を請け負うようになる（実際にはやっていることはほとんど変わらない）。

そうすることで、現地の有力者は領家や預所を代理人として立て、本所の「虎《とら》の威《い》を借りて」、古代以来の支配組織の国府に対して自立を守る集団になる。これがこの時代の荘園のありかたで、村レベル（これを「名《みょう》」という）のトップに立っているのが武装した領主、つまり地方における「武士の素」である。歴史学的には「在地領主」といわれる層の人々だ。

彼らは、古代の郡司などの子孫や、新興の首長などかもしれないが、おおむねこのころには「名」、つまり自分たちの住んでいるところの地名を名乗りに使うことが増えた。それを名字《みょうじ》という。「畠山《はたけやま》」（武蔵《むさし》国、埼玉県深谷《ふかや》市）の重忠《しげただ》とか、「北条《ほうじょう》」（伊《い》豆《ず》国、静岡県伊豆の国市）の義時《よしとき》とかいうのがそれだ。そして下司などになると、時に藤原氏や源氏《げんじ》・平氏《へいし》の末端と婚姻関係を結び、ときには勝手に名を借りたりして「平氏の一族」「藤原氏の一族」などと称して肩書きにする。あの、非常にわかりにくい武士の名前「北条《ほうじょう》小四郎《こしろう》平《たいら》義時《よしとき》」などという名はこうしたアイデンティティーから発生したものだ（北条が名字＝どこの村の親分の家族かがわかる、小四郎が通称＝その一家の中でどういうポジションかがわかる、平が氏＝その一家がどのお偉いさんの系統に属するかがわかる、義時が実名＝成人としての名前がわかる）と理解するとわかりやすい。ちなみに一番使わないのは実名である。

さて、このように武装して土着勢力になった村、つまり在地領主たちが荘園を下支えとしているのがこの時代のありかただった。だから彼らは常に頼れる親方を探しており、たとえ荘園領主が女性の暲子内親王でも、彼女は潜在的な武力を持っていたことになる。そのように理解すると、八条院とその猶子で、源平の合戦の口火を切ったことで有名な以仁王との関係についても説明がつくように思う。

治承《じしょう》四年（一一八〇）に挙兵した以仁王はその名の通り、親王宣下（つまり父から子供として認知してもらうこと）も受けないまま成人した後白河院の皇子である。すでに述べたように母が殷富門院《いんぷもんいん》や式子《のりこ》内親王の母、高倉三位《たかくらのさんみ》で、彼女自身寵愛を受けていても中宮はもちろん、女御ですらない立場なので、政治的には無名に近い皇子だったと思われる。それが突然挙兵したのだが、何らかの勝算がないとこのような暴挙はしないだろう。その勝ち目の根拠になるのが、八条院の財産と、その下にある武装領主、つまり武士集団だったのではないか。

『平家物語《へいけものがたり》』では、源為義《みなもとのためよし》の末子で熊野《くまの》に潜んでいたという源行家《ゆきいえ》が、全国の源氏に挙兵をうながす「以仁王の令旨《りょうじ》」を広めたとしているが、清和《せいわ》源氏が少々立ったところで、平家全盛のこの時期ではたかがしれていた。さらに近年では以仁王の令旨はほぼ偽作《ぎさく》だろうと考えられている。行家が各地の平家政権に反発を感じている勢力に蜂起をうながして歩いたとしても、正義や忠義などのお題目《だいもく》で武士が動くような時代ではない。無名の一皇族に過ぎない以仁王では、たとえば恩賞などの財源の保証もないのだからまず呼応する者はいないだろう。

しかし行家は治承四年に八条院の蔵人《くろうど》の肩書きをもらっていた。八条院はおおらかな、というかルーズな組織で、無位無官の人に肩書きだけをよく与えていたらしい。院蔵人は六位の官人で初めて就職する者の肩書きで、当時は売り物や名義貸しのように比較的簡単に手に入ったものらしい。いわば紙切れ一枚の価値しかないが、その肩書きで「大財産家の八条院がバックにいる」と吹聴《ふいちょう》したのなら話は別である。行家が八条院蔵人になったのはおそらく事実だと考えられている。ならば実際には、八条院領の荘園を、事があれば参加するようにと回ったのではなかったか。以仁王が八条院の代行者だとして勧誘をするならば、彼らが挙兵に参加することには十分見込みがあったのではないか。

八条院と源平合戦

そしてこうした、八条院のいわば潜在的な武力と深く関係するのが、二人の武人貴族、源頼《より》政《まさ》と平頼盛《よりもり》である。源頼政は『平家物語』では「源三位《げんざんみ》頼政」として知られる。〈以仁王の

源頼政（1104-80）
- 摂津源氏頼光流
- 平治の乱に参戦
- 清和源氏の家長、初の従三位
- 以仁王の乱に加わり、宇治平等院で自害
- 源仲家（義朝の甥、木曽義仲の兄）を養子にする

平頼盛（1133-86）
- 平忠盛 ═ 池禅尼（藤原宗子。藤原隆家の子孫。正室）
  - 平頼盛
- 平清盛の異母弟、平家 No. 2
- 池大納言と呼ばれる（清盛に次ぐ勢力）
- 平家都落ちに加わらず
- 子孫は鎌倉時代まで残る

八条院の軍事貴族たち

乱〉で有名な摂津《せっつ》源氏だが、本拠は難波《なにわ》周辺で、頼光《よりみつ》の嫡流ではなかったとみる説もある。しかし〈平治《へいじ》の乱〉で義朝《よしとも》ら河内源氏が没落してからは、内裏守護の源氏として最終的には非参議《ひさんぎ》（政治には関われない公卿）の従三位まで昇進しており、その背景には美福門院や六条《ろくじょう》天皇との関係があったとされる。頼政といえば、『平家物語』の「鵺《ぬえ》」で、近衛天皇の枕席《ちんせき》を悩ませた猿虎蛇狸の合成で声が鵺（鳥＝トラツグミの異名）に似た怪物を、黒雲の中から射落としたことで有名だが、もともと内裏守護として〈保元《ほうげん》・平治の乱〉にも関わっており、怪物退治も内裏守護の一環だと命じられて、しぶしぶおこなったとしている。近衛天皇は鳥羽院と美福門院の子だから八条院の同母弟で、また、美福門院の猶子だった二条天皇のときには、実際に深夜に鵺を射落とした、ともしているので、美福門院、さらには八条院との関係の深さがうかがえる。

　一方、権大納言《ごんだいなごん》平頼盛は池禅尼《いけのぜんに》を母とする平忠盛《ただもり》の子で、池禅尼は藤原家成《いえなり》の従姉妹にあたるので、清盛《きよもり》の異母弟でありながら、白河院《しらかわいん》から後白河院に至る院の近臣のグループにも属してい

る。つまり白河院・鳥羽院・二条院ネットワークに近い清盛とは違い、むしろその長男の重盛《しげもり》と同様に家成系のネットワークに属していた。そして彼の妻は八条院の乳母の子の大納言局《だいなごんのつぼね》と呼ばれた人で、二人の間には嫡子の光盛《みつもり》がおり、八条院とは特に深いつながりを持っていた。頼盛は最終的には清盛の後継者の宗盛《むねもり》と袂《たもと》を分かって、平家一門でありながら鎌倉の頼朝《よりとも》に迎えられることになるが、そこにも八条院のバックアップがあったと考えられる。

彼らは平氏・源氏の中でもかなり上位の有力者で、もはや武人貴族というより、平清盛と同様の武力を持った上級貴族「軍事貴族」といえる勢力だ。それが八条院と経済的・軍事的な関係を結んでいることは、ひとたび事があれば八条院の武力のまとめ役になりうる存在としての看板の役割を果たしていたのではないだろうか。たとえ頼政のように、急に集められる武力が、『平家物語』に書かれた千騎でさえ相当な誇張があったとしても、時間さえあれば各地の荘園の武士に声をかけ、傭兵部隊のように大兵団を集めることもできたと考えられる。地方武士の都への窓口、口入屋かハローワークのような立場である。

鹿ヶ谷《ししがたに》事件や以仁王の事件などがあっても清盛は八条院に手を出せなかった。それはこうした行政・地域支配・軍事力などにわたる八条院の潜在的な「強さ」に由来するといえそうだ。つまり八条院領は鎌倉幕府に近いネットワークだった。というより、鎌倉幕府そのものが、八条院と同様の権力体を王権に認めさせて成立したものといえるように思う。その意味で八条院はまぎれもなく権門（国家を構成する政治権力者集団）の一つだった。しかし源平合戦期には、八条院は一切動いていない。そこにはリーダーである暲子内親王の意思が全く見えないのだ。以仁王は全国に呼びかけた令旨では「天武《てんむ》天皇の旧儀を尋ね、王位を推し取るの輩《やから》を追討」すると呼びかけたという（『吾妻鏡《あづまかがみ》』による）。この令旨が実物かどうかは問題があるが、天武天皇に自らを例えたのは〈壬申《じんしん》の乱〉を意識したものだ。これは八条院という権門の武力について、一つの可能性を示したといえるかもしれない。もしも以仁王が八条院という強大な力を使いこなせていれば、第二の天武天皇も夢物語ではなかったかもしれない。

女院と結びつく清和源氏

さて、武士を動員しようとする女院がいれば、女院を利用しようとする武士もいる。源頼朝が女院である上西門院統子《じょうさいもんいんむねこ》内親王に仕えていたことはすでに触れたが、ここで改めて振り返っておこう。室町時代にできた系図集成書の『尊卑分脈《そんぴぶんみゃく》』によると頼朝の母は熱田大宮司《あつたのだいぐうじ》季範《すえのり》の娘だとされる。だから熱田大宮司家との関係が重視されることが多い。しかし、熱田神宮の祭祀氏族は長く尾張《おわり》氏（飛鳥《あすか》時代以来の尾張連《おわりのむらじ》氏の子孫と見られる）が務めており、藤原氏になったのは、藤原南家《なんけ》の学者系藤原氏に属し、額田《ぬかた》（愛知県額田郡）冠者《かじゃ》（若殿のこと）といわれて三河《みかわ》（愛知県東部）にも勢力を持っていた季範（母は尾張氏）が、大宮司になってからだということらしい。一方、季範の祖父が文章博士実範《さねのり》で、〈保元の乱〉の後の政界をリードした藤原信西などともつながるネットワーク上にいたことはあまり知られていない。彼ら学者系文人貴族は、院政期には各有力者のもとで受領を務め、行政・事務官僚としても重用されており、いわば縁の下の力持ちとなっていた。頼朝の父、源義朝は鎌倉に本拠を持ち、〈保元の乱〉以降、父の為義（乱後に息子の義朝に斬首されている）に代わって都に進出してくるが、それ以前から、京と東海道沿線部に勢力を持つ熱田大宮司家との関係は重要だったと考えられる。そうしたことから、季範の娘との間に頼朝が生まれたのではないか。そして頼朝が最初に出仕したのは統子内親王に付けられた皇后宮職《こうごうぐうしき》の皇后宮権少進《こうごうぐうごんのしょうしん》で、統子への院号宣下《いんごうせんげ》の後には上西門院蔵人となっている。この任官の背景には、文人貴族のネットワークが働いていた可能性が高く、さらには、上西門院が後白河院の同母姉で准母という深い関係から見ると、後白河天皇が少年時代の頼朝を見知っていた可能性もある。

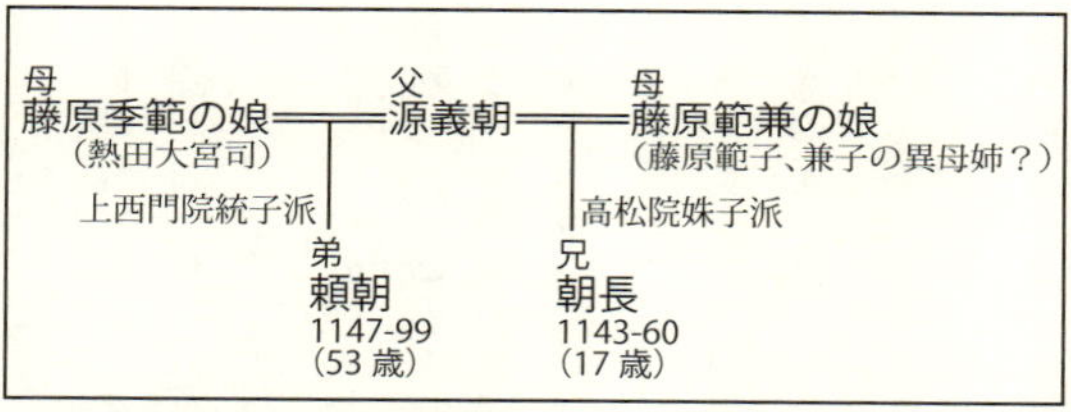

源義朝と朝長、頼朝の系図

一方義朝の次男朝長《ともなが》は、先に見たように二条天皇中宮の姝子内親王に付けられた中宮職《ちゅうぐうしき》の中宮少進《ちゅうぐうしょうしん》になっている。彼の母親は関東武士の波多野《はたの》氏の出身だとするのが定説だが、それは『吾妻鏡』が記す治承四年（一一八〇）の波多野義常《よしつね》の討滅記事の中にのみ見られる記述である。『吾妻鏡』は鎌倉幕府の歴史書だが、その成立は一三〇〇年頃と見られており、最近でははじめのほう、特に源平合戦期の頼朝の動向については都合の悪いことの書き換えが多いと考えられている。そしてこの波多野氏と朝長の関係についての記述は、このほかには、たとえば朝長の母の兄にあたるはずの波多野義通《よしみち》（頼朝に討たれた義常《よしつね》の父）が活躍する『保元物語』や『平治物語』にも全く見られない。

一方、『尊卑分脈』では、朝長の母を、後白河院の近臣だった藤原範兼《のりかね》の娘としている。範兼には、年の離れた弟で養子になった範季《のりすえ》という後継者がおり、彼は平氏政権下でも、同じく義朝の子、朝長や頼朝の異母弟の範頼《のりより》を養育していた。また、もとより院の近臣の範兼・範季には、鳥羽院の娘で後白河院の准母である統子内親王を通じて、その養女である二条天皇の中宮姝子内親王に近侍できるネットワークがあったことから見て、私はこちらが正しいのではないかと考えている。だとすれば朝長は二条天皇と面識があった可能性もある。先述したように、二条天皇と姝子内親王は〈平治の乱〉の最中に義朝や藤原信頼が押さえていた内裏を脱出して清盛の元に移っているが、朝長はそれを見逃してしまった警固のメンバーにいた可能性すら高いといえる。

つまり義朝は、複数の院の近臣や彼らが関わる女院と関係を構築していたのである。武人貴族は武力をもって権門の機構に入り、その上級女房と関係を作って子供を儲け、その子を早くから院や女院に仕えさせることで深く入り込ませ、その子は武家でありながら、有職故実《ゆうそくこじつ》などの貴族の社会生活にも精通していく。そして安定した地位を築けるかどうか、つまり軍事貴族になれるかどうか、あとは運次第である。嫡子は最初から決まっているのではなく、結果からさかのぼって語られる。

　源頼朝は運と力で新しい権門、鎌倉幕府を開いた。しかし、〈平治の乱〉の結果次第では、そして上西門院と高松院のその後の動向次第では、朝長と頼朝は、平清盛と頼盛と似たような関係になっていたのかもしれない、少なくとも二人の父の義朝はそれも選択肢に入れて活動していたように考えられる。

　また万一、たとえば朝長が姝子内親王を守って、父義朝と袂を分かち、〈平治の乱〉を生き延びて、しかも二条親政が長く続いていたら、わずか十七歳で亡くなったこの若者には武門源氏の若き棟梁としての華々しい未来が待っていたのかもしれない。

　女院の武力となることは、武士たちにとってそれほどに魅力的だったのである。

「女人入眼の日本国」の裏で

「女人入眼《じゅげん》の日本国」（仏像の完成のとき、目に墨を入れるように、女性が政治の決定権を握っている日本国）という言葉がある。摂関家の一つ、九条家《くじょうけ》に生まれた僧、慈円《じえん》の『愚管抄《ぐかんしょう》』に見られる有名な言葉で、建保《けんぽう》六年（一二一八）に、卿三位《きょうのさんみ》と呼ばれた藤原兼子《かねこ》（源朝長の祖父、藤原範兼の娘で、後鳥羽《ごとば》上皇の乳母）と、北条政子《ほうじょうまさこ》こと従三位平政子《まさこ》（いうまでもなく北条時政《ときまさ》の娘で、源頼朝の妻）という二人の女性の話し合いによって、兼子が養育していた後鳥羽の皇子頼仁《よりひと》親王（源実朝《さねとも》の妻の甥でもある）が鎌倉幕府の四代将軍に内定したことを踏まえて書かれたものだ。

藤原兼子は院の近臣出身で、天皇の乳母。まさにこの時代、能力があれば活躍できる立場の女性で、平政子はいうまでもなく源頼朝の後家として、鎌倉では絶大な支持を得ていた女性である。ともすればこの言葉は、女性が政治に口を出して秩序を乱したように捉えられるが、実際にはこの二人は、互いに京の天皇、鎌倉の将軍という二つの勢力の内部で、男女を通じて最も活動的に働ける立場にあった。

その後、後鳥羽の態度硬化からの〈承久《じょうきゅう》の乱〉の勃発により、この二人の約束事はほとんど忘れられ、単なる悪巧《わるだく》みのように理解されているが、おそらくこの時点では、京・鎌倉の安定という点では最高の選択肢だったと思う。少なくとも、体面に振り回される男性政治家たちより、藤原兼子と平政子の選択はお互いの顔を立てたものになっていた。

さて、院や摂関家、大寺院などが、天皇という無力化した権力者を囲んでそれぞれに権力体を形成し、あたかもアルプスの連山が相互にもたれあって立っているかのように「王権」を形成していた時代、それが院政の時代である。これに平氏政権や鎌倉幕府のような武門の権力体制が入ってきても、どこかが専制君主のような体制を取れるというほどの権力は持ち得ない。こういう体制を中世史では「権門体制」といってきた。

もう一度八条院に戻って見えてくること

八条院という権門についていえば、その膨大な支配領土からなる財産を利用しようとする者は多いが、彼女を政治的に担ぎ出そうとする者は、鳥羽院を除いて（以仁王も含めて）いなかった。子供である天皇や父の院など、それができる親戚がいなかったからであり、彼女自身もそうしたことに興味を持たなかったことが大きい。しかし彼女に政治的活動が見られなかったのは、「権威はあるが権力として自主的に発動できる仕組みを持たない存在」だったからである。八条院領の荘園群は一種の「国家」のような独立組織だったが、国土はあっても、太政官や鎌倉幕府のような官僚制組織を持たず、経済的に運営するだけの存在だったのではないだろうか。八条院領には、知行国はほとんどなかったらしい。つまり、院や天皇でもなかった八条院が、受領の人事権を持たなかったということである。それは、白河院（治天《ちてん》）という独裁的・専制的な権力者の思いつきで、最愛の娘の郁芳門院媞子《いくほうもんいんやすこ》内親王に最大の権威を与えた「未婚女院」が、その後も制度として続き、運営者である治天（この場合は後白河）との関係を喪失し、天皇家の財産として、目には見えるが手をつけられない荘園群の持ち主として、戦乱の中でただよっている、という存在になっていたのではないか。

現実には、財力、武力はあるが、人事権を持たない八条院は、不完全な権門であった。院政とは治天の好き嫌いで勢力が変わる政体である。もし、八条院が斎王や未婚中宮を経験して政治力を身につけて、自分の好悪をはっきり出していたら、歴史は変わっていたかもしれない。しかし、八条院は誰の味方にもならなかった。誰にも縛られない「暲子内親王」自身のキャラクターにはほとんど政治的な価値はなかったのだ。彼女は平家とともに西国にも落ちていないし、源（木曽《きそ》）義仲《よしなか》と後白河院の対立・戦闘にも巻き込まれていない。「超お嬢様」として生まれた彼女が、戦乱の時代であっても「究極のお嬢様」でいられた理由はじつは「誰の味方にもならなかった」ことにあるのではないか。

八条院たちが残した華麗な文化

八条院でおこなわれていた文化的営みを伝える文化財は、健御前の『たまきはる』や藤原定家の『明月記《めいげつき》』などの日記・記録を除いて、残念ながら残っていないようである。しかし、平安末期の女性文化は、十二世紀前半頃の『源氏物語絵巻《げんじものがたりえまき》』（徳川美術館・五島美術館蔵）に始まり、『扇面法華経冊子《せんめんほけきょうさっし》』（大阪府四天王寺《してんのうじ》、東京国立博物館等蔵）、『平家納経《へいけのうきょう》』（広島県厳島《いつくしま》神社蔵）などの国宝群を現在に遺している。また、同じ時代の文芸的な最高傑作が、これも八条院の傘下にいた藤原定家の『新古今和歌集《しんこきんわかしゅう》』、『百人一首《ひゃくにんいっしゅ》』や、『伊勢物語《いせものがたり》』『源氏物語』の写本整理による底本の完成だったことも象徴的にも思える。豪華絢爛《ごうかけんらん》たる王朝絵巻や、洗練を極めた和歌文学を後世に遺したのは、院や女院に代表される女房たちや院の近臣が集ったサロンであったことは間違いない。貴族の時代の落日が迫る、戦乱の時代であるにもかかわらず、である。

そもそも、文化とは資金と時間のかかるものである。世間が荒れに荒れている時代に何やっとんねん、という指弾を受けない場所、それが権門の一つでありながら浮世離れした八条院をはじめとした女院の世界だった。定家がその日記『明月記』に記した有名な言葉「紅旗征戎《こうきせいじゅう》、吾が事に非ず」（征伐戦争は知らない——だって私は芸術に生きるから）を後見する大きな世界がここにあった。

しかしそれは、女院という専制政治下の機構の一つが、その華やかさの反面で存在意義や政治的基盤を失いはじめている兆候でもあった。それは、八世紀から九世紀前半にかけて、宮廷女官がその政治的役割を喪失して中宮・皇后に仕える女房に生きる道を求めた結果、清少納《せいしょうな》言《ごん》や紫式部《むらさきしきぶ》が生まれたことにも似ているように思う。

大荘園領主としての女院は、政治的に積極的に役立つことはない。そのため待賢門院《たいけんもんいん》や美福門院は、院に寄生して肥え太り、権勢をほしいままにする大悪女のようにも捉えられることがあった。また、八条院のような女院の荘園は院の荘園であり、いわばトンネル会社のようにその管理をするのが女院庁であるという考え方もあった。ほかならぬ私も三〇年前はそういう理解をしていた。

しかしどうもそれも実態とは違うようだ。たとえば八条院領は、彼女が養育していた以仁王の姫君（母は女院の腹心だった八条院三位局）に継承される予定だった。姫君が早世したので実行はされなかったが、後継者を八条院が指名していたことは重要で、未婚の皇族女性が直接の血縁ではない未婚の皇族女性に受け継がせる体制で継承していく動きがあったことは間違いない。そこで働いたのは、「猶子である以仁王の娘は、自分の孫も同じ」、という血縁を超えた意識だろう。実際、八条院は、後鳥羽天皇の娘昇子《のりこ》内親王（春華門院《しゅんかもんいん》）を養女にして、自らの後継者に指名して建暦《けんりゃく》元年（一二一一）に世を去った。ここでも女院においては、血縁意識は働いていない。女院は「女院家」ではなかったのである。ただし彼女らにそれを維持していく政治的な力があったかどうかは、また別の話であった。残された八条院領は、昇子内親王が継承した同年に世を去ってしまうという不測の事態に遭遇して、彼女を准母として即位した順《じゅん》徳《とく》天皇が受け継ぐことになり、天皇家、つまりは後鳥羽院の元に吸収されてしまう。このことが〈承久の乱〉のひきがねの一つになったと考えられる。院から女院に継承されてきた権門の一つがここに崩れ去ったといえる。

いうならば、八条院の「権門」は、美福門院から受け継ぎ、春華門院に受け渡された、上《じょう》東門院《とうもんいん》や郁芳門院以来、皇后や斎王という特別な立場の女院たちに託された「女性の権力体」の最終形態であった。それは戦乱の時代の「アジール（安全地帯）」としても、いわばもたれあう権門の間の緩衝帯の役割を保ちつつ、政治の中でも一定の影響力を保っていた。

一方の権門である「院」における藤原兼子やその姉の藤原範子《のりこ》（後鳥羽の乳母で土御門《つちみかど》通親《みちちか》の妻）、あるいは鎌倉幕府での平（北条）政子などを見ても、この時代は「女性だから政治力は持てない」というものではなかった。その中にあって八条院のような権力体はまさに「女人入眼の日本国」を静かに支え、もはや国家という体をなしていないような社会を一つにつなぎとめる役割を果たしていたと考えられるのである。それこそが院権力の源泉であり、院と関わるすべての人たちにとって、壊す必要がなく、誰もが手に入れたい「宝庫」だった。

いわばマンガ・アニメでお馴染《なじ》みの『ONE PIECE』、つまり「ひとつなぎの宝」であってこそ価値がある存在だったということができようか。

八条院領の終わり

しかしそうした女性たちの権門は鎌倉時代になると姿を消していくことになる。八条院領を継承した順徳天皇は承久三年（一二二一）の〈承久の乱〉で佐渡《さど》に流され、この荘園群は一時期鎌倉幕府に没収される。公領ではなく、順徳天皇の、あるいはその父である治天の君の後鳥羽院の私領と認知されたのである。後に返還され、その所有者は治天となるが、実質的には鎌倉幕府の管理下に置かれる。つまり女院が主人となり、ニュートラルな体制を保つということがなくなってしまうのである。そしてこの「治天の家産」となった八条院領は、のちに大覚寺《だいかくじ》統《とう》と呼ばれる天皇の系統、つまり亀山《かめやま》上皇から後醍醐《ごだいご》天皇を経て南朝に至る天皇家の家産として継承されていく。このころには、女院もまた形式的な存在と化しつつあった。鎌倉時代にも天皇の准母が女院となる体制は維持されていくが、政治的な意味はほとんど失われている。

鎌倉時代が進むと、実態はもちろん、形式的にも「女人入眼の日本国」とは言えなくなっていくのである。

第十章　それから――鎌倉時代以後の女性の力

『百人一首』の語る平安時代の折り返し点

改めて考えてみれば、平安時代四〇〇年は、江戸時代の徳川三〇〇年よりはるかに長い。本書で取り上げたのはその後半である。平安後期というスパンは、藤原道長《ふじわらのみちなが》が政権を確立した九九五年から、平安京《へいあんきょう》一極集中の時代の終わりを「平家の滅亡と源頼朝《みなもとのよりとも》の鎌倉政権の自立」とするなら一一八五年まで、一九〇年間ということになる。もちろんこの線引きにはいろいろな議論があり、大変難しいのだが、平安時代四〇〇年の後半はだいたいこのころかなぁ、という感じだ。

そして、これに近い考え方は、鎌倉時代から存在していたらしい。その一つの例として、藤原定家《さだいえ》やその周辺が作者と見なされている『百人一首《ひゃくにんいっしゅ》』が挙げられる。

『百人一首』は七世紀半ばの「天智天皇《てんじ》」から十三世紀前半の「順徳院《じゅんとくいん》」まで約六〇〇年の間に活躍した歌人一〇〇人の一〇〇首の歌を、だいたい時代順に並べて構成されている。その

定家の和歌による平安中期区分の考え方　『百人一首』では第53－第62首が道長の時代と考えられる。同じ時代と考えられる『百人秀歌』第53－第66首までの並べ方を比較した

	百人一首		百人秀歌
53	右大将道綱母（935－995） 『蜻蛉日記』の作者。道長異母兄道綱の母	53	一条院皇后宮（中宮定子）（977－1001） 一条帝の寵姫。清少納言の主君として有名
54	儀同三司母（－996） 定子・伊周・隆家の母（高階貴子）。女官高内侍	54	三条院（976－1017） 道長とは対立関係にあった。娘の禎子内親王が後三条の皇統を作る
55	大納言公任（966－1041） 『和漢朗詠集』の撰者。一条朝の四納言	55	儀同三司母
56	和泉式部（976－1030） 中古・女房三十六歌仙。『和泉式部日記』	56	右大将道綱母
57	紫式部（970－1031？） 『源氏物語』『紫式部日記』 中古・女房三十六歌仙	57	能因法師（988－1058） 俗名橘永愷。中古三十六歌仙
58	大弐三位（999－1082？） 紫式部の娘（＝藤原賢子）。後冷泉天皇の乳母。女房三十六歌仙	58	良暹法師 比叡山の僧
59	赤染衛門（956－1041） 中古・女房三十六歌仙。『栄花物語』の作者と推定される。源倫子・彰子に仕える	59	藤原公任
60	小式部内侍（999－1025） 母は和泉式部。女房三十六歌仙。母と共に彰子に仕えた	60	清少納言
61	伊勢大輔（989？－1060？） 中古・女房三十六歌仙。彰子の女房	61	和泉式部
62	清少納言（966－1025？） 『枕草子』。中宮定子に仕える。中古・女房三十六歌仙	62	大弐三位
		63	赤染衛門
		64	紫式部
		65	伊勢大輔
		66	小式部内侍

うち、数の上では折り返し点を過ぎてすぐ、五三〜六二首が藤原道長の時代の歌人の歌である。そしてこの一〇人のうち九人が女性なのだ。つまり、『百人一首』は、平安時代半ばに、女流歌人の時代があって、それが現代（定家が生きた鎌倉時代前期）への折り返し点と考えているらしい。

そして、この九人を見ると、右大将道綱母《うだいしょうみちつなのはは》、儀同三司母《ぎどうさんしのはは》（高階貴子《たかしなのたかこ》。藤原伊周《これちか》・定子《さだこ》皇后・隆家《たかいえ》の母）、和泉式部《いずみしきぶ》、紫式部《むらさきしきぶ》、大弐三位《だいにのさんみ》、赤染衛門《あかぞめえもん》、小式部内侍《こしきぶのないし》、伊勢大輔《いせのおおすけ》、清少納言《せいしょうなごん》となっている。『蜻蛉日記《かげろうにっき》』『和泉式部日記』『源氏物語《げんじものがたり》』の作者というお歴々に加えて、大弐三位は紫式部の娘、小式部内侍は和泉式部の娘で、伊勢大輔はその中間世代だ。しかし、赤染衛門は紫式部より年上なので、厳密な順序は年代順というわけではないことがわかる。それ以上におかしいのは、和泉式部・紫式部より年上のはずの清少納言が最後になっていることで、なんとも不自然だ。

さて、『百人一首』には、道長をはじめ、その前後の摂政・関白は誰も入っていない。摂関はいないわけではないが、「謙徳公《けんとくこう》（四五首目）」こと藤原伊尹《これただ》から「法性寺入道前関白太《ほっしょうじにゅうどうさきのかんぱくだい》政大臣《じょうだいじん》（七六首目）」こと藤原忠通《ただみち》まで飛んでいる。伊尹は道長の父の兼家《かねいえ》の長兄で、忠通はその子供から摂関家が分裂して、五摂家《ごせっけ》（その子のときに近衛《このえ》・九条《くじょう》・松殿《まつどの》の三家に分かれ、近衛家から鷹司《たかつかさ》家が、九条家から一条《いちじょう》家と二条《にじょう》家が分かれ、松殿家が衰退するので五つの家になる）が始まる。つまり摂関家としては最後の当主である。

伊尹の弟の兼家から、（兼家）―道長―頼通《よりみち》―師実《もろざね》―師通《もろみち》―忠実《ただざね》―（忠通）の七代が一本の系図で結ばれ、忠通に至るが、この間の人々は『百人一首』には誰も入っていない。『百人一首』には、安定した時期の政権担当者だった、天皇や摂関の歌は意識的に採られていないようなのである。あるいは謙徳公も傍系と考えれば、「貞信公《ていしんこう》（二六首目）」こと藤原忠平《ただひら》以降、（忠平）―師輔《もろすけ》―兼家―道長―頼通―師実―師通―忠実―（忠通）で、間の七代が飛ばされていることになる。ちなみに天皇では、光孝《こうこう》天皇（一五首目）から後鳥羽《ごとば》院（九九首目）まで、（光孝）―宇多《うだ》―醍醐《だいご》―村上《むらかみ》―円融《えんゆう》―一条《いちじょう》―後朱雀《ごすざく》―後三条《ごさんじょう》―白河《しらかわ》―堀河《ほりかわ》―鳥羽《とば》―後白河《ごしらかわ》―高倉《たかくら》―（後鳥羽）と一本の系図で結べるが、この間の天皇は一人も『百人一首』に入っていない。入っているのは三条院《さんじょういん》（六八首目）と崇徳院《すとくいん》（七七首目）、傍流の天皇だけだ。

また、道長政権の時代を見ても、彼を支えた一条朝の四納言（藤原公任《きんとう》、斉信《ただのぶ》、行成《ゆきなり》、源俊《とし》賢《かた》）の中でも入っているのは公任（五五首目）だけだ。そして、この時代の女流歌人で最も身分が高いのは、勅撰集に二八首が採られている上東門院彰子《じょうとうもんいんあきこ》だが、やはり採られていない。

結果的には、道長の時代は、まさに「安定した平安時代」で、歌人たちも女流歌人が重点的に取り上げられているものの、選び方や並び方に明確な法則性は見られない、ように見える。

消された定子皇后

ところが、定家が『百人一首』と同時期に編纂した（原型とも、別目的ともいわれる）とされる『百人秀歌《ひゃくにんしゅうか》』という歌集があるのだが、ここでは少し構成が違う。

五三首目の「一条院皇后宮《いちじょういんこうごうのみや》」から、三条院・儀同三司母・右大将道綱母・能因《のういん》法師・良暹《りょうぜん》法師・公任・清少納言・和泉式部・大弐三位・赤染衛門・紫式部・伊勢大輔・六六首目の小式部内侍まで一四人中一〇人が女性。そのトップ位置に「一条院皇后宮」がいる。彼女は一条天皇の皇后、つまり定子皇后だ。定家が『百人秀歌』のこの部分の女流歌人グループの冒頭に置いたのは、彰子ではなく定子だったようなのだ。

定子は勅撰集入集八首で、若くして没したため、歌人としての実績は二八首の彰子に見劣りする。しかしこのグループのトップのように位置づけられている。

その定子の歌は、

夜もすがら契《ちぎ》りしことを忘れずは恋ひむ涙の色ぞゆかしき
（一晩中愛を確かめあったことを忘れないでいてくださるのなら、あなたの流す涙の色はどんなものか、私はそれが知りたいのです）

これは、『後拾遺和歌集《ごしゅういわかしゅう》』（一〇八六年完成）にある詞書《ことばがき》に、彼女が次女の媄子《よしこ》内親王を産んで亡くなった後に、帳《ちょう》（御帳台《みちょうだい》とも呼ばれる組み立て式ベッド）の帷《とばり》の紐《ひも》に結びつけられていたとあるもので、辞世として知られている歌である。定家が『百人秀歌』を編纂したのは十三世紀前半頃なので、定家もこの歌の詠まれた背景は認識していたと考えられる。

さて、『百人一首』には道長の兄の関白、藤原道隆《みちたか》やその子の伊周（勅撰集に六首入る）、隆家（同じく三首）は入っていない。私の知る限りだからいい加減だが、道隆は歌人としては歌集を残した道長にはるかに及ばないようなので置いておくとして、伊周か定子が採られていれば、『百人一首』歌人には儀同三司母と藤原道雅《みちまさ》（伊周の長男）がいるので、中関白家《なかのかんぱくけ》のメンバーが三代並ぶことになる。『百人秀歌』はそれをしているのである。しかも清少納言が儀同三司母・右大将道綱母（関白兼家の妾）の次の位置に置かれ、女房のトップ位置にいる。つまり、定家が『百人秀歌』を構想した段階では、三条院を間にはさんで定子・その母、関白の妾（右大将道綱母）という高い身分の小グループがあり、次に三人を挟んで清少納言が和泉式部以下の女房を率いるように並んでいる。女流歌人のサロンのトップは清少納言になるように配置されている。

また、『百人秀歌』の五〇番台グループでもう一人目立つのは、道長と対立したことで知られる三条院（五四首目）である。三条院は『百人一首』では六八首目とかなり遅く、このグループとは関係なくなっている。その前が三条院より三代後の後冷泉《ごれいぜい》院に仕えた女房の周防内侍《すおうのないし》、三条院の後には能因法師（『百人秀歌』五七首目）・良暹法師（同五八首目）が続き、この三人の後が三条院より四十歳年下の源経信《つねのぶ》なので、非常に不自然な位置で、何だか飛ばされてきた感じなのである。

三条院は、先ほど述べた直系で継承された天皇のラインから外れる、冷泉《れいぜい》系天皇の最後の人である。しかし一方で彼は禎子《さだこ》内親王の父なので、後三条天皇の母方の祖父でもある。その意味では、院政期の天皇の祖先ともいうべき立ち位置にある。『百人秀歌』で、「一条院皇后」と対になるかのように「三条院」が並ぶのも何か象徴的なのである。

あるいは、『百人秀歌』は十世紀から十一世紀にかけての時代の歌人の核を、女性サロンの代表者としての定子皇后と、平安末期の摂関に縛られない天皇のルーツである三条院に置いているのかもしれない。『百人一首』では定子を外して三条院を飛ばしたことでその並びが崩れたため、一見すると女流文人の不安定な集合体に見えるようになったとも考えられる。

つまり、定家にとって、平安中期の後宮サロンの代表として連想されるのは、女院として権力をふるった彰子でも、その姪の禎子内親王でもなく、定子皇后だった。それは当時の歌人たちにもある程度共有された意識だったのではないか。

しかし、それは忘れられない意識ではあるが、『百人一首』には入れるべきではないと判断したのだろう。定家もまた道長の末流であり、道長の栄華の時代に「平安時代」のはっきりとした転機として中関白家の没落を思い起こさせる歌人を配置することは避けたのではないだろうか（それを思うと、『百人一首』は多くの人に見せるための作品だったとも推測できる）。

このように、『百人一首』には、天皇は光孝から崇徳または後鳥羽まで、摂関家は忠平から忠通まで栄華を続けていて、それが「平安時代」だという意識がうかがえる。華やかな五〇番台の女性歌人たちは、その流れの中での色どりとされていたように感じられる。しかしそれは、定子や清少納言など、中関白家の歴史を封印してできた、『源氏物語』を産んだ宮廷文化の時代をピークとした「現代の平安時代のイメージ」の原型のようにも思える。

『源氏物語』の大ファンであったはずの定家の人選からは、上東門院彰子や藤原道長、頼通の生きた時代のダイナミックな姿は伝わってこない。たとえ後宮という制限された世界でも、清少納言が『枕草子《まくらのそうし》』に書きとどめた、追い詰められた定子皇后がそれでも生き生きと生きようとしていた気概も、紫式部が『源氏物語』で理想化したような、躍動感のある女性たちが活躍した時代の雰囲気も、主役のいない女房歌人グループからは感じられないのである。あるいはそれが、鎌倉時代人である定家の狙いだったのかもしれないが。

女性は家長になれない時代

さて、時代が平安時代から鎌倉時代に替わった十三世紀、当時の感覚では鎌倉に武家政権ができた時代でも、権威を有する女性はしばしば見られた。ここでは三つのパターンをあげよう。

①天皇の乳母〈藤原兼子〉

前章で述べた、慈円《じえん》をして「女人入眼《じゅげん》の日本国」といわしめた一方の旗頭、後鳥羽院の乳母で「卿二位《きょうにい》」と呼ばれた藤原兼子《かねこ》はその典型だろう。もう一方の旗頭の北条政子《ほうじょうまさこ》から、鎌倉将軍の後継について、後鳥羽院の皇子を東下させる依頼を受けて交渉するのみならず、彼女の

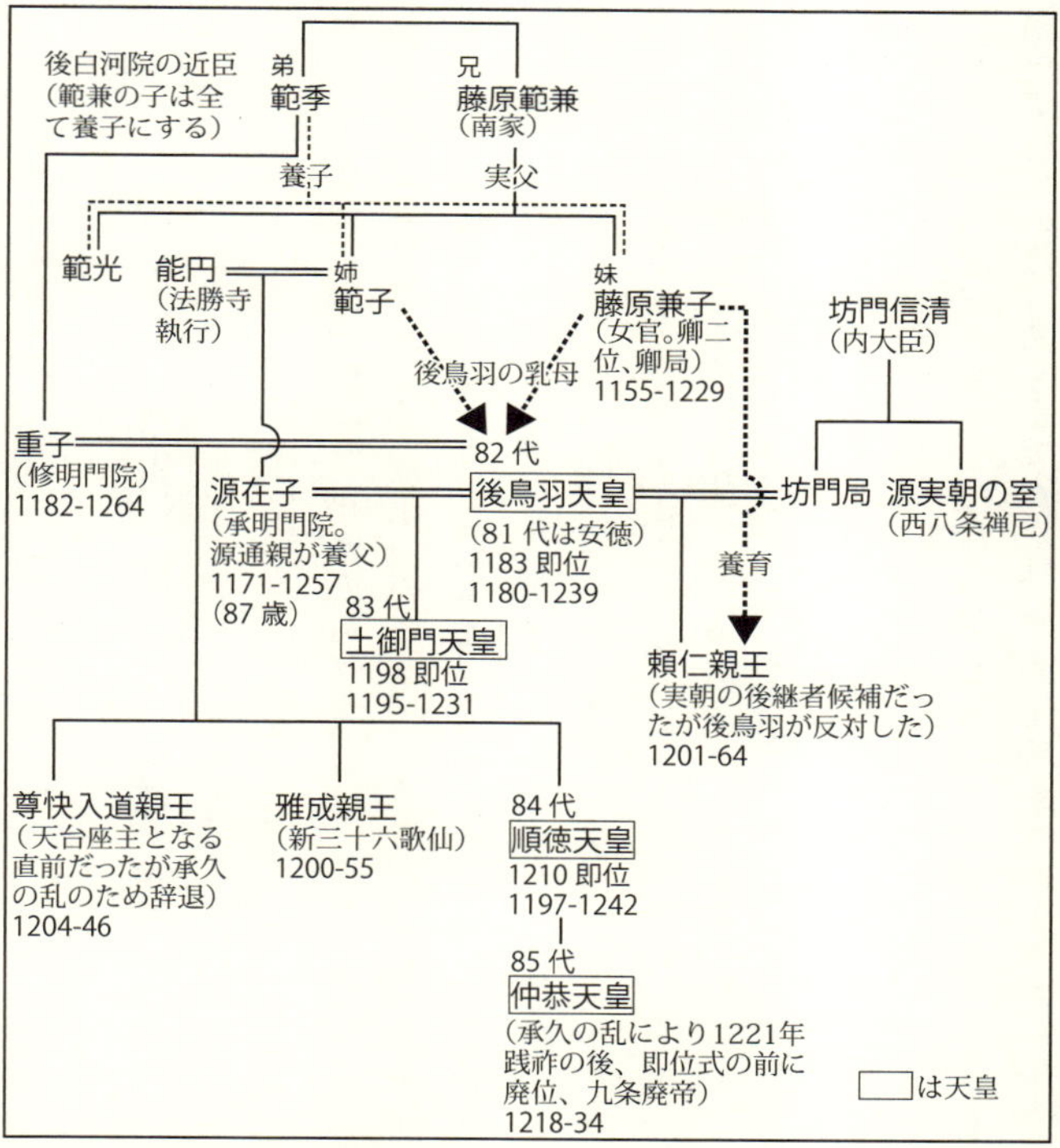

後鳥羽院の乳母、藤原兼子と範子の系図

能力の余沢は同族に及ぶ。兼子の叔父で義父でもある藤原範季《のりすえ》は従二位に上るとともに、その娘の重子《しげこ》を後鳥羽院に入れて順徳天皇の外祖父となり、その子孫は中級貴族の高倉家として存続していく。

すでに五摂家で見たように、鎌倉時代になると、公家にも「男系で継承される家」ができるが、その波に乗り遅れなかったわけである。

しかしそれは、兼子の権威が子孫に継承されたと単純に言い切れるものではなかった。

②院の愛妾〈白拍子亀菊〉

もう一人、十三世紀前半の、鎌倉時代の京都・鎌倉の関係を決定づけた〈承久《じょうきゅう》の乱〉（一二二一）の原因となった白拍子《しらびょうし》（男装して今様を歌い、舞う遊女）出身の女性、亀菊《かめぎく》を取り上げよう。彼女は伊賀局《いがのつぼね》とも呼ばれる後鳥羽院の愛妾だが、その人生についてはわからないことが多い点では、例の祇園女御《ぎおんにょうご》に匹敵する。『承久記《じょうきゅうき》』という軍記物語（だからどこまで信用できるかわからない）では、京の南のほう、佐目牛《さめうし》西洞院《にしのとういん》、今の西本願寺《にしほんがんじ》と東本願寺《ひがしほんがんじ》の間あたり、つまり当時の感覚では下町のどまんなかに住んでいた舞姫だったという。「寵愛ならびなき」としているが、その父は刑部丞《ぎょうぶのじょう》という形ばかりで実態のない肩書きをもらっただけだ。

彼女には後鳥羽院一代の間、摂津《せっつ》国長江《ながえ》荘（現大阪府豊中《とよなか》市あたり）三〇〇町を与えられ、その現地担当者として刑部丞、つまり亀菊の父が下ったが、幕府に任命された地頭が言うことを聞かなかったのが〈承久の乱〉の原因の一つとされる。私はずっと、亀菊を治天《ちてん》の君をも骨抜きにして権力をほしいままにする傾国の美女のように思っていたが、改めて『承久記』（をそのまま信用するのもなんだが）を見る限り、どうもそれほどでもない。与えられた所領の権利が一代限りというところを見ると、院の威を借る女性でも、生まれが良くないとこの時代には一族が継承するほどの権威にはならないというイメージかな、とも思う。「女は氏無くして玉の輿に乗る」のは、あくまで本人ばかり、それも院のような「主人」格の男性の権威に女性が附属する形なのである。だから亀菊の父にかけられた恩恵も微々たるものだったという部分は信用してもいい感じがする。

つまりはこの時代には、女人入眼といいながらも継承される権威、すなわち「家」はやはり男系で継承されるものになっていて、たとえば女性の財産権などはかなり制限されていたようだ。

③女院たち〈式乾門院利子内親王〉

この時代にはたとえ女院領であっても、一期分《いちごぶん》、つまり本人限りとなり、継承されなくなる。たとえば鎌倉時代には、式乾門院利子内親王《しきけんもんいんとしこ》（一一九七～一二五一）という女院がいる。〈承久の乱〉の後、後堀河《ごほりかわ》天皇の時代の伊勢斎王《いせさいおう》で、歴代たぶん最高齢級、三十歳で斎王になった。彼女の父は、高倉天皇の皇子で後鳥羽院の同母兄の守貞《もりさだ》親王といい、〈承久の乱〉で後鳥羽院の一族が流された後、息子の茂仁《とよひと》王が後堀河天皇となったため、即位していないのに治天、つまり天皇の父で最高権力者の上皇、後高倉《ごたかくら》院となった。こんな不思議なことが起こるのが中世である。

利子内親王は後堀河の同母姉で、妹の安嘉門院邦子《あんかもんいんくにこ》内親王とともに、父の後高倉院から（もともと後鳥羽院領だった）大量の荘園を受け継いだが、基本的には一期分（一代限り）だった。そして次の世代では、その領地は室町院暉子《むろまちいんあきこ》内親王（後堀河天皇の娘）に継承されるが、さらにその後継者の段階でこじれ、鎌倉後期の天皇家の分裂に拍車をかけることになる。

つまりは八条院《はちじょういん》の時代に比べても女院自体の力が弱くなり、女院は相続した領地を自由にできるというより、その管理機関のような形になっており、美福門院《びふくもんいん》のような大荘園領主のイメージとはかなり異なる姿になっているようなのである。

しかし女性家長はいた

しかしそれでも、女性がその個性を生かして活躍できる場はまだ残されていた。それがわかるのは宮廷ではなく、意外にも武士の社会である鎌倉幕府である。ここでも三つのパターンを紹介する。

①将軍の妻〈平政子〉

鎌倉幕府の女性権力者といえば、何度も出てきた北条政子だろう。尼御台《あまみだい》、つまり源頼朝の妻だった尼という彼女の権威は、実家の北条氏を幕府の中核に引き上げるほどのものだった。さらに頼朝の妻、二代将軍頼家《よりいえ》、三代将軍実朝《さねとも》の母の立場で、私的な熊野《くまの》参詣のついでに上洛《じょうらく》したという体裁で、後鳥羽院の乳母で院政の実力者、藤原兼子と会談して、従二位の官位、つまり貴族の地位と「平《たいらの》政子」の名を与えられた。これによって彼女は、幕府に対しても国家の権威を利用できる立場になる。先述したように、この上洛はおそらく親王将軍を作る下交渉のため、つまりロビー外交で、彼女はその過程で朝廷の秩序の中に位置づけられることになる。特筆しておきたいのは、当時の国家を二分する勢力であった鎌倉幕府の次期トップを、女

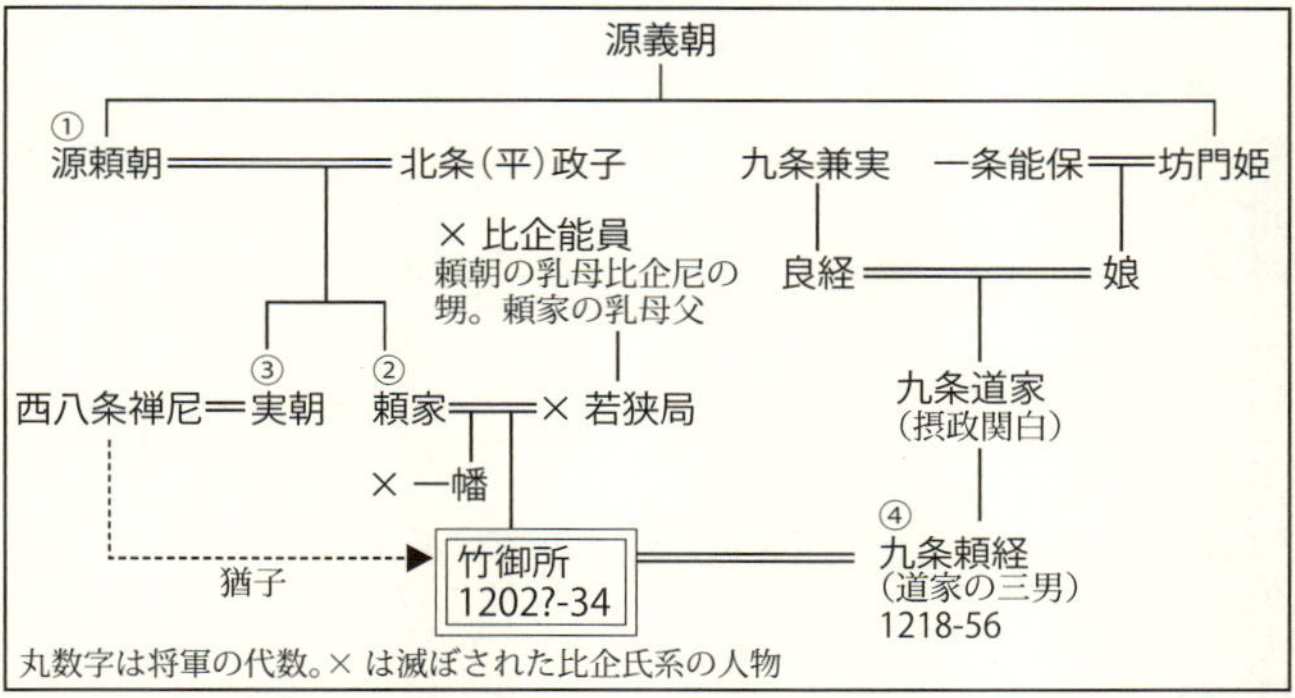

竹御所の系図と鎌倉将軍家

性の権力者二人が決定したこととともに、政子がその過程において、京の宮廷内で「二位」の位を持つ貴族となったことである。彼女の権力は、男系を重視する鎌倉御家人たちの常識を超えて、朝廷からも認知されたのである（それは彼女が、頼朝以来の鎌倉将軍と同じような、武士を超えた身分になったことを示している）。

②将軍の娘〈竹御所〉

もう一人、鎌倉の論理の中で重要な立場にいた女性のことも記しておきたい。彼女は通称「竹御所《たけのごしょ》」という。鎌倉幕府二代将軍で、強制辞任の後に暗殺された源頼家の娘だが、平政子のような公的な立場や官位を持たなかったので本名は『吾妻鏡《あずまかがみ》』にも記されていない（鞠子《まりこ》または媄子《よしこ》ともいうが不明。おそらく源大姫または一の姫ではないか、というのが私の推測）。彼女は、三代将軍実朝の妻（後鳥羽天皇の叔父で七条院藤原殖子《たねこ》の弟である坊門信清《ぼうもんのぶきよ》の娘。西八条禅尼《にしはちじょうぜんに》）の猶子ともなっていて、いわば、頼家・実朝の唯一の後継者だった。そして平政子に似た立場を幕府の中で保持しており、二十九歳にして四代将軍として都から下った十三歳の藤原（九条）頼経《よりつね》と結婚するが、天福《てんぷく》二年（一二三四）に男児を死産したうえ、産死してしまう。

　ここに頼朝以来の源氏《げんじ》の正系は本当に絶えてしまったのだが、もし彼女が安産であったなら、五代目の鎌倉将軍を後見する女性家長となっていたかもしれなかった。〈承久の乱〉のしばらく後でも、少なくとも鎌倉幕府内には女性家長を認める雰囲気が残っていたのである。しかし実態としては、以後鎌倉幕府にはそういう立場の人は出てこなくなった。

③御家人になった女性〈鳥居禅尼〉

　さらに、この時代の女性家長として注目しておきたいのが、熊野の鳥居禅尼《とりいぜんに》だ。彼女は源為《ため》義《よし》の娘で、八条院蔵人となって以仁王《もちひとおう》の平家追討令旨《りょうじ》を各地に伝えた、あの源行家《ゆきいえ》の同母姉妹、つまり源義朝《よしとも》の異母妹と推測され、この時代の大勢力の一つ、熊野の一角を担う熊野新宮《くまのしんぐう》のトップだった行範《ぎょうはん》の妻となった人だ。別名を「たつたはらの女房」「丹鶴姫《たんかくひめ》」とも伝えている。

　彼女は行範の死後、男女の子供たちを育成し、武力・文化の両面で熊野勢力のトップとなる。源平合戦時の熊野三山別当《くまのさんざんべっとう》（つまり熊野新宮・本宮《ほんぐう》・那智大社《なちたいしゃ》の総元締めとなる、青岸渡寺《せいがんとじ》のトップの僧侶）だった湛増《たんぞう》は娘婿（息子説もある）で、彼が源氏方に付いたことで源氏は熊野水軍を使えるようになり、壇《だん》ノ浦《うら》の合戦で平家に勝利した。

　つまり熊野で頼朝の叔母が実権を握っていたので源氏は平家に勝ったことになる。湛増はもともと平家に近い立場だったと見られるが、一方で頼朝の従姉妹の夫だったのである。
鳥居禅尼（たつたはらの女房・丹鶴姫）はその功績から鎌倉幕府より紀伊《きい》国と但馬《たじま》国（兵庫県北部）の荘園の地頭に任じられ、女性ながら鎌倉幕府の御家人となっている。彼女に限らず、女性の御家人の事例は鎌倉時代、主に前期にはしばしば見られた。御家人は男性に独占された職能ではなかったのである。

しかしながら彼女の地頭職は女子継承はされず、その没後は一期分として幕府に戻されたらしい。女性家長はその財産を継承していく独自の家を作れなかったのである。

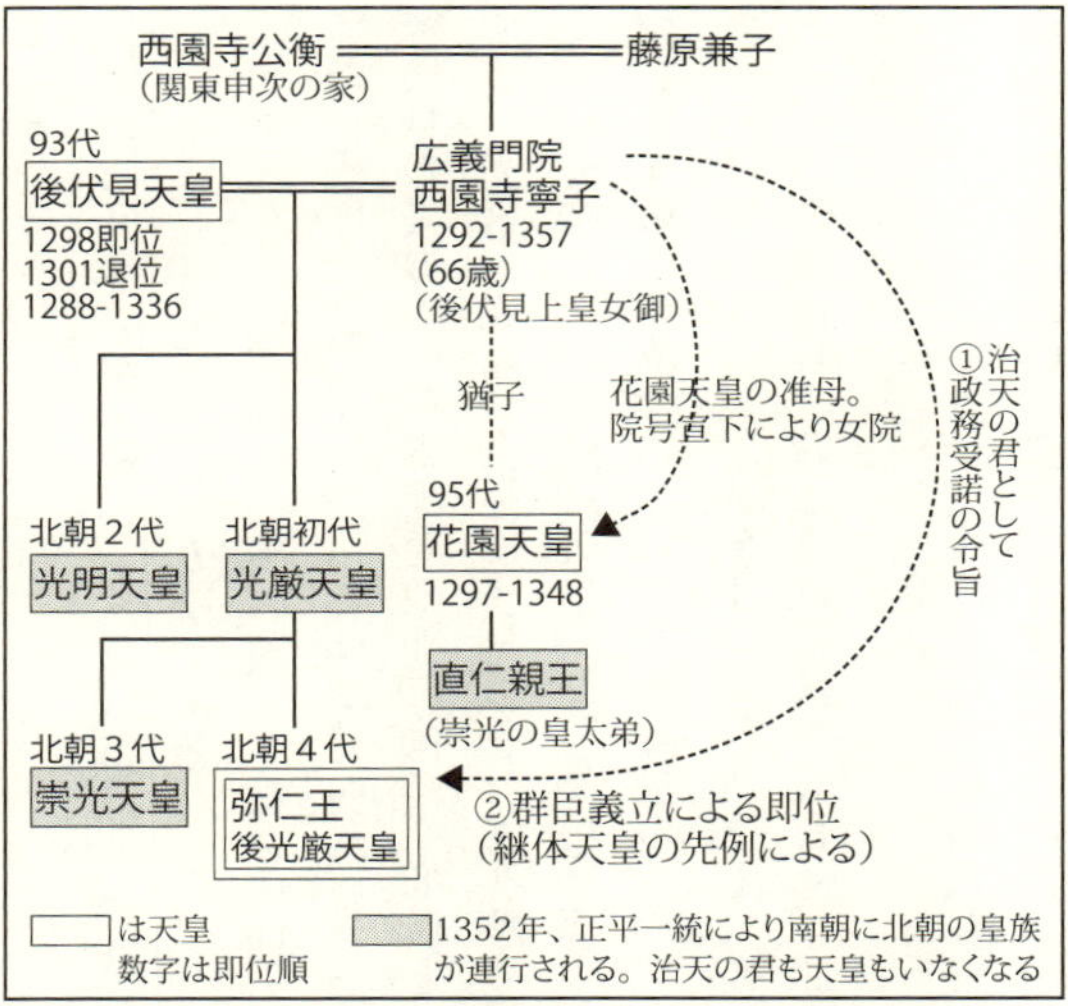

女性の治天の君「広義門院」誕生系図

それでも女院には力があった

このように鎌倉時代には、朝廷・幕府ともに女性の権力は衰退の一途をたどるように見えるのだが、それでも女院の力への信頼感は意外なときに歴史上顕《あらわ》れることがあった。

それは正平一統《しょうへいいっとう》と呼ばれる南北朝時代の政変のとき、主役となるのは、広義門院寧子《こうぎもんいんやすこ》（一二九二〜一三五七）という女院である。

寧子は左大臣西園寺公衡《さいおんじきんひら》の娘で、鎌倉後期の天皇だった後伏見《ごふしみ》上皇（後嵯峨《ごさが》天皇の第二皇子である後深草《ごふかくさ》天皇の孫で、いわゆる持明院統《じみょういんとう》系の天皇）の後宮に入り、延慶《えんきょう》元年（一三〇八）、後伏見の異母弟の花園《はなぞの》天皇の即位後に、准母となり広義門院の院号を受ける、時に十八歳。その後に光厳《こうごん》、光明《こうみょう》天皇を産む。そして光厳天皇が即位し、国母となるが、鎌倉幕府の滅亡とともに先帝だった後醍醐《ごだいご》天皇（こちらは後深草天皇の弟の亀山《かめやま》天皇の孫、大覚寺統《だいかくじとう》系の天皇）が復位して光厳は譲位する。しかし後醍醐の政治、いわゆる「建武《けんむ》の新政」は三年で崩壊、足利尊氏《あしかがたかうじ》は光明天皇を立て、光厳上皇が治天として院政をおこなうことになる。一方、後醍醐天皇は大和《やまと》の吉野《よしの》に逃れ、我こそは正統と宣言し、二人の天皇が並び立つ、いわゆる南北朝の始まりである。

よく南北朝というが、中国の南北朝時代などとは違い、本州が北と南の二つの国に分かれていたわけではない。武家、公家、寺社など、いわゆる権門は当時たいてい自派の中で派閥争いをしていて、どの派閥が、京の北朝と吉野の南朝、どちらの天皇家を支持するかで入り乱れていたというのが正しい。つまり二つの天皇家は「選択肢」なのである。

そして最強の軍事派閥である足利尊氏がどちらにいるかで強弱はほとんど決まっていた。も

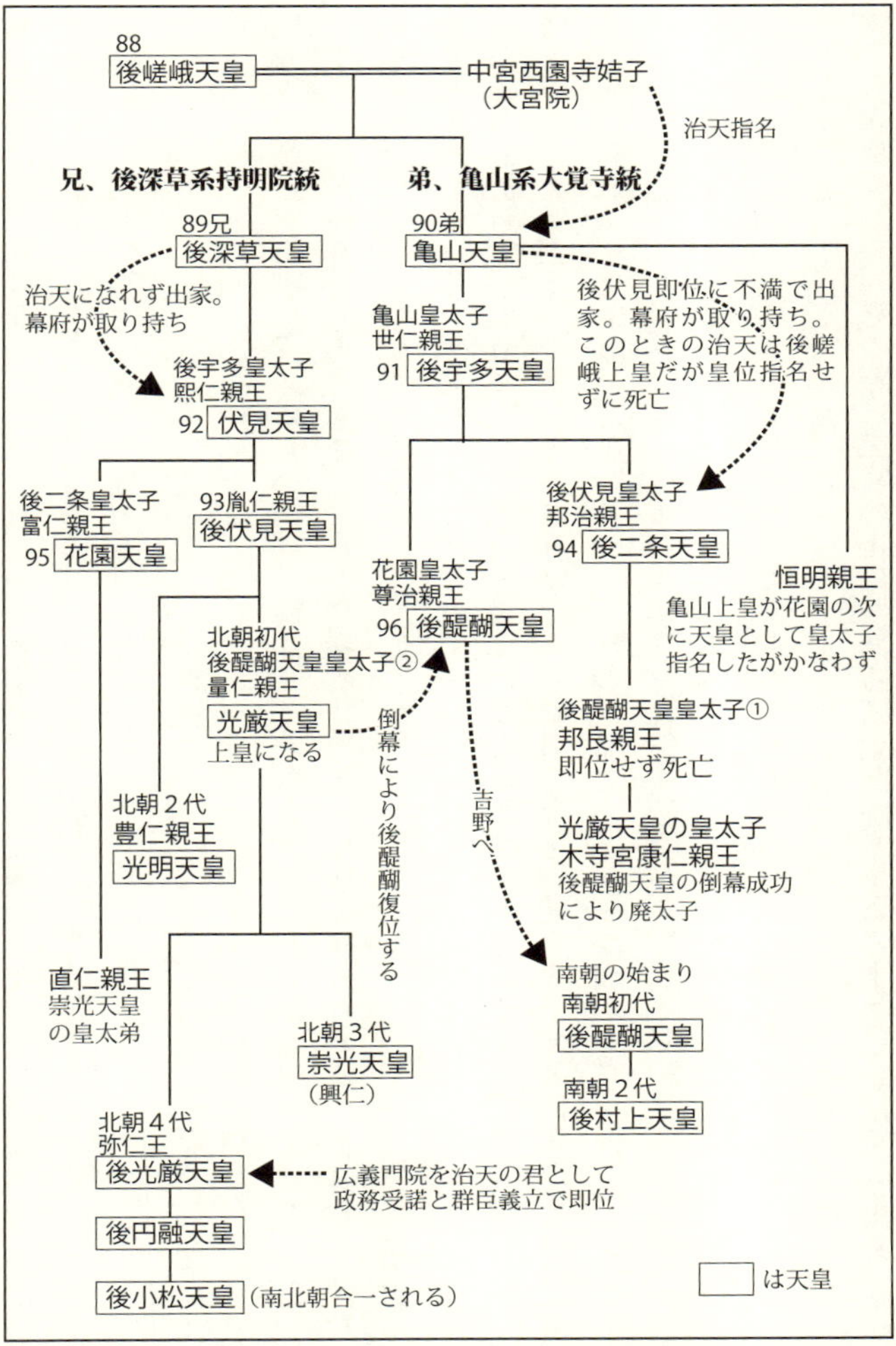

持明院統（後深草天皇系）と大覚寺統（亀山天皇系）の天皇系図

ちろん尊氏は当初は北朝支持だった。南北朝初期の段階で南朝を支持する軍事勢力、新田義貞《にったよしさだ》や楠木正成《くすのきまさしげ》は姿を消し、中先代《なかせんだい》と呼ばれた鎌倉幕府の執権北条氏の生き残り北条時行《ほうじょうときゆき》も地下活動に入り、南朝勢力は風前の灯ともいえた。

ところが観応《かんのう》元年(=正平《しょうへい》五年、一三五〇)に足利尊氏・直義《ただよし》兄弟が分裂して〈観応《かんのう》の擾乱《じょうらん》〉と呼ばれる内輪もめを始めたことで状況が一変する。翌年、足利尊氏は鎌倉を本拠とした直義との戦いを有利に進めるため南朝と講和し、北朝の光厳上皇の院政は停止され、光厳の子の崇光《すこう》天皇が廃されるのである。これを契機に、翌年には尊氏が鎌倉を攻めて直義を降伏(直後に直義は急死)させた隙《すき》を突いて、南朝が講和を破り、留守を守っていた尊氏の長男義詮《よしあきら》を追い出して、京を奪回するという事態が起こる。

しかし義詮は態勢を立て直して四ヶ月後には京を奪還する。ところが南朝は、それ以前に光厳上皇や、光明上皇、天皇を下ろされたばかりの崇光上皇、元皇太子の直仁《なおひと》親王を吉野の奥地、賀名生《あのう》に連れ去っており、北朝の持つ「三種の神器」(尊氏が後醍醐から召し上げたもので、吉野に逃れた後醍醐は、偽物であると主張していた)も持ち去った。つまり京には「天皇権力のあかし」が何もなくなってしまったのである。

しかし京に戻った尊氏はめげなかった。腹心の切れ者佐々木道誉《ささきどうよ》や、当時最高の学者といわれた二条良基《よしもと》らと図り、光厳上皇の子でたまたま南朝の手に落ちなかった三宮弥仁王《いやひとおう》(十五歳)を天皇にして、その際に三宮の祖母である広義門院寧子(六十一歳。西園寺家出身、後伏見上皇の女御で、光厳・光明天皇の母）に治天、つまり天皇を任命する立場となることを依頼したのである。広義門院は、子供や孫を守れず、賀名生から連れもどせもしない幕府に対して強い不信感を持っていたようだが、結局折れて政務を受諾する。かくして広義門院は治天として「継体《けいたい》天皇の群臣推挙の先例により、よき天皇を立てよ」という令旨を出し、これにより弥仁王が東宮にもならずに後光厳《ごこうごん》天皇として即位、広義門院が院政を実施することになる。なんと女院を治天に立てて、六世紀の天皇の即位事情（継体は応神《おうじん》天皇以来の王統が断絶した後、権力者の大伴金村《おおとものかなむら》らによって北陸から迎えられ、擁立された別系統の天皇で、「応神天皇五世の孫」を称する）を前例として、北朝と足利幕府は政権を立て直すことができた。

藤原氏である西園寺家から入っても、天皇の母となれば皇族身分、皇族の最年長者として院政を取ることができるという意識が、危機的状況の中で発動したのである。

南北朝という価値観が動転し、伝統が崩れゆく時代、武力本意の男性原理が発動しつづけた時代にあっても、女院という力は、最後のよりどころとして、まだ続いていたのである。

斎宮は物語の中へ

最後は斎王の話で締めくくりたい。斎王は、鎌倉時代の女性権威の衰退と運命をともにしていたように衰退していく。伊勢・賀茂の斎王は源平の争乱の間にしばしば途切れるようになり、まず賀茂斎院《かもさいいん》が〈承久の乱〉以後の混乱の中で消えてしまった。

もともと、二条天皇（十六歳で即位）の後、天皇は六条《ろくじょう》（二歳）、高倉（八歳）、安徳（三歳）、後鳥羽（四歳）、土御門《つちみかど》（四歳）と子供がいるはずもない幼帝が続き、天皇の政治的な力はないに等しいものになる。もちろんその分、院（治天）の権力は強くなったが、それも〈承久の乱〉で終わりを告げることになる。十四歳で即位し、二十五歳で譲位した順徳天皇と、その父で二〇年以上にわたり政治の中心にいた治天の後鳥羽院や、順徳の前の土御門院らが流され、即位したばかりの天皇（近代に仲恭《ちゅうきょう》天皇の名を贈られる）も廃された。代わって天皇になったのが前節で述べたように高倉院の孫の後堀河天皇（十歳）、治天となったのは、その父で天皇経験のない後高倉院（後鳥羽院の兄）だった。当然、院の権力は著しく制限され、賀茂斎院を置く余裕もなくなったようだ。

そしてこの時代には、天皇とともに、天皇を支えて政治をおこなうべき太政官も機能しなくなっていた。〈承久の乱〉の直前、太政官のトップである左大臣はわずか二十七歳の九条道家《みちいえ》（鎌倉幕府四代将軍の藤原頼経の父）、一年前に就任したばかりで、実質的には鎌倉幕府の後押しが大きかったといわれる。そして右大臣は鎌倉幕府三代将軍の源実朝だった。右大臣は宮廷にいなくていいということなのか、鎌倉などにおらず都に来いというサインなのか、それは実朝が就任御礼の鶴岡八幡宮《つるがおかはちまんぐう》参詣のときに暗殺されてしまったのでわからないままである。要するに、〈承久の乱〉の直前には、天皇だけではなく、それを支えるべき太政官も、後鳥羽院政の下でほぼ機能停止状態になっていたのである。

さて、伊勢斎王は鎌倉時代にも生き残っていた。「天皇の娘」という本来の形が保てなくなった斎王は、治天の上皇の娘から選ばれることが多くなり、天皇ではなく、院の名代というイメージが強くなる。しかし院の権力が大きく制限された〈承久の乱〉以降様子が変わってしまう。

伊勢神宮は源頼朝以来、鎌倉幕府と良好な関係を保っていたので、幕府も斎宮《さいくう》の継続については理解があったようだ。鎌倉時代の斎宮の財源は、幕府関係者の有力御家人に官職を売る「成功《じょうごう》」というシステムによって補われていた。また、先述した式乾門院のように斎王から女院になるという例もいまだ見られた。しかし後嵯峨天皇の二人の子、後深草天皇と亀山天皇の分裂（持明院統と大覚寺統）以後は、伊勢斎王を置いた天皇は亀山とその孫である後二条《ごにじょう》、後醍醐のみである。持明院統の天皇の後深草、伏見《ふしみ》、後伏見、花園と大覚寺統の天皇でも後宇多《ごうだ》は斎王を置いていない。伊勢斎王も常に置けるものではなくなっていた。

その中にあって後醍醐天皇は鎌倉幕府が倒れる以前と以後の二度にわたって斎王を置いた。最初の斎王、懽子《よしこ》内親王は元徳《げんとく》二年（一三三一）に選ばれたが、後醍醐が〈元弘《げんこう》の変〉で退位して隠岐《おき》へ流された後、次の光厳天皇（持明院統）の後宮に入り、宣政門院《せんせいもんいん》という女院になった。そして元弘三年（一三三三）に鎌倉幕府が倒れた後の、いわゆる建武政権下では寵姫の阿《あ》野廉子《のかどこ》の娘である祥子《さちこ》内親王が二人目の斎王となったが、伊勢に赴く前に新政が倒れ、野宮《ののみや》（伊勢に行く旅である群行の一年前から、斎王が世間から離れて籠る仮の宮殿）で斎王の位を降りてしまう。

以後、大覚寺統の後身である南朝の天皇は吉野に逃れ、持明院統の後身の北朝は足利尊氏らの傀儡《かいらい》政権となり、斎王を置くどころではなくなり、六〇〇年も続いた伊勢斎王もついに廃絶した。

持明院統の天皇は鎌倉幕府への依存性が高いので幕府への忖度で斎王を置かなくなり、自立性の高い大覚寺統はそれでも置こうとしたが、政治的な力を失ったので、ついに斎王はなくなった。斎王は天皇が自立していることの象徴だったのだ。

と、私は三十余年前に考えていた。しかし最近は少し考えが違う。大きな政治的要因もなく伊勢斎王を置かなかった最初の天皇の後深草天皇は、弟の亀山天皇の斎王だった異母妹の愷子《やすこ》内親王を帰京後まもなく一時期だが愛人にしていた。それも古くからの愛人だった女房の二条(後深草院二条)に手引きをさせたと二条の自省録『とはずがたり』にある。斎王という立場へのただならぬ執着心がうかがえる。さらに、後醍醐の最初の斎王である懽子内親王はどうやら鎌倉幕府の依頼によって置かれた斎王らしい。

そして、この時代に何種類も作られた、天皇ごとにその政治体制の内容(皇后、東宮、摂関、公卿など)や主要な事件を書き抜いて表にした『年代記《ねんだいき》』と呼ばれる文献に面白い記述がある。『年代記』では正統な天皇は北朝としているが、天皇の妃・東宮・摂政・関白と並んで、「斎王」の項目が見られた。空欄にはなっていたが、いつか復活するかもしれないと思って場所だけは用意していたわけだ。

つまり、鎌倉幕府や持明院統・北朝系の天皇も、斎王などなくていいとは思っていなかったことが次第に明らかになってきている。この傾向は十四世紀の末期、南北朝の合一ごろまでは続いていたようだ。

むしろ斎王を置かなくなったのは伊勢神宮の変質によるものだとも考えられる。この時代には伊勢神宮は全国に置いた御厨《みくりや》と呼ばれる荘園を基盤にした宗教的権門として自立の道を取っており、その門戸を、幕府はじめ広く武士たちにも開きはじめていた。そして南北朝を合一させた室町幕府三代将軍の足利義満《よしみつ》やその子の義持《よしもち》は、自ら伊勢神宮に参詣し、斎宮の遺跡も見学している。伊勢神宮が天皇以外の参詣は認めない「私幣禁断《しへいきんだん》」の神社だった時代は遠く過ぎ、その権威が斎王によって保たれることもほとんど意識されなくなっていた。つまり、後世の「お伊勢参り」の流行につながるような、一般参詣が広くおこなわれはじめていたのである。

まさに伊勢神宮と天皇だけが一対一で結ばれた時代「古代」の終焉《しゅうえん》であり、天皇の名代である斎王だけが「伊勢神宮の権威の象徴」だった時代の終わり、すなわち伊勢と都が多くのチャンネル（回路）で結ばれる中世の始まりだった。そして、広く多くの人々に伊勢神宮が認識された結果、伊勢神宮を支える斎宮のような機関は必要なくなり、現代に発掘されるまで、「幻の宮」として『伊勢物語』や『源氏物語』などの古典文学の中でのみ生きつづけることになったのである。

おわりに

いかがでしたでしょうか。

本書では、まず、上東門院彰子《じょうとうもんいんあきこ》や陽明門院禎子《ようめいもんいんさだこ》内親王から八条院暲子《はちじょういんあきこ》内親王に至る、あまり表に出てこない女院という存在に多くのページを取りました。

彰子は摂関家、禎子は皇族の出身ですが、いずれも天皇の母、国母として大きな権力を握った女性です。彰子は後一条《ごいちじょう》、後朱雀《ごすざく》天皇の母となって、父の藤原道長《ふじわらのみちなが》の外戚としての権力を受け継ぎました。その道長の外孫でもある禎子内親王は、道長の後継者の関白頼通《よりみち》と長く争って、ついに摂関家と直接の血縁関係を持たない後三条《ごさんじょう》天皇の母となりました。

女院の歴史は彰子の義母（一条《いちじょう》天皇の母）、東三条院詮子《ひがしさんじょういんあきこ》に始まりますが、紫式部《むらさきしきぶ》が描いた『源氏物語《げんじものがたり》』の、光源氏《ひかるげんじ》の永遠の憧れであった藤壺中宮《ふじつぼのちゅうぐう》が女院（薄雲女院《うすぐものにょいん》）となり冷泉《れいぜい》帝を守ったように、上東門院と陽明門院は、女院の権力を固めていきました。

そして禎子内親王の孫の白河《しらかわ》天皇（院）は、院政を強化する際に、愛する女性を次々に新たに女院にしていきました。自らの娘で元の伊勢斎王《いせさいおう》、そして未婚だった郁芳門院媞子《いくほうもんいんやすこ》内親王や、養女として溺愛して孫の鳥羽院《とばいん》の妃とした待賢門院璋子《たいけんもんいんたまこ》などです。

その後の天皇や上皇のキサキだった女院は鳥羽院の寵姫だった美福門院得子《びふくもんいんなりこ》、未婚の女院は後白河院《ごしらかわいん》の娘の殷富門院亮子《いんぷもんいんすけこ》内親王などが知られていますが、なかでも鳥羽天皇と美福門院の娘、八条院は、政治的な活動はしていないのに、源平合戦期の荒波の時代でも、その波が勝手に避けていくかのような権勢を誇っていました。

また、この時代には、天皇の乳母となったことで大きな権力を握る人、院（特に天皇の父であり、天皇の指名権を持つ治天《ちてん》）に抜擢された貴族出身の妻、低い出自なのに上皇の愛人として輝く人、など、皇族や摂関家に限らない女性たちがいまだ活躍していました。源平合戦の後、「女人入眼の日本国」と当時の最高級の知識人の慈円《じえん》をしていわしめた、京方を代表する卿《きょう》二《に》位《い》こと藤原兼子《かねこ》と、鎌倉方を背負って立った尼将軍北条政子《ほうじょうまさこ》は、鎌倉時代に入ってもその輝きが続いていたことをよく示しています。その意味で、平安前期とはまた違う、いろいろな女性が活躍する時代でもありました。

そして彼女らに仕えた女房には『百人一首《ひゃくにんいっしゅ》』に登場する歌人たちも多く見られました。女院は和歌文化の核として、これまでにない女性サロンを作っていたようにも思えます。しかしこの、皇族女性をトップとしたサロンには、隠れた初期形態がありました。斎宮女御《さいくうのにょうご》徽子《よしこ》女王、大斎院選子《だいさいいんのぶこ》内親王など、十世紀の伊勢斎宮《いせさいくう》・賀茂斎院《かもさいいん》を務めた女性たちのサロンです。斎宮や斎院は、神に仕える女性の宮殿という、世俗が立ち入りにくい空間（アジールといいます）から成立し、その中で文芸サロンが花開きました。十世紀末には、それと対応するように、有能な女房を集めた皇后・中宮・女御たちのサロンが宮廷に成立します。定子《さだこ》サロンの清少《せいしょう》納言《なごん》や、彰子サロンの紫式部は、大斎院のサロンを常に意識していたようです。そして十二世紀後半の八条院のサロンは、源平合戦の動乱を横目に見ながら花開いた。まさに斎王《さいおう》と皇后のサロンを統合したような、自由でのびのびした、ある意味別天地だったように思われます。

しかし平安末期の女性たちの権威は、母としてよりも、妻、娘としてのものに変化しつつありました。血のつながらない子、あるいは異母兄弟などの仮の母となる「准母」の制度は実の母の身分が低くても、准母の身分によって天皇や貴族の後継者の地位が保証できるという効果がありましたが、同時に実の母の権力を弱めるものとなりました。

また鎌倉時代になると、女院の財産はその一代（一期分）で院のもとに戻されることが多くなり、院の隠し財産としての性格が強くなります。つまり女性の自立は、次第に男性家族（父や兄）の翼の下でおこなわれるようになり、「男性中心の中世社会」と呼ばれてきた時代にすり寄っていくのです。

しかし最後にご紹介した南北朝時代の広義門院寧子《こうぎもんいんやすこ》は、天皇や上皇がいない異例の事態下でも、天皇の祖母として治天となりました。上東門院や陽明門院が築き上げた女院の性格「時に天皇家の家長となることができる」女院の権力は、南北朝の動乱の中で王権の切り札として機能したのです。平安後期の時代を支えた女院権力はいまだ有効だったのでした。

室町時代以降、皇后や斎王は選ばれなくなり、女院も次第に形式化していきます。武士の社会でも女性の家督相続権は制限され、いわゆる「男の社会」が強くなっていきます。

しかし、夫や主家に仕えることを女性の最高の美徳とした江戸時代の儒教社会でも、大坂《おおさか》の商家では商才のある者を婿に取り、実質的には女系で店を継続させていく社会も続いていたのです。古代以来日本社会が、女性の権利に対して比較的柔軟な社会であったことは、やはり間違いなかったのです。

あとがき

最初にお断りしておきます。

本書は六世紀から九世紀を専門分野とする、世間でいう「古代史家」の私が、私なりに描いた平安時代後期の歴史です。

これまでの平安後期の研究は、源平合戦の時代を中心におこなわれているように感じています。また、この時代の社会の研究は、石母田正『中世的世界の形成』（伊藤書店、一九四六年）以来、荘園制を軸に、地味ながらずっと研究が進められている分野です。網野善彦『東と西の語る日本の歴史』（そしえて、一九八二年）や『日本社会の歴史（上中下）』（岩波書店、一九九七年）に代表される中世社会史の分野も、この時代を語るうえでは外せません。

そして近年では、上島享『日本中世社会の形成と王権』（名古屋大学出版会、二〇一〇年）という、政治史、宗教史、葬送儀礼、荘（庄）園制、財政史などから、総体として中世国家の「王権」とは何かを論じた、まさにこの時代の研究成果を述べ尽くした大著が出されました。

さて、お気づきでしょうか。これらの研究の多くで、十世紀後半から十二世紀後半にわたる時代は、「中世」として語られています。「古代」と「中世」の違いをひとことでいうのは難しいのですが、たとえば、一つの価値観で支配が地方のすみずみまで行きわたっているのが古代。

地域の支配がその地域に任され（これを「封建」といいます）、多様な支配の上に国家が維持されるのが中世、という感じでしょうか。このように考えると平安後期はまさに古代から中世への転換期ということができます。それは平安時代という一つの時代の中に古代と中世という二つの時代が入っているという大変ややこしい話でもあります。そのためこの時代は、鎌倉幕府に代表される中世の権力をはぐくんだ時代で、その研究は鎌倉時代史からのさかのぼりで理解されることが多く、古代史を専攻する研究者はこの時代にまでなかなか立ち入りません。

それを逆手に取って本書では、古代史を専門にしている私が平安後期を語るとどうなるか、という試みをしてみました。基本的な問題関心は、この時代に奈良に創られた国家の枠組みがどのように生かされていたか、ということです。その中で特にこだわってみたのは、皇后・斎王など、王権に関わる女性たちの役割でした。これらの制度は鎌倉時代に衰退し、それと連動して平安後期に大発展した女院もまた弱体化していきます。しかし上島氏の研究ですら、当時の女性権力のありかたについての論究はほとんどありません。

日本の女性史は一九八〇年代に著しく進展しました。家族や氏族・家、つまり社会構造のありかたから研究を進めた関口裕子氏、西野悠紀子氏、服藤早苗氏、氏族のありかたから皇后・女帝を論じる義江明子氏、一方、中世史でも脇田晴子氏、田端泰子氏をはじめ優れた論客が次々に現れ、私たちの世代は大いに学ばせていただきました。ただ、その中でもこの時代は、女房文学全盛期といわれた平安中期に比べても関心が高いとは言えず、むしろ男系社会が明確になる中世への橋渡しの時期として捉えられていたようです。

しかし私は一九九〇年代から、斎王の変遷史研究の中で、この時代の特異性が気になっていました。ほぼ同時期に同様のことに気づかれていた中世史の野村育世氏の研究にも導かれつつ、この時代の皇后・斎王・女院が国家統合のキーになるのではないか、という手応えを感じていました。

本書を「女たちの」と題したのはそうした理由からです。平安後期の社会でも、女性たちは、女官が宮廷で重要な役割を果たしていた奈良時代とは大きく形を変えながらも、まだまだ無視できない存在だったこと、そして当時の社会が、そうした女性権力者たちを受け入れていたことを本書から知っていただければ望外の喜びです。

また、この本は登場人物が多く、関係も複雑なので、各章に多くの系図や図表を付けました。これらは本書制作の進行管理をおこなってくれた、妻榎村景子の提案と基本デザインによるものです。本書の構成に多くのアドバイスをくれた娘の榎村麻里子、上東門院や源倫子の齢を超えてまだまだ壮健なわが家の長、母の榎村達子にも記して感謝を捧げることをお許しください。

最後になりますが、本書は『謎の平安前期』に続いて、中央公論新社編集部の酒井孝博さんに大変お世話になりました。この新たな試みに、方針の段階から積極的にアドバイスをいただき、多大なご尽力を賜った酒井さんに厚くお礼を申し上げます。どうもありがとうございました。

主要参考文献

私の平安時代後期イメージを形作った本の中から、二〇〇〇年代に出版されたものを中心に、比較的入手しやすいものを選びました。通史、講座的なシリーズの平安時代編は原則として採っていません。著者名あいうえお順にして、章とは対応していません。

有富純也編『日本の古代とは何か――最新研究でわかった奈良時代と平安時代の実像』光文社新書　二〇二四
伊藤俊一『荘園――墾田永年私財法から応仁の乱まで』中公新書　二〇二一
井上正望『日本古代天皇の変質――中世的天皇の形成過程』塙書房　二〇二三
上島享『日本中世社会の形成と王権』名古屋大学出版会　二〇一〇
上村正裕『日本古代王権と貴族社会』八木書店出版部　二〇二三
上横手雅敬『源平争乱と平家物語』角川選書　二〇〇一
榎本渉『僧侶と海商たちの東シナ海』講談社選書メチエ　二〇一〇
岡野友彦『源氏と日本国王』講談社現代新書　二〇〇三
岡野友彦『院政とは何だったか――「権門体制論」を見直す』PHP新書　二〇一三
朧谷寿『藤原彰子――天下第一の母』ミネルヴァ書房　二〇一八
朧谷壽・山中章編『平安京とその時代』思文閣出版　二〇一〇
川合康『源平合戦の虚像を剝ぐ――治承・寿永内乱史研究』講談社選書メチエ　一九九六
川合康『院政期武士社会と鎌倉幕府』吉川弘文館　二〇一九
河添房江『紫式部と王朝文化のモノを読み解く――唐物と源氏物語』KADOKAWA　二〇二三
倉本一宏『一条天皇』吉川弘文館　二〇〇三
倉本一宏『三条天皇――心にもあらでうき世に長らへば』ミネルヴァ書房　二〇一〇
倉本一宏『藤原伊周・隆家――禍福は糾へる纏のごとし』ミネルヴァ書房　二〇一七

倉本一宏『藤原氏―権力中枢の一族』中公新書　二〇一七
倉本一宏『公家源氏―王権を支えた名族』中公新書　二〇一九
倉本一宏『平氏―公家の盛衰、武家の興亡』中公新書　二〇二二
他
河内祥輔『保元の乱・平治の乱』吉川弘文館　二〇〇二
後藤祥子編『王朝文学と斎宮・斎院』（平安文学と隣接諸学6）竹林舎　二〇〇九
五味文彦『「枕草子」の歴史学――春は曙の謎を解く』朝日選書、二〇一四
佐伯智宏『皇位継承の中世史――血統をめぐる政治と内乱』吉川弘文館　二〇一九
東海林亜矢子『平安時代の后と王権』吉川弘文館　二〇一八
関幸彦『百人一首の歴史学』NHKブックス　二〇〇九
関幸彦『刀伊の入寇――平安時代、最大の対外危機』中公新書　二〇二一
高橋昌明『増補改訂　清盛以前――伊勢平氏の興隆』文理閣　二〇〇四
田端泰子『乳母の力――歴史を支えた女たち』吉川弘文館　二〇〇五
玉井力『平安時代の貴族と天皇』岩波書店　二〇〇〇
東北大学史学研究室編『東北史講義　古代・中世篇』ちくま新書　二〇二三
戸川点編著『平安時代はどんな時代か――摂関政治の実像』小径社　二〇二三
所京子『斎王研究の史的展開――伊勢斎宮と賀茂斎院の世界』勉誠出版　二〇一七
永井晋『八条院の世界――武家政権成立の時代と誇り高き王家の女性』山川出版社　二〇二一
永井晋『平氏が語る源平争乱』吉川弘文館　二〇一九
長村祥知『対決の東国史1　源頼朝と木曽義仲』吉川弘文館　二〇二三
仁藤敦史編『古代王権の史実と虚構』（古代文学と隣接諸学3）竹林舎　二〇一九
野口実『源氏と坂東武士』吉川弘文館　二〇〇七
野口実『源義家――天下第一の武勇の士』（日本史リブレット人）山川出版社　二〇一二
野口実『列島を翔ける平安武士――九州・京都・東国』吉川弘文館　二〇一七
野村育世『家族史としての女院論』校倉書房　二〇〇六

樋口知志編『前九年・後三年合戦と兵の時代』吉川弘文館　二〇一六
服藤早苗編著『歴史のなかの皇女たち』小学館　二〇〇二
服藤早苗『平安王朝社会のジェンダー——家・王権・性愛』校倉書房　二〇〇五
服藤早苗『藤原彰子』吉川弘文館　二〇一九
服藤早苗・高松百香編著『藤原道長を創った女たち——〈望月の世〉を読み直す』明石書店　二〇二〇
服藤早苗・東海林亜矢子編著『紫式部を創った王朝人たち——家族、主・同僚、ライバル』明石書店　二〇二三
服藤早苗『「源氏物語」の時代を生きた女性たち』NHK出版新書　二〇二三
古瀬奈津子『摂関政治』岩波新書　二〇一一
細川涼一編『生・成長・老い・死』（生活と文化の歴史学7）竹林社　二〇一六　他
本郷恵子『院政——天皇と上皇の日本史』講談社現代新書　二〇一九
美川圭『白河法皇——中世をひらいた帝王』角川学芸出版　二〇一三
美川圭『後三条天皇——中世の基礎を築いた君主』（日本史リブレット人）山川出版社　二〇一六
美川圭『院政—もうひとつの天皇制　増補版』中公新書　二〇二一
美川圭『公卿会議——論戦する宮廷貴族たち』中公新書　二〇一八
元木泰雄『藤原忠実　新装版』吉川弘文館　二〇〇〇
元木泰雄『保元・平治の乱——平清盛　勝利への道』角川学芸出版　二〇一二
元木泰雄『源満仲・頼光——殺生放逸朝家の守護』ミネルヴァ書房　二〇〇四
元木泰雄『源頼義　新装版』吉川弘文館　二〇一七
本橋裕美『斎宮の文学史』翰林書房　二〇一六
山田彩起子『中世前期女性院宮の研究』思文閣出版　二〇一〇
山田邦和『日本中世の首都と王権都市——京都・嵯峨・福原』文理閣　二〇一二
山本淳子『源氏物語の時代——一条天皇と后たちのものがたり』朝日選書　二〇〇七
山本淳子『枕草子のたくらみ——「春はあけぼの」に秘められた思い』朝日選書　二〇一七
山本淳子『道長ものがたり——「我が世の望月」とは何だ

ったのか』朝日選書　二〇二三
吉海直人『源氏物語の乳母学――乳母のいる風景を読む』世界思想社　二〇〇八
吉海直人『百人一首の新研究――定家の再解釈論』和泉書院　二〇〇一
和田律子『藤原頼通の文化世界と更級日記』新典社　二〇〇八

著者の論著で本書に関係するもの

榎村寛之『伊勢斎宮と斎王――祈りをささげた皇女たち』塙書房　二〇〇四
榎村寛之『伊勢斎宮の歴史と文化』塙書房　二〇〇九
榎村寛之『斎宮―伊勢斎王たちの生きた古代史』中公新書　二〇一七
榎村寛之『律令天皇制祭祀と古代王権』塙書房　二〇二〇
榎村寛之『謎の平安前期―桓武天皇から『源氏物語』誕生までの200年』中公新書　二〇二三

なお、著者の論文で本書とも関わりの深いものとして近作を挙げておきます。

榎村寛之「斎王の生涯」『生・成長・老い・死』（生活と文化の歴史学7）竹林社　二〇一六
榎村寛之「長元斎王託宣の史的意義と11世紀天照大神祭祀――藤原頼通との関係から」『古代文化』第七三巻第二号　二〇二一
榎村寛之「源朝長再考――源義朝の政治戦略」『古代文化』第七五巻第二号　二〇二三

二〇〇〇年以前の研究成果として、特に本書と関わるものです。

黒田俊雄『黒田俊雄著作集　第一巻　権門体制論』法藏館　一九九四
古代学協会編『後白河院――動乱期の天皇』吉川弘文館　一九九三
五味文彦『院政期社会の研究』山川出版社　一九八四
五味文彦『藤原定家の時代――中世文化の空間』岩波新書　一九九一
佐藤進一『日本の中世国家』岩波書店　一九八三
坂本賞三『藤原頼通の時代――摂関政治から院政へ』平凡社　一九九一
坂本賞三『日本王朝国家体制論』東京大学出版会　一九七二

女性史総合研究会編『日本女性史一　原始・古代』『同二　中世』東京大学出版会　一九八二
総合女性史研究会編『日本女性の歴史　性・愛・家族』角川選書　一九九二
総合女性史研究会編『日本女性の歴史　女のはたらき』角川選書　一九九三
総合女性史研究会編『日本女性の歴史　文化と思想』角川選書　一九九三
鈴木靖民編『古代王権と交流一　古代蝦夷の世界と交流』名著出版　一九九六
高橋昌明『酒呑童子の誕生――もうひとつの日本文化』中公新書　一九九二
棚橋光男『後白河法皇』講談社選書メチエ　一九九五
田中貴子『日本ファザコン文学史』紀伊國屋書店　一九九八
土田直鎮『奈良平安時代史研究』吉川弘文館　一九九二
角田文衞『待賢門院璋子の生涯――椒庭秘抄』朝日選書　一九八五
所京子『斎王和歌文学の史的研究』国書刊行会　一九八九
橋本義彦『平安貴族社会の研究』吉川弘文館　一九七六
槇道雄『院政時代史論集』続群書類従完成会　一九九三
美川圭『院政の研究』臨川書店　一九九六
目崎徳衛『王朝のみやび』吉川弘文館　一九七八
目崎徳衛『百人一首の作者たち――王朝文化論への試み』角川選書　一九八三
元木泰雄『武士の成立』吉川弘文館　一九九四
元木泰雄『院政期政治史研究』思文閣出版　一九九六
山中裕『平安時代の古記録と貴族文化』思文閣出版　一九八八
吉海直人『百人一首への招待』ちくま新書　一九九八

最後に例外になりますが、シリーズの一冊を、参考書として挙げておきます。

棚橋光男『大系日本の歴史四　王朝の社会』小学館　一九八八

第五章で取り上げた『新猿楽記』の面白さを教えてくれた本です。

この他にも多くの論文や研究書を参考にしました。紙幅の関係で一々は記しませんでしたが、厚くお礼申し上げます。

図版制作・関根美有

	河の寵愛深く、令子内親王、善仁親王（堀河天皇）と禛子内親王を出産		
㊵紫野	関白師実夫妻の天王寺参詣。賢子中宮死去と白河天皇の嘆き。東宮実仁親王の死去。白河天皇、鳥羽殿を造営し堀河天皇に譲位。藤原尊子（道長の最後の娘）死去。斎宮媞子内親王の帰京と善子内親王の斎宮卜定。隆姫女王死去。白河院、媞子内親王を溺愛し、賀茂祭では牛車に同乗して、紫野の斎院に帰る斎院行列を華やかに見物。二条院は後一条院の一族のために御堂の菩提樹院を建立。皇太后、小一条院の妻の瑠璃女御と呼ばれた人も亡くなり、斎院はその娘の斉子から令子内親王に替わる。斎宮善子は伊勢に下る。摂関家の次期当主忠実は、春日祭の上卿として奈良の春日神社に向かうのであった	白河天皇（院） 堀河天皇・藤原師実 藤原尊子・藤原忠実 賢子中宮 実仁親王 媞子内親王 善子内親王 隆姫女王 二条院章子内親王 歓子皇太后 寛子皇后 令子内親王 瑠璃女御	1084 〜 1092

	密通。天皇、東宮の妃の盛衰、長家・頼宗の死去。頼通、宇治の別荘を平等院とする。さまざまな仏教儀式。宇治に籠る頼通と東宮尊仁親王（後三条天皇）との対立	歓子内親王 尊仁親王（後三条天皇） 源俊房・藤原長家 藤原頼宗・藤原頼通	
㊳松のしづえ	源基子が後三条天皇の皇子実仁親王を産み、女御として入内。左大臣師実の養女藤原賢子が東宮貞仁親王（白河天皇）の妃となり、女御藤原道子より寵愛が深くなる。皇女俊子内親王が斎王として伊勢に下る別れの櫛の儀。篤子内親王が斎院に就任。後三条は貞仁親王に譲位、東宮は実仁親王。後三条院、住吉神社と天王寺に行幸、その後病を得て死去	後三条天皇 聡子内親王 実仁親王 貞仁親王（白河天皇） 俊子内親王 篤子内親王・源基子 女御賢子・女御道子	1071 ～ 1073
㊴布引の滝	藤原頼通が死去。白河天皇即位で斎宮淳子女王と斎院斉子内親王が着任。女御藤原賢子が中宮になり、太皇太后章子が女院（二条院）に。上東門院死去。関白藤原教通死去。賢子が敦文親王と媞子内親王を出産。新関白師実が摂津国の布引の滝を見物。太政大臣源師房の死去と、妻の尊子（道長の娘）の幸福な人生。媞子内親王が斎宮となり、白河は嘆きつつも上級貴族の娘たちを侍女とする。女御藤原道子は准三宮となり善子内親王を出産。白河が白河殿跡に法勝寺を造営。賢子中宮は白	白河天皇 上東門院彰子 賢子中宮・藤原頼通 藤原教通・藤原師実 藤原尊子・女御道子 淳子女王 斉子内親王 二条院章子内親王 敦文親王 媞子内親王 善子内親王 令子内親王 善仁親王 禎子内親王・源師房	1074 ～ 1083

	内親王が斎院。上東門院剃髪。親仁親王（後冷泉天皇）の元服と立太子。章子内親王東宮妃に。伊勢神宮より藤原氏の后の不在に不満の託宣があり、嫄子、祐子内親王を出産して死去。教通の娘の生子が入内。里内裏京極殿が焼失。頼宗の娘延子も入内。右大臣実資右大将を辞す。天皇は一条院に移るがまた焼失	娟子内親王 上東門院彰子 親仁親王 祐子内親王 藤原頼通・藤原教通 藤原実資	
㉟くものふるまひ	頼通の病と長男の通房の死去。女御延子懐妊。後朱雀天皇病	後朱雀天皇 藤原通房・藤原頼通 通房北の方（源師房の娘） 女御延子 章子内親王	1044
㊱根あはせ	後朱雀天皇の病状が悪化する中、斎宮良子内親王に准三宮の宣旨が下りる。天皇、東宮親仁親王（後冷泉天皇）に譲位して死去、後冷泉天皇即位。斎宮に小一条院の娘嘉子内親王、斎院に後朱雀皇女禖子内親王。章子内親王中宮に。藤原実資が死去。頼通の娘寛子が皇后に。能信の養女茂子が東宮の妃に。教通の娘女御歓子は死産。源倫子死去。教通は元斎王の婉子女王と結婚。馨子内親王は東宮と結婚。女御生子出家	後朱雀天皇 良子内親王 親仁親王（後冷泉天皇） 上東門院彰子 正子内親王 嘉子内親王 禖子内親王 章子内親王 婉子女王 馨子内親王 女御延子・女御生子 藤原教通・藤原歓子 藤原寛子・藤原茂子 藤原実資・藤原師実 源倫子	1045 〜 1056
㊲けぶりの後	斎院禖子内親王の心の病。内裏・大極殿・法成寺の焼失。前斎院娟子内親王と源俊房の	禖子内親王 正子内親王 娟子内親王	1058 〜 1067

	の退下と後一条第二皇女馨子内親王の斎院卜定。能信が公季の孫の茂子を養女にする。殿上の貴族たちが白河に花見に行く。上東門院が住吉・石清水・天王寺を華々しく参詣。上東門院内裏に入り、親仁親王（後の後冷泉）と章子の後見をする	章子内親王 馨子内親王 選子内親王 致平親王・親仁親王 媄子女王	
㉜謌合（うたあわせ）	源倫子の七十賀。御賀屛風に有名歌人が歌を寄せる。賀茂祭で小一条院の下僕が斎院馨子内親王の車（輿）に投石して逮捕され、小一条院の妹禔子内親王を継室にしている教通は、娘生子の入内のため威子中宮、斎院馨子内親王母子のご機嫌も取る。斉信が死去。頼通が隆姫の弟源師房と教通の長男藤原信家を養子とし、実子通房の母の源憲定の娘が具平親王の霊を恐れる。上東門院の法成寺東北院に御堂を建立。後一条天皇の譲位意向と病悩	後一条天皇 上東門院彰子 威子中宮 章子内親王 小一条院・隆姫女王 脩子内親王 禎子内親王 馨子内親王 源倫子・源師房 源憲定の娘 藤原教通・藤原斉信 藤原頼通・藤原通房 藤原信家 大中臣輔親 赤染衛門	1033 ～ 1036
㉝きるはわびしとなげく女房	後一条死去。後朱雀天皇の即位と故院の葬送。斎院馨子内親王の退下と上東門院への関係者の集合、威子中宮の疱瘡罹患と出家、ついで死去。倫子以下の人々の悲嘆。後朱雀天皇即位・大嘗祭	後一条天皇 威子中宮 上東門院彰子 馨子内親王 章子内親王・源倫子	1036
㉞暮まつほし	頼通の養女嫄子女王（藤原嫄子）が後朱雀天皇に入内。中宮禎子内親王が皇后に。長女良子内親王が斎宮、次女娟子	後朱雀天皇 嫄子中宮 禎子内親王 良子内親王	1037 ～ 1044

	ために法華八講を開催。斉信の弟で養子の公信の死去。後一条天皇の病悩と威子中宮の懐妊	妍子皇太后 威子中宮 親仁親王 小式部内侍 和泉式部	
㉘わかみづ	威子、章子内親王を出産。後一条は男子でないので落胆。禎子内親王、東宮敦良親王と結婚。その華やかな様。妍子皇太后病悩	後一条天皇 威子中宮 章子内親王 妍子皇太后 禎子内親王 敦良親王 藤原道長・藤原頼通	1026 〜 1027
㉙たまのかざり	東宮敦良親王が禎子内親王のいる弘徽殿に渡る似合いの夫婦の様子。右馬入道顕信（道長の子、母源明子）の死去。源俊賢出家。法成寺で道長の御願の百体釈迦仏が完成。妍子皇太后の病が進行して死去、道長の悲嘆。法事と道長の病悩	禎子内親王 敦良親王 上東門院彰子 妍子皇太后 藤原道長・藤原顕信 藤原教通・藤原信長 源俊賢	1027
㉚つるのはやし	道長の病が重くなり、源師房の妻尊子、威子中宮らが見舞い、後一条天皇や東宮敦良親王も見舞うがついに臨終。葬送の様子。行成も死去。源倫子の悲嘆。上東門院彰子による供養。道長の法事	後一条天皇 藤原道長・藤原尊子 藤原行成・藤原公任 藤原斉信・藤原長家 威子中宮 上東門院彰子 敦良親王・源倫子	1027 〜 1028
以後続編十巻			
㉛殿上の花見	道長なく、上東門院が太上天皇のように存在している。後一条と威子中宮の娘の章子内親王の袴着。教通の娘生子、頼宗の娘延子、敦康親王の娘嫄子女王や威子中宮の様子。五代に仕えた斎院選子内親王	藤原頼通・藤原教通 藤原頼宗・藤原能信 藤原長家・藤原公任 藤原実成・藤原生子 藤原延子・藤原茂子 上東門院彰子 威子中宮	1030 〜 1033

	の枇杷殿での大饗の華やかなさま。頼通が過差（華美が過ぎること）を批判、頼通は道長から監督不行き届きを叱られる。公任の邸が焼失。三条院皇子敦平親王の結婚と娍子皇后の重態、小一条院女御寛子（道長の娘）の重病と故顕光らの怨霊	女御寛子・藤原嬉子 源憲定の娘（頼通妾対の君） 妍子皇太后 敦平親王・娍子皇后 敦明親王	
㉕みねの月	三条院娍子皇后の死去。関寺に牛仏が出現。寛子衰弱して剃髪し、顕光父子の物の怪が喜ぶ。寛子死去。道長、小一条院を弔問。東宮妃嬉子、臨月に天然痘罹患。長家の北の方も懐妊中に罹患	娍子皇后 禔子内親王 威子中宮 敦良親王（後朱雀天皇） 彰子太皇太后 藤原寛子・藤原嬉子 藤原道長・源明子 藤原頼宗・藤原能信 藤原長家 長家北の方（斉信の娘） 藤原顕信・藤原尊子 源師房	1025
㉖楚王のゆめ	東宮敦良親王妃尚侍嬉子の出産と死去。招魂の儀礼。葬送の儀礼と道長夫妻の悲嘆。楚の襄王が夢で契ったという巫山の神女との悲恋の故事を思い出して嘆く東宮。小一条院亡き女御寛子を追想する	藤原嬉子・藤原道長 藤原頼通・藤原教通 藤原長家・長家妻 藤原斉信・源倫子 敦良親王・小一条院 安倍吉平・院源	1025
㉗ころものたま	長家妻（斉信の娘）の死産と死去。小式部内侍の死去と和泉式部の悲嘆。公任の出家。彰子の落飾（上東門院）。三条院皇女禔子内親王と教通の結婚。妍子皇太后、三条院の	後一条天皇 藤原長家・長家妻 藤原斉信・藤原道長 藤原公任・藤原定頼 藤原教通・藤原公信 彰子太皇太后	1025 〜 1026

		院源僧都	
⑱たまのうてな	浄土信仰に熱心な尼たちの見た法成寺の内部の様子や儀式。彰子の土御門殿に後一条天皇が朝覲行幸（正月の親を拝賀する儀礼）。公任の長谷寺詣	後一条天皇 藤原道長・藤原長家 藤原公任・藤原定頼 彰子太皇太后	1022〜1023
⑲御裳ぎ	三条上皇旧邸の枇杷殿での禎子内親王の華やかな裳着。法成寺の万燈会などの儀礼。道長による土御門殿での彰子への田楽の披露。道長宇治へ、彰子の歌会など	禎子内親王 彰子太皇太后 妍子皇太后 藤原道長・藤原教通	1023
⑳御賀	土御門殿で倫子の六十賀、道長の大和七大寺廻り、大宰権帥源経房が、息子の実基の御賀の舞の出来を気にしながら逝ったが、じつは急病で良頼に代わっていた	源倫子・源経房 源実基・妍子皇太后 威子中宮・藤原道長 藤原良頼	1023の3日間
㉑後くゐの大将	教通の北の方（公任の娘）の出産と死去、その葬送。法成寺僧房の焼失。尊子と源師房の結婚。脩子内親王（一条天皇皇女）の落飾	藤原教通、北の方（公任の娘） 藤原公任・藤原尊子 藤原頼宗・藤原能信 北の方尼上（公任妻） 脩子内親王	1023〜1024
㉒とりのまひ	法成寺薬師堂の儀礼。祇陀林寺の舎利会。薬師堂の供養	藤原道長・藤原頼通 藤原教通・藤原生子 彰子太皇太后 源倫子・院源・延円	1024
㉓こまくらべの行幸	関白頼通の高陽殿で駒競行幸がおこなわれた。威子中宮は上東門院で多宝塔供養を開始。道長は長谷寺参詣。教通の妻の法事	藤原頼通・藤原道長 藤原教通・藤原生子 彰子太皇太后 威子中宮・院源僧都	1024
㉔わかばえ	頼通の妾の対の君（為平親王の子、源憲定の娘）が男子（通房）を出産。妍子皇太后	藤原頼通・藤原道長 藤原実資・藤原斉信 藤原通房・小一条院	1025

り	後一条天皇に入内。道兼の娘が仕える。道長の子の長家（母は源明子）が源倫子の養子となり、藤原行成の娘と結婚。道長の邸の土御門殿が落成、源頼光が家具調度などすべてを請け負う。威子が立后して中宮となり、皇太后妍子、太皇太后彰子と三后を同母姉妹が固める。小一条院女御寛子死去。敦康親王死去	威子中宮・敦康親王 藤原道長・女御寛子 尚侍嬉子・藤原顕光 藤原道兼の娘 藤原長家 藤原行成の娘 源頼光	〜 1019
⑮うたがひ	道長が太政大臣を辞して出家する。法成寺を造営し、東大寺で受戒し、多くの仏事をおこなう	藤原道長 彰子太皇太后（大宮） 院源僧都・観修僧正 安倍晴明・賀茂光栄	1019
⑯もとのしづく	小一条院女御延子の急逝と父の顕光の嘆き。それを契機にした実資と顕光のつながり。天然痘の流行。顕光や道綱の死去。道長末娘嬉子の入内と母倫子の出家。公任の天王寺参詣とその娘の急逝、父母の嘆きなど	小一条院女御延子 妍子皇太后 藤原顕光・藤原隆家 藤原行成・藤原道長 藤原頼定・藤原実資 藤原道綱・藤原公任 藤原長家・藤原頼通 藤原教通・藤原公季 藤原定頼・源倫子 女御嬉子 公任北の方尼上（昭平親王の娘、道兼養女）	1019 〜 1022
⑰おむがく	道長の邸宅を改造した法成寺の創建供養とその内部の様子	後一条天皇 藤原道長 彰子太皇太后 女御嬉子・女御寛子 源倫子 禔子内親王（三条皇女）	1022の3日間

	女御藤原義子（内大臣公季の娘）に弔問の長歌を贈答する	女御姸子・女御義子 隆姫女王	
⑩ひかげのかづら	三条天皇の即位。冷泉上皇の死去。姸子が中宮、宣耀殿女御藤原娍子が皇后に	三条天皇・冷泉上皇 姸子中宮・娍子皇后	1011〜1013
⑪つぼみ花	一条天皇承香殿女御（藤原元子）に源頼定が密通。姸子中宮が禎子内親王を出産	女御元子（右大臣顕光の娘） 源頼定（為平親王の子） 姸子中宮 禎子内親王	1013〜1014
⑫たまのむらぎく	藤原隆家は眼病の治療のため、大宰権帥として下向する。藤原頼通には、三条天皇から次女禔子内親王の降嫁の内意があるが、正妻隆姫女王の父具平親王の祟りで重病になり断念。三条天皇は譲位して後一条天皇が即位。隆姫女王の妹は敦康親王と結婚し、その妹の嫥子女王は伊勢斎王となる。伊周の子の道雅と前斎宮当子内親王（三条上皇第一皇女）の密通が発覚、道長が摂政を頼通に譲る	三条天皇 後一条天皇 敦康親王・隆姫女王 嫥子女王 当子内親王 藤原隆家・藤原道長 藤原頼通・藤原道雅	1014〜1017
⑬ゆふしで	当子内親王自ら尼になる。三条上皇死去。東宮敦明親王（三条上皇第一皇子、母娍子皇后）が東宮を辞退、彰子は敦康を推すが道長は敦良親王を東宮にする。道長の娘寛子（母は源明子）が小一条院（上皇格となった敦明親王）に入内。小一条院の女御藤原延子と父の左大臣顕光は悲しむ	三条上皇 当子内親王 敦明親王（小一条院） 彰子太皇太后 敦康親王・敦良親王 藤原道長・藤原顕光 女御寛子・女御延子	1017
⑭あさみど	道長の娘威子（母は源倫子）、	後一条天皇	1018

		藤原詮子（東三条院）	
⑤浦々の別れ	藤原伊周兄弟の流罪、定子の落飾と出産、母の高階貴子の死去	一条天皇・藤原伊周 藤原隆家・定子中宮 藤原道長・高階貴子 脩子内親王 敦康親王	996 〜 998
⑥かがやく藤壺	藤原彰子の入内と定子との二后体制、弱る定子、敦康親王らの後見を妹の四の君（一条天皇の御匣殿）に託す	一条天皇・彰子中宮 定子皇后・藤原伊周 藤原道長・敦康親王	999 〜 1000
⑦とりべ野	定子、媄子内親王を出産して死去。葬送と人々の悲しみ。道長は重病を病むが快復、倫子の妹の道綱の妻女が出産死する。東三条院の四十賀がおこなわれるがまもなく亡くなる。東宮の淑景舎女御（道隆次女原子）も亡くなる	一条天皇・定子皇后 藤原伊周・藤原隆家 女御原子 媄子内親王 東三条院・清少納言	1000 〜 1002
⑧はつはな	藤原頼通元服、一条天皇御匣殿（定子の妹）死去。花山上皇の派手な賀茂祭見物、伊周准大臣になる。内裏焼亡。花山上皇と媄子内親王の死去。彰子が敦成親王（後一条天皇）を出産。頼通が具平親王の娘隆姫と結婚、伊周周辺が敦成親王を呪詛。彰子、敦良親王（後朱雀天皇）を出産、彰子の妹妍子、東宮（後の三条天皇）妃になる。伊周死去。冷泉上皇の四宮敦道親王が和泉式部と恋愛	一条天皇・花山上皇 藤原頼通・藤原道長 彰子中宮・女御妍子 藤原伊周 一条天皇御匣殿 敦成親王・敦良親王 敦康親王・敦道親王 具平親王・隆姫女王 和泉式部	1003 〜 1010
⑨いはかげ	一条天皇死去と葬送。東宮は敦成親王になり、彰子が嘆く。三条天皇の即位とその家族について。隆姫女王が一条天皇	一条天皇・三条天皇 敦成親王・敦康親王 藤原道長 彰子皇太后	1011

付録　歴史を描いた女たち（『栄花物語』一口紹介）

平安時代中期には、「男もすなる」歴史書を「女もしてみむとて」とばかりに、女性が書いて、現代まで読み継がれている、驚異的な「歴史物語」が作られました。『栄花物語』です（全40巻で正編30巻と続編10巻からなります。成立は正編が1030年頃といわれています）。

その名からもわかるように、この物語のテーマは、藤原道長を中心とした摂関家の栄華です。本編と言える道長篇の作者は上東門院に仕えた有力な女房で、高名な歌人でもある赤染衛門とする説が有力です。だとすれば、まさに目の前で見て聞いた情報を基に物語を作り上げたわけです。残念ながら全編を現代語訳したものはなく、注釈付きで原本に当たるしかないので、付録としてその内容をダイジェストにしてみました。興味をお持ちになった方は、ぜひ原典を手に取って、道長、実資、彰子、頼通らの生きたダイナミックな時代を味わってみてください。

巻名	内容	主要な登場人物	年代
①月の宴	村上朝から円融朝に至る政界のうつりかわり	村上天皇・円融天皇 冷泉天皇・藤原師輔 藤原実頼・藤原安子 源高明	946 ～ 972
②花山たづぬる中納言	円融朝の天皇と師輔の子供たちの対立から花山天皇の出家退位まで	円融天皇・冷泉上皇 花山天皇・藤原伊尹 藤原兼通・藤原兼家 源兼明・藤原頼忠 藤原詮子・藤原忯子	972 ～ 985
③さまざまのよろこび	兼家の子供たちの立身、道長の結婚、一条天皇の元服と道隆の娘定子の入内、頼忠、兼家、円融上皇の死去	一条天皇・花山上皇 円融上皇・藤原兼家 藤原道隆・藤原道兼 藤原道長・藤原詮子 藤原定子・藤原彰子 源倫子・源明子	986 ～ 991
④みはてぬゆめ	道隆一族の全盛から死去。悪疫の流行による道兼の死と道長の権力掌握	花山上皇・藤原道隆 藤原道兼・藤原道長 藤原伊周	991 ～ 996

榎村寛之（えむら・ひろゆき）

1959年大阪府生まれ．大阪市立大学文学部卒業，岡山大学大学院文学研究科前期博士課程卒業，関西大学大学院文学研究科後期課程単位取得退学．三重県立斎宮歴史博物館学芸普及課長等を経て，現在，斎宮歴史博物館学芸員，関西大学等非常勤講師．専攻・日本古代史．博士（文学）．

主著『謎の平安前期―桓武天皇から『源氏物語』誕生までの200年』（中公新書，2023）
『斎宮―伊勢斎王たちの生きた古代史』（中公新書，2017）
『律令天皇制祭祀の研究』（塙書房，1996）
『伊勢斎宮と斎王――祈りをささげた皇女たち』（塙書房，2004）
『古代の都と神々――怪異を吸いとる神社』（吉川弘文館，2008）
『伊勢斎宮の歴史と文化』（塙書房，2009）
『伊勢斎宮の祭祀と制度』（塙書房，2010）
『伊勢神宮と古代王権――神宮・斎宮・天皇がおりなした六百年』（筑摩選書，2012）
『律令天皇制祭祀と古代王権』（塙書房，2020）ほか．

女《おんな》たちの平安後期《へいあんこうき》
――紫式部《むらさきしきぶ》から源平《げんぺい》までの200年《ねん》
中公新書 2829

2024年10月25日初版
2024年11月15日再版

著　者　榎村寛之
発行者　安部順一

本文印刷　三晃印刷
カバー印刷　大熊整美堂
製　本　小泉製本

発行所　中央公論新社
〒100-8152
東京都千代田区大手町 1-7-1
電話　販売 03-5299-1730
　　　編集 03-5299-1830
URL https://www.chuko.co.jp/

Published by CHUOKORON-SHINSHA, INC.
Printed in Japan　ISBN978-4-12-102829-7 C1221

中公新書刊行のことば

一九六二年一一月

いまからちょうど五世紀まえ、グーテンベルクが近代印刷術を発明したとき、書物の大量生産は潜在的可能性を獲得し、いまからちょうど一世紀まえ、世界のおもな文明国で義務教育制度が採用されたとき、書物の大量需要の潜在性が形成された。この二つの潜在性がはげしく現実化したのが現代である。

いまや、書物によって視野を拡大し、変りゆく世界に豊かに対応しようとする強い要求を私たちは抑えることができない。この要求にこたえる義務を、今日の書物は背負っている。だが、その義務は、たんに専門的知識の通俗化をはかることによって果たされるものでもなく、通俗的好奇心にうったえて、いたずらに発行部数の巨大さを誇ることによって果たされるものでもない。現代を真摯に生きようとする読者に、真に知るに価いする知識だけを選びだして提供すること、これが中公新書の最大の目標である。

私たちは、知識として錯覚しているものによってしばしば動かされ、裏切られる。私たちは、作為によってあたえられた知識のうえに生きることがあまりに多く、ゆるぎない事実を通して思索することがあまりにすくない。中公新書が、その一貫した特色として自らに課すものは、この事実のみの持つ無条件の説得力を発揮させることである。現代にあらたな意味を投げかけるべく待機している過去の歴史的事実もまた、中公新書によって数多く発掘されるであろう。

中公新書は、現代を自らの眼で見つめようとする、逞しい知的な読者の活力となることを欲している。

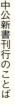

日本史

d1

- 2189 歴史の愉しみ方　磯田道史
- 2455 日本史の内幕　磯田道史
- 2295 天災から日本史を読みなおす　磯田道史
- 2729 日本史を暴く　磯田道史
- 2579 米の日本史　佐藤洋一郎
- 2389 通貨の日本史　高木久史
- 2321 道路の日本史　武部健一
- 2494 温泉の日本史　石川理夫
- 2671 親孝行の日本史　勝又基
- 2500 日本史の論点　中公新書編集部編
- 1617 歴代天皇総覧（増補版）　笠原英彦
- 2302 日本人にとって聖なるものとは何か　上野誠
- 2619 もののけの日本史　小山聡子
- 1928 物語 京都の歴史　脇田修・脇田晴子
- 2345 京都の神社と祭り　本多健一

- 2654 日本の先史時代　藤尾慎一郎
- 2709 縄文人と弥生人　坂野徹
- 482 倭国　岡田英弘
- 147 騎馬民族国家（改版）　江上波夫
- 2164 魏志倭人伝の謎を解く　渡邉義浩
- 1085 古代朝鮮と倭族　鳥越憲三郎
- 2533 古代日中関係史　河上麻由子
- 2470 倭の五王　河内春人
- 2095 『古事記』神話の謎を解く　西條勉
- 1502 日本書紀の謎を解く　森博達
- 2362 六国史《りっこくし》―日本書紀に始まる古代の「正史」　遠藤慶太
- 2673 国造―大和政権と地方豪族　篠川賢
- 804 蝦夷《えみし》　高橋崇
- 1041 蝦夷《えみし》の末裔　高橋崇
- 2699 大化改新（新版）　遠山美都男
- 1293 壬申の乱　遠山美都男
- 2636 古代日本の官僚　虎尾達哉

- 2371 カラー版 古代飛鳥を歩く　千田稔
- 2168 飛鳥の木簡―古代史の新たな解明　市大樹
- 2353 蘇我氏―古代豪族の興亡　倉本一宏
- 2464 藤原氏―権力中枢の一族　倉本一宏
- 2563 持統天皇　瀧浪貞子
- 2725 奈良時代　木本好信
- 2457 光明皇后　瀧浪貞子
- 2648 藤原仲麻呂　仁藤敦史
- 2452 斎宮―伊勢斎王たちの生きた古代史　榎村寛之
- 2783 謎の平安前期―桓武天皇から『源氏物語』誕生までの２００年　榎村寛之
- 2559 菅原道真　滝川幸司
- 2281 怨霊とは何か　山田雄司
- 2662 荘園　伊藤俊一
- 2828 加耶《かや》／任那《みまな》―古代朝鮮に倭の拠点はあったか　仁藤敦史
- 2829 女たちの平安後期―紫式部から源平までの２００年　榎村寛之

中公新書

日本史

d2

2127 河内源氏 元木泰雄
2573 公家源氏―王権を支えた名族 倉本一宏
2705 平氏―公家の盛衰、武家の興亡 倉本一宏
2655 刀伊の入寇 関幸彦
1622 奥州藤原氏 高橋崇
1867 院政（増補版） 美川圭
608・613 中世の風景（上下） 阿部謹也・網野善彦・石井進・樺山紘一
1503 古文書返却の旅 網野善彦
1392 中世都市鎌倉を歩く 松尾剛次
2336 源頼政と木曽義仲 永井晋
2526 源頼朝 元木泰雄
2678 北条義時 岩田慎平
2517 承久の乱 坂井孝一
2761 御成敗式目 佐藤雄基
2814 吾妻鏡―鎌倉幕府「正史」の虚実 藪本勝治

2779 日蓮 松尾剛次
2461 蒙古襲来と神風 服部英雄
2653 中先代の乱 鈴木由美
2601 北朝の天皇 石原比伊呂
2463 兼好法師 小川剛生
2443 観応《かんのう》の擾乱《じょうらん》 亀田俊和
2179 足利義満 小川剛生
978 室町の王権 今谷明
2401 応仁の乱 呉座勇一
2767 足利将軍たちの戦国乱世 山田康弘
2058 日本神判史 清水克行
2139 贈与の歴史学 桜井英治
2481 戦国日本と大航海時代 平川新
2688 戦国日本の軍事革命 藤田達生
2084 戦国武将の手紙を読む 小和田哲男
1213 流浪の戦国貴族 近衛前久 谷口研語
2665 三好一族―戦国最初の「天下人」 天野忠幸

1625 織田信長合戦全録 谷口克広
1782 信長軍の司令官 谷口克広
1907 信長と消えた家臣たち 谷口克広
2421 織田信長の家臣団―派閥と人間関係 和田裕弘
2503 信長《しんちょう》公記《こうき》―戦国覇者の一級史料 和田裕弘
2645 天正伊賀の乱 和田裕弘
2758 柴田勝家 和田裕弘
2785 長篠合戦 金子拓
2622 明智光秀 福島克彦
784 豊臣秀吉 小和田哲男